Deutschdidaktik aktuell

Hrsg. von Günter Lange · Werner Ziesenis

Band 26

Anders schreiben lernen

Von der Gegenwart zur Zukunft des Schreibunterrichts – ein Konzept zur Entwicklung und Förderung schreibstrategischer Kompetenzen in der Sekundarstufe

von

Anne Steiner

Schneider Verlag Hohengehren GmbH

Deutschdidaktik aktuell

Herausgegeben von Günter Lange und Werner Ziesenis

Umschlagfoto: privat

Die vorliegende Arbeit wurde im Sommersemester 2005 von der Ludwig-Maximilians-Universität München (Promotionsausschuss Dr. phil.) als Dissertation angenommen und erscheint hier in überarbeiteter Fassung.

Gedruckt auf umweltfreundlichem Papier (chlor- und säurefrei hergestellt).

Bibliografische Information der Deutschen Nationalbibliothek

Die Deutsche Nationalbibliothek verzeichnet diese Publikation in der Deutschen Nationalbibliografie; detaillierte bibliografische Daten sind im Internet über ›http://dnb.d-nb.de‹ abrufbar.

ISBN-13: 978-3-8340-0167-2

Schneider Verlag Hohengehren, Wilhelmstr. 13, D-73666 Baltmannsweiler

Das Werk und seine Teile sind urheberrechtlich geschützt. Jede Verwertung in anderen als den gesetzlich zugelassenen Fällen bedarf der vorherigen schriftlichen Einwilligung des Verlages. Hinweis zu § 52a UrhG: Weder das Werk noch seine Teile dürfen ohne vorherige schriftliche Einwilligung des Verlages öffentlich zugänglich gemacht werden. Dies gilt auch bei einer entsprechenden Nutzung für Unterrichtszwecke!

© Schneider Verlag Hohengehren, 73666 Baltmannsweiler 2007
Printed in Germany – Druck: Hofmann, Schorndorf

Inhaltsverzeichnis

Vorwort der Reihenherausgeber	VII
Vorbemerkung	1
1.	**Zur Notwendigkeit von Veränderungen im Schreibunterricht der Sekundarstufe – Fragestellung, Methodik und Zielsetzung der Untersuchung**	3
1.1	Aktionsforschung im Schreibunterricht	3
1.2	**Phasen der Untersuchung**	8
1.2.1	Erkennen der Fragestellung: das Problem des Schreibunterrichts	8
1.2.2	Klärung der Situation: das Bedingungsgefüge des Schreibunterrichts	8
1.2.3	Entwicklung, Erprobung und Evaluation von Handlungsstrategien: der Schreibkurs	9
1.2.4	Ausblick auf zukünftige Handlungskonsequenzen: Voraussetzungen für einen „anderen" Schreibunterricht	10
2.	**Das Wissen vom Schreiben – Situationsanalyse und erste Handlungskonsequenzen**	11
2.1	**Das Wissen vom Schreiben: die verschiedenen Dimensionen des Begriffes „Schreiben"**	11
2.1.1	Technologische/motorische, semiotische und operative Dimension	12
2.1.2	Linguistische Definition des Schreibens	14
2.1.2.1	Schriftlinguistik	14
2.1.2.2	Textlinguistik	16
2.1.3	Schreibforschung	22
2.1.3.1	Modellierung des Schreibprozesses	23
2.1.3.2	Schreibstrategien	27
2.1.3.3	Schreibkompetenz und Textgestaltungskompetenz	33
2.1.4	*Erste Konsequenz: Schreibunterricht als Strategieunterricht* . .	36

2.2	**Das Wissen um die Schreibentwicklung: Modelle zum Erwerb von Schreibkompetenz**	38
2.2.1	Dimensionswechsel: das Modell von Bereiter	39
2.2.2	Dimensionsdifferenzierung: das Modell von Augst und Feilke	41
2.2.3	Schematheorie	43
2.2.4	Entwicklung kognitiver Fähigkeiten	49
2.2.5	Entwicklung von Schreibkompetenz – empirische Ergebnisse	52
2.2.6	*Zweite Konsequenz: Orientierung an individuellen Schreibbiographien*	56
2.3	**Das Wissen um die Ziele des Schreibens: die verschiedenen Funktionen des Schreibens**	56
2.3.1	Schreiben als Kommunikation	57
2.3.2	Schreiben als Selbstausdruck	58
2.3.3	Schreiben als Denken und Lernen	58
2.3.4	Funktionen schulischen und privaten, alltäglichen Schreibens	62
2.3.5	*Dritte Konsequenz: Fächerübergreifender, zerlegender Schreibunterricht*	66
2.4	**Das Wissen um den Schreibunterricht: Positionen der Aufsatz- und Schreibdidaktik**	67
2.4.1	Kommunikative Aufsatzdidaktik	68
2.4.2	Personal-kreatives Schreiben	70
2.4.3	Prozessorientierte Schreibdidaktik	73
2.4.4	*Vierte Konsequenz: Verknüpfung und Ausweitung schreibdidaktischer Ansätze*	76
2.5	**Das Wissen der Schreiblernenden: Vorstellungen vom Schreiben**	77
2.5.1	Methodischer Ansatz und untersuchter Personenkreis	77
2.5.2	Bedeutung des Schreibens für Schreiblernende	78
2.5.3	*Fünfte Konsequenz: Vermittlung des Schreibens als hilfreicher Technik zur konstruktiven Auseinandersetzung mit Wirklichkeit*	80

3. Schreibenlernen im gymnasialen Aufsatzunterricht – Situationsanalyse und weitere Handlungskonsequenzen ... 81

- 3.1 Der Lehrplan für das bayerische Gymnasium 81
- 3.1.1 Wünsche und Erwartungen an einen überarbeiteten Lehrplan im Bereich „Schreiben" 81
- 3.1.2 Lernbereich „Schreiben": Inhalte, Vorschriften und Zielsetzungen des gymnasialen Lehrplans 85
- 3.2 Gymnasialer Schreibunterricht 89
- 3.2.1 Der „heimliche" Lehrplan, die „praktischen" Theorien und andere Vorannahmen von Lehrkräften 89
- 3.2.2 Inhalte und Ziele des Schreibunterrichts: Textsorten, Schreibhaltungen, Schreibstrategien 90
- 3.2.3 Methodik des Schreibunterrichts 98
- 3.2.4 Schulaufgabenpraxis 99
- 3.2.4.1 Formale und rechtliche Vorgaben 99
- 3.2.4.2 Aufgabenformen und Themenstellungen 102
- 3.2.4.3 Korrektur und Bewertung 106
- 3.2.5 Schreiben in anderen Fächern 109
- 3.3 Weitere Handlungskonsequenzen 112
- 3.3.1 *Sechste Konsequenz: Erhöhung der „echten" schulischen Schreibzeit* 112
- 3.3.2 *Siebte Konsequenz: Beschäftigung mit „echten" Themen* 112
- 3.3.3 *Achte Konsequenz: Individualisierung des Schreibunterrichts* 113

4. Der Schreibkurs – Entwicklung und Erprobung von konkreten Handlungsstrategien für den Schreibunterricht der Sekundarstufe ... 114

- 4.1 Erste Konkretisierung der acht Konsequenzen 114
- 4.1.1 Institutionelle und organisatorische Rahmenbedingungen ... 114
- 4.1.2 Schreiben und Textgestaltung 115
- 4.1.3 Integrative Vorgehensweise 117
- 4.1.3.1 Fächerübergreifende Verknüpfung von Themen und Inhalten, Textsorten und Schreibhaltungen 118
- 4.1.3.2 Verknüpfung wissenschaftlicher Erkenntnisse und Methoden 120

4.1.3.3 Orientierung an den individuellen Schreibbiographien der
Lernenden 122

4.2 Zweite Konkretisierung: Entwurf eines Schreibkurses 125
4.2.1 Zielsetzung 125
4.2.2 Programm 126

4.3 Erprobung des Schreibkurses 136
4.3.1 Verlaufsplanung der einzelnen Sitzungen 136
4.3.2 Reflexion des Kursdesigns 151
4.3.2.1 Umgang mit einzelnen Schreibstrategien 151
4.3.2.2 Kategorisierung eigener Schreiberfahrungen und individueller Schreibbiographien 154
4.3.2.3 Wissen um die Prozesshaftigkeit des Schreibens 155
4.3.2.4 Wissen um Qualitätsmerkmale von Texten 156
4.3.2.5 Methodenvielfalt 159

5. Voraussetzungen für ein umfassendes Schreibcurriculum zur Förderung schreibstrategischer Kompetenzen – Ausblick auf weiterführende Handlungskonsequenzen für einen „anderen" Schreibunterricht in der Sekundarstufe 162

5.1 Kombination der Erkenntnisse und Erfahrungen verschiedener wissenschaftlicher Fachrichtungen 162
5.2 Berücksichtigung fächerübergreifender Schreibaufgaben 163
5.3 Schreibausbildung aller Lehrkräfte 163
5.4 Orientierung an individuellen Schreibbiographien 164
5.5 Verortung außerhalb des Deutschunterrichts 165

Anhang 167

Literaturverzeichnis 173

Vorwort der Reihenherausgeber

Deutschdidaktik aktuell ist eine neue Studienreihe, in der möglichst viele relevante Themen des Faches Deutsch in grundlegenden Monographien behandelt werden.

Alle Bände dieser Reihe besitzen in der Regel eine vergleichbare Struktur. In einem ersten Teil werden jeweils die theoretischen Grundlagen eines Themas dargestellt, und zwar sowohl die fachwissenschaftlichen Voraussetzungen als auch die entsprechende didaktische Diskussion. In einem zweiten Teil werden Fragen der Unterrichtspraxis behandelt und, wenn möglich, konkrete Unterrichtsmodelle vorgestellt.

Deutschdidaktik aktuell plant und bietet Einzelbände:
- zu den Grundfragen der Deutschdidaktik
  (z. B. Schriftspracherwerb, handlungs- und produktionsorientierter Literaturunterricht, projektorientierter Deutschunterricht)
- zur Sprachdidaktik
  (z. B. Grammatikunterricht, mündlicher Sprachgebrauch, schriftlicher Sprachgebrauch, Didaktik des Rechtschreibens)
- zur Literatur- und Mediendidaktik
  (z. B. Drama, Roman, epische Kurzformen, Kinder- und Jugendliteratur, Theater, Zeitung und Zeitschrift, Film und Fernsehspiel im Unterricht)

Dabei können die einzelnen Themen mit Stufenschwerpunkt oder schulstufenübergreifend behandelt werden.

Deutschdidaktik aktuell richtet sich an ein breites Lesepublikum, also nicht vorrangig an Hochschullehrerinnen und -lehrer, sondern vielmehr an Studentinnen und Studenten, Referendarinnen und Referendare, Lehrerinnen und Lehrer.

„Anders schreiben lernen" lautet der Titel des vorliegenden Bandes.
Als ein stetiger Vorgang von Veränderungen stellt sich die Geschichte des Aufsatz- bzw. Schreibunterrichts dar. Widerstreitende Positionen lösen einander ab, Zielvorstellungen wiederholen sich, werden verworfen und neu entdeckt. Was erhalten bleibt, sind die Postulate gültiger Positionen.
Anne Steiner fügt mit ihrem Buch diesem Wechsel der Positionen nun nicht eine weitere hinzu. Sie stellt bisheriges Schreibenlernen, wie und von woher es auch immer begründet war, in seinem einseitigen und textfokussierten Selbstverständnis grundsätzlich in Frage. Gefordert ist ein strategiegeleiteter Schreibunterricht, der Verengungen und Dominanzvorstellungen aufbricht und der gleich in mehrfacher Weise Grenzen überschreitet. Es darf nicht länger um die bloße Einübung von Formen des Schreibens gehen, sondern es geht um das wirklich „Andere", um die Vermittlung von grundlegenden Schreibstrategien. Denn

für die Entfaltung von Selbst- und Weltverständnis ist Schreiben in der ganzen Vielfalt seiner Möglichkeiten – und gerade nicht reduziert auf den Schulaufsatz – von elementarer, ja anthropologischer Bedeutung. Und das sollten die Schülerinnen und Schüler Schritt für Schritt sehen und verstehen lernen. (Siehe S. 1 der Vorbemerkung und das der gesamten Arbeit vorangestellte Motto von Agota Kristof.)

Ein so perspektivierter Schreibunterricht bedarf anderer grundlegend veränderter Vorbedingungen. Das betrifft im Kern dreierlei: eine andere Schreibdidaktik, die auf einem umfassenden Wissen von der Vielfalt des Schreibens beruht; eine andere Herangehensweise an das Schreibenlernen, für die im Prinzip eigene Fachleute verantwortlich sind; einen anderen institutionellen Zuschnitt des Unterrichts, der letztlich auf eine Verortung des Schreibenlernens außerhalb des Deutschunterrichts zielt.

Frau *Steiner* ist es in ausgezeichneter Weise gelungen, 'diesen Weg' systematisch und konsequent aufzuzeigen.

Das lässt sich gut am Beispiel des umfangreichen 2. Kapitels über „Das Wissen vom Schreiben" ablesen. Die Autorin stellt unterschiedliche wissenschaftliche Ansätze – zur Schreibforschung, zur Linguistik des Schreibens, zur Schreibentwicklung – vor. Sie handelt über Ziele und Funktionen des Schreibens, über Positionen der Aufsatz- und Schreibdidaktik und nicht zuletzt über das Schreibwissen der Schreiblernenden. Sukzessive werden dabei Handlungskonsequenzen für den „anderen" Schreibunterricht gewonnen und formuliert, etwa unter den Titeln: *Schreibunterricht als Strategieunterricht, Orientierung an individuellen Schreibbiographien, Verknüpfung und Ausweitung schreibdidaktischer Ansätze*. Die vielfältigen Ansätze der Wissenschaft müssen zusammengeführt werden, statt dass sich der Schreibunterricht ausschließlich auf eine dieser Theorien stützt. Die unterschiedlichen Positionen der Aufsatz- und Schreibdidaktik sollen gleichberechtigt und gleichwertig vermittelt werden, statt in Konkurrenz zueinander zu stehen. Und vor allem: für einen sinnvollen Schreibunterricht ist die Kenntnis individueller Schreibbiographien unabdingbar.

Aus der Analyse des gymnasialen Schreibunterrichts in Bayern (deren Ergebnisse sich verallgemeinern lassen) gewinnt die Autorin sodann weitere – folgenreiche – Handlungskonsequenzen, denn die Untersuchung zeige deutlich, dass innerhalb der gesetzten Rahmenbedingungen wohl ein traditioneller Aufsatzunterricht möglich sei, dass sich unter den derzeitigen schulischen Gegebenheiten das Ziel „anders schreiben zu lernen" aber weder in inhaltlicher noch in zeitlicher Hinsicht realisieren lasse. So scheint es nur folgerichtig zu sein, einen speziellen Schreibkurs zur „Entwicklung und Erprobung von Schreibstrategien" zu etablieren und im weiteren ein eigenständiges Unterrichtsfach Schreiben einzufordern.

Die „andere" Herangehensweise an das Schreibenlernen, das zum einen weniger, gleichzeitig aber weitaus mehr ist als die Einübung von Aufsatzformen, konkretisiert die Autorin in facettenreicher und kategoriell aufbereiteter Weise im nächsten Kapitel, das den Schreibkurs vorstellt. Hier wird auch der integrative und fächerübergreifende Aspekt sinnvollen schulischen Schreibens und Schreibenlernens relevant. Denn geschrieben wird in allen Fächern. Grundlegende Schreibstrategien und Schreibfunktionen können nur gewonnen und einsichtig werden, wenn wiederum das Schreiben aus den unterschiedlichen schulischen Bereichen zusammengeführt wird. Daraus ergibt sich das Postulat, dass alle Lehrer zugleich auch Schreiblehrer sein müssen und als Schreiblehrer ausgebildet werden sollten.

Im letzten Kapitel schließlich, einer systematischen Engführung, fasst die Autorin die Voraussetzungen für ein umfassendes in die Zukunft weisendes Schreibcurriculum kompakt zusammen.

Anne Steiner ist die fundierte und konsequente Entfaltung eines didaktischen Konzepts gelungen, von dem man möglichst viel in die schulische Praxis umgesetzt sehen möchte und das dazu beitragen sollte, strategiegeleitetem Schreiben auch im 'normalen' Deutschunterricht die Wege zu bahnen.

Braunschweig und Göttingen, im Winter 2006/2007   Günter Lange
                                                        Werner Ziesenis

> [...] *aber derjenige, der nichts schreibt, ist ein verlorener Mensch, der nur flüchtig auf der Erde war und keine Spur hinterlassen hat.*
> *[...]*
> *Sie haben recht, Victor. Schreiben ist das allerwichtigste.*
>
> (Agota Kristof: Der Beweis)

Vorbemerkung

In Agota Kristofs Romantrilogie über das Leben eines Zwillingsbrüderpaares[1] spielt das Schreiben eine wichtige Rolle. Herausgerissen aus ihren bisherigen behüteten Lebensumständen erschreiben sich Lucas und Claus eine Wirklichkeit, die ihnen Halt gibt. Schreiben wird ihnen schließlich wichtiger als Sprechen, es wird zur Überlebensstrategie, zur Weltaneignung, zum Erkenntnisgewinn. Als Kinder legen sie Wert darauf, nur das zu schreiben, was wahr ist[2] – eigene Texte werden einem kritischen Publikum (dem Zwillingsbruder) vorgestellt, dann akribisch überarbeitet und auch immer wieder verworfen, bis schließlich nur noch das auf dem Papier steht, was in den Augen der Zwillinge mit der Wirklichkeit übereinstimmt. Im Verlauf der Trilogie wird jedoch sichtbar, dass Schreiben auch täuschen und die Wahrheit und Wirklichkeit sowohl für die Leserinnen und Leser als auch die Schreiberinnen und Schreiber selbst verschleiern kann. Grenzen verschieben sich, was wirklich wahr ist, bleibt unentdeckt und blitzt nur in der Interpretation der Lesenden gelegentlich auf. Wie viele andere Autorinnen und Autoren, die das Schreiben in ihren Werken thematisieren, zeigt Kristof deutlich, dass Schreiben eine perspektivische Deutung von Welt ist, ein Standpunkt-Beziehen, eine Parteinahme: Jedes schreibende Subjekt schreibt über das, was es als wichtig und bedeutsam ansieht, es wählt das aus, was ihm berichtenswert erscheint, es setzt schreibend Akzente. Und es verdeutlicht sich selbst schreibend die es umgebende Wirklichkeit und macht sie zu seiner eigenen, indem es sich ihr schreibend annähert, sein Bild von ihr immer wieder korrigiert und revidiert, bis es mit seiner Auslegung von Welt und Wirklichkeit zufrieden ist. Und ist es nicht genau dieses „Schreiben ist das allerwichtigste",[3] was Schülerinnen und Schülern im Schreibunterricht beigebracht werden müsste?

Die Erfahrung zeigt aber, dass das oft nicht gelingt. Viele junge Menschen verlassen die Schule, ohne in der Lage zu sein, sich schriftlich adäquat auszudrücken und ihre Anliegen angemessen zu formulieren. Dass nicht nur den Absolventen der Hauptschulen, sondern auch denen der Realschulen und Gymnasien von

---
[1] Sie setzt sich aus den Romanen „Das große Heft", „Der Beweis" und „Die dritte Lüge" zusammen.
[2] S. Kristof: Das große Heft.
[3] Kristof, übers. v. Tophoven-Schöningh: Der Beweis, S. 104f. In diesem und allen folgenden Zitaten wird die Schreibung der jeweiligen Quelle übernommen. Gleiches gilt für Hervorhebungen, diese entstammen, soweit nicht anders vermerkt, ebenfalls den zitierten Textquellen.

potenziellen Arbeitgebern häufig mangelnde schriftsprachliche Kompetenzen attestiert werden, stellt dem schulischem Schreibunterricht insgesamt ein schlechtes Zeugnis aus.

Doch worin gründet das Misslingen des Schreibunterrichts? Sind es die Themen, die Methoden, die Lehrkräfte? Ist es ein antiquierter Aufsatzunterricht? Sind es die Heranwachsenden, die das Schreiben einfach nicht lernen wollen? Und gibt es überhaupt andere als die bisherigen Möglichkeiten, in der Schule das Schreiben zu lernen, die eigenen Schreibfähigkeiten zu verbessern und für sich einen Sinn im Schreiben zu entdecken?

Diesen Fragen gehe ich in der vorliegenden Arbeit nach. Am Beispiel des gymnasialen Schreibunterrichts in Bayern und unter exemplarischer Berücksichtigung von Betroffenen fasse ich die Problemfelder, sowohl die bereits bekannten als auch die bisher weniger diskutierten, zusammen, analysiere diese und mache Vorschläge zu ihrer Behebung. Ich versuche also, Konsequenzen aus dem bisherigen Schreibunterricht zu ziehen und einen Weg zu suchen, auf dem Schreiben anders und besser gelehrt und gelernt werden könnte. Schließlich soll schulischer Schreibunterricht endlich zu dem werden können, was er eigentlich schon immer sein will: eine Hilfe, ein Aha-Erlebnis, eine Brücke zur Erkenntnis.

Meine Suche nach neuen Wegen im Schreibunterricht wäre ohne die Unterstützung von Schülerinnen und Schülern, Studierenden, Eltern und Lehrkräften nicht möglich gewesen. Ihnen allen gilt mein Dank dafür, dass sie mich an individuellen, schulischen und universitären Schreiberfahrungen teilhaben ließen und ihre Erfahrungen mit mir diskutierten.

Dem bayerischen Staatsministerium für Unterricht und Kultus danke ich für die Abordnung an die LMU München. Herrn Prof. Dr. Klaus H. Kiefer danke ich für die Betreuung der Dissertation und die kritischen Ratschläge, mit denen er die Arbeit stets begleitet hat. Frau Dr. Margit Riedel danke ich für ihren Enthusiasmus und ihr fortwährendes Interesse an meinem Promotionsvorhaben – beides half mir entscheidend bei der Sortierung meiner Gedanken.

Mein besonderer Dank gilt schließlich meiner Familie. Meiner Mutter danke ich für die Unterstützung und den Gedankenaustausch nicht nur während meiner Promotionszeit. Und Nick und den anderen danke ich für ihre Geduld, Gelassenheit und Lebensfreude, ohne die ich so manchen Gedanken nicht gedacht und so manchen Satz nicht geschrieben hätte.

München, im Winter 2006 / 2007   Anne Steiner

1. Zur Notwendigkeit von Veränderungen im Schreibunterricht der Sekundarstufe – Fragestellung, Methodik und Zielsetzung der Untersuchung

In den letzten Jahrzehnten wurde durch die didaktische Forschung eine Vielzahl von Vorschlägen zur Verbesserung und Weiterentwicklung des Schreibunterrichts an weiterführenden Schulen unterbreitet. Die meisten dieser Vorschläge setzen an jeweils einem ausgewählten Aspekt des Schreibunterrichts an, der gründlich analysiert wird und für den methodische und inhaltliche Veränderungen ausgearbeitet werden. So brauchbar, stimmig und erhellend diese vielfach auch sind, so wenig gelingt es ihnen jedoch, die Praxis des Schreibunterrichts, deren Ergebnisse von beinahe allen, die sich mit dem Schreibunterricht beschäftigen, als unzureichend empfunden werden, grundlegend zu reformieren und dauerhaft zu verbessern. Meist reflektieren sie nicht genügend, dass Schreiben in der Schule innerhalb eines weitverzweigten Bedingungsgefüges gelehrt und gelernt wird, dass Schreibunterricht – so, wie jeder andere Unterricht auch – Ausdruck sozialen Handelns zwischen Lernenden und Lehrenden ist, die innerhalb eines eng gesteckten institutionellen, rechtlichen und fachlichen Rahmens interagieren. Um diesen Rahmen dauerhaft zu verbessern, genügt es nicht, nur punktuelle Veränderungen vorzuschlagen – es ist vielmehr erforderlich, mit Hilfe geeigneter Analysemethoden die Wirksamkeit aller Komponenten zu untersuchen, ihr Zusammenspiel aufzuzeigen und erst daraus Schlussfolgerungen zu ziehen und Verbesserungsvorschläge zu entwickeln und zu erproben.

1.1 Aktionsforschung im Schreibunterricht

Konstruktivistische Theorien gehen davon aus, dass es weder „die" Wirklichkeit, noch „den" Weg zur Erfassung und Aneignung derselben gibt:

> Der Radikale Konstruktivismus verabschiedet sich [...] von dem vorbelasteten Begriff der Repräsentation und geht davon aus, daß Erkennen vor allem ein *selbstbezüglicher* Prozeß ist: Das Subjekt verfügt nur dann über Wissen, wenn es dieses über *eigene Operationen* im kognitiven Apparat selbst hergestellt hat. [...] Wissen als Resultat eines Erkenntnisprozesses ist demnach nicht ein Abbilden im Sinne eines Entdeckens der äußeren Wirklichkeit, sondern eher eine *Konstruktion* von Wirklichkeit.[1]

Jedes Lernen stellt in den Augen dieser Theorien einen aktiven Konstruktionsprozess durch das lernende Individuum dar, das sich neue Kenntnisse und Fähigkeiten dauerhaft nur dadurch aneignen kann, dass es diese mit seinem bereits vorhandenen Wissen in sinnvoller Weise verbindet und dafür neue neuronale Verknüpfungen im Gehirn aufbaut bzw. bereits vorhandene verändert. Diese fallen bei jedem Menschen anders aus, weil jeder individuell unterschiedliche, in einzigartiger Weise neuronal verknüpfte Vorerfahrungen in Lernprozesse mitbringt, sodass

---

[1] Fischer: Abschied von der Hinterwelt? Zur Einführung in den Radikalen Konstruktivismus, in: ders. (Hg.): Die Wirklichkeit des Konstruktivismus, S. 19f.

das System selbst – entsprechend seiner eigenen, geschichtlich gewachsenen kognitiven Strukturen – bestimmt, welche Bedeutung es den Ereignissen in seiner Umwelt zuschreibt. Lernen ist daher niemals eine passive Informationsentnahme, sondern stets ein aktiver, innengesteuerter Selektionsprozeß.[2]

Die Didaktik ist damit vor eine eigentlich unlösbare Aufgabe gestellt: In dem Wissen, dass es „keine „objektive" Erkenntnis einer unabhängigen Außenwelt"[3] gibt, zu der jeder Mensch auf dieselbe Art und Weise gelangen kann, muss sie einerseits nach den besten Wegen suchen, möglichst vielen Lernerinnen und Lernern die Aneignung fachspezifischer Kenntnisse und Fähigkeiten zu ermöglichen, indem sie vielfältige, unterschiedlich geartete Zugänge zu den Inhalten ihres jeweiligen Fachgebietes eröffnet. Andererseits muss sie nach verallgemeinerbaren Möglichkeiten suchen, die ein organisiertes unterrichtliches Lernen in schulischen Lerngruppen erlauben.

Empirische Studien, wie beispielsweise die von Gerhard Augst und Peter Faigel durchgeführte Untersuchung zur Entwicklung argumentativer Schreibfähigkeiten von Jugendlichen und jungen Erwachsenen,[4] die vor allem quantitativ vorgehen, sind kein Ausweg aus diesem Dilemma, weil sie individuelle Lernwege durch Generalisierung eher verschleiern. Es ist zwar interessant und für die Erstellung einer Entwicklungsnorm, mit deren Hilfe sich dann der Entwicklungsstand eines einzelnen interpretieren lässt, auch durchaus wichtig, anhand stichprobengeprüfter, statistisch gemittelter Daten festzustellen, wie erfolgreich bestimmte Unterrichtsmethoden sind, aber es sagt nur wenig über die individuellen Probleme des einzelnen aus.[5] So zeigt zum Beispiel die Hamburger Aufsatzstudie auf, dass ein Großteil der Schülerinnen und Schüler in Jahrgangsstufe 11, deren Aufsätze in der Studie analysiert wurden, Schwierigkeiten hat, leserbezogen zu schreiben und den intendierten Adressaten von der eigenen Meinung zu überzeugen, sie kann aber dieses Versagen nur äußerst allgemein und ohne Erfassung individueller Ursachen begründen: „Die gemachten Beobachtungen lassen sich damit erklären, dass […] in den Gymnasien die Spannbreite der Sprachfunktionen in den geübten Aufsatzarten sehr schmal ist."[6] Ähnliches ist auch bei Studien zu bemerken, die Aussagen zu anderen Lernbereichen des Deutschunterrichts treffen. So deckt PISA 2000 beispielsweise auf, dass 31 Prozent der in

---

[2] Simon: Die Kunst, nicht zu lernen, in: Fischer (Hg.): Die Wirklichkeit des Konstruktivismus, S. 359.
[3] Fischer: Abschied von der Hinterwelt?, S. 22.
[4] S. Augst u. Faigel: Von der Reihung zur Gestaltung: Untersuchung zur Ontogenese der schriftsprachlichen Fähigkeiten von 13–23 Jahren. S. hierzu auch Kapitel 2.2.5 dieser Arbeit.
[5] Vgl. hierzu Feilke: Schreibentwicklungsforschung. Ein kurzer Überblick unter besonderer Berücksichtigung der Entwicklung prozessorientierter Schreibfähigkeiten, in: Diskussion Deutsch, H. 129, S. 21.
[6] Hartmann u. Blatt: Nützt empirische Forschung dem Schreibunterricht? Folgerungen aus der Hamburger Aufsatzstudie, in: Baurmann u. Ludwig (Hg.): Schreiben – Schreiben in der Schule, S. 53.

Deutschland untersuchten Schülerinnen und Schüler im Alter von 15 Jahren Lesen als Zeitverschwendung empfinden, über 40 Prozent in ihrer Freizeit nicht gerne lesen[7] und fast 23 Prozent keine ausreichende Lesekompetenz besitzen.[8] Die Studie kann jedoch nicht erklären, warum das so ist, weil die Gründe für jeden Jugendlichen individuell unterschiedlich sind.[9] Neue unterrichtliche Vorschläge können nur dann wirksam und hilfreich sein, wenn sie diese individuellen Unterschiede aufgreifen und berücksichtigen. Auch die Entwicklung eines zeitgemäßen Schreibcurriculums, wie es die vorliegende Arbeit anregen will, bedarf daher vor seiner überindividuellen Umsetzung und institutionellen Verankerung der Grundlegung in qualitativen Untersuchungen, die die individuellen negativen wie positiven Schreiberfahrungen der Heranwachsenden besser aufdecken und erfassen können als andere Analyseverfahren.

Die Arbeit folgt damit der berechtigten Forderung der Wissenschaft nach „Untersuchungen mit Blick auf den gesamten schulischen Kontext des Schreibens, um wirkungsvolle Maßnahmen für die Schreibförderung bestimmen und überprüfen zu können",[10] geht dabei qualitativ vor und verzichtet bewusst auf quantitativ erhobenes und gewichtetes Material. Sie untersucht die Aussagen von Schreiblernenden zu ihren Erfahrungen mit Schreibunterricht und ihren Vorstellungen vom Schreiben und ergründet die – positiven wie negativen – Auswirkungen des schulischen Schreibunterrichts. Sie beschränkt sich dabei auf den Schreibunterricht des bayerischen Gymnasiums, um an einem Beispiel exemplarisch aufzuzeigen, wie derzeit in Deutschland Schreibunterricht gestaltet wird. Die Ergebnisse dieser Analyse bieten die Grundlage für ein erstes Konzept eines „anderen" Schreibunterrichts, der im Rahmen der Untersuchung auch praktisch erprobt wurde.

Das Vorgehen folgt damit der Methode der „Aktionsforschung"[11] und greift zur Auswertung auch auf Verfahren der „qualitativen Inhaltsanalyse" zurück, mit deren Hilfe sich schriftliche und mündliche Äußerungen aller Art systematisch analysieren lassen, „indem [...] das Material schrittweise mit theoriengeleitet

---

[7] Nach Artelt u. a.: Lesekompetenz, in: Deutsches PISA-Konsortium (Hg.): PISA 2000, S. 116.
[8] Nach ebd., S. 103.
[9] So verwundert es nicht, dass die mit der Auswertung betrauten Wissenschaftler nur eine sehr vorsichtige und allgemein gehaltene Deutung vornehmen: „Diese Befunde zu den Leseaktivitäten und zur Einstellung zum Lesen weisen darauf hin, dass die im internationalen Vergleich relativ niedrigen Leistungen deutscher Schülerinnen und Schüler im Lesen zumindest teilweise darauf zurückzuführen sein könnten, dass Lesen für viele von ihnen keine Tätigkeit darstellt, der sie selbstverständlich und gern nachgehen." (Ebd., S. 116).
[10] Sieber: Modelle des Schreibprozesses, in: Bredel u. a. (Hg.): Didaktik der deutschen Sprache, Bd. 1, S. 220.
[11] Eine wörtliche, wenn auch etwas undeutliche Übersetzung des englischen Begriffes „action research", der besser als der deutsche Begriff zum Ausdruck bringt, dass der Forschende selbst Teil der zu analysierenden sozialen Situation ist und diese deshalb „in action" – handelnd – analysieren muss, um sie zu verbessern, nicht aber durch distanzierte Beobachtung von außen.

am Material entwickelten Kategoriensystemen bearbeitet"[12] wird, um so über Zusammenfassung, Explikation und Strukturierung zu fundierten Aussagen zu gelangen.[13] „Aktionsforschung ist die systematische Untersuchung beruflicher Situationen, die von Lehrerinnen und Lehrern selbst durchgeführt wird, in der Absicht diese zu verbessern."[14] Sie gliedert sich in einzelne Phasen, die im spiralförmigen Verlauf des Untersuchungsprozesses zunächst getrennt werden, aber dabei stets reflexiv aufeinander bezogen sind, ineinander greifen und sich durchaus auch wiederholen können:

> Der Forschungsprozess setzt ein mit dem *Erkennen einer Fragestellung* und der Bereitschaft, daran zu arbeiten [...]. Danach wird oft versucht, durch Beobachtungen, Gespräche, Interviews und andere Arten von Datensammlung [...] sowie durch die Analyse und Interpretation der dabei gemachten Erfahrungen [...] ein genaueres Bild zu gewinnen und damit eine erste *Klärung der Situation* zu erarbeiten. Als Konsequenz werden verschiedene *Handlungsstrategien* entwickelt und schließlich *in der Praxis umgesetzt* und erprobt [...]. In der Regel kann nicht erwartet werden, dass neue Handlungsstrategien ein Problem sofort auf zufriedenstellende Weise lösen. Daher werden diese auf ihre *Wirkungen und Nebenwirkungen untersucht*, damit aus den Erfahrungen gelernt werden kann und die Handlungsstrategien selbst verbessert werden können. Damit tritt der Forschungsprozess in eine neue Phase der Situationsklärung, die schließlich wieder in eine *Erprobung der dabei entwickelten Handlungskonsequenzen* mündet [...].[15]

Aktionsforschung, die so verstanden wird, stellt eine besondere Ausprägung der in den Sozialwissenschaften entwickelten Handlungsforschung dar, die sich um „eine vergleichende Erforschung der Bedingungen und Wirkungen verschiedener Formen des sozialen Handelns und eine zu sozialem Handeln führende Forschung"[16] bemüht. Sie setzt an konkreten sozialen Problemen an und versucht, ihre im Forschungsprozess erzielten Ergebnisse wiederum in diesen einzubeziehen und bereits während des Prozesses umzusetzen, um dadurch auf die Praxis verändernd Einfluss zu nehmen.[17] „Die von der Forschung Betroffenen sind innerhalb von Handlungsforschung nicht Objekt, sondern Partner, Subjekte. Forscher und Praktiker sind im stetigen, gleichberechtigten und herrschaftsfreien Austausch, im Diskurs begriffen."[18] In der Sonderform der Aktionsforschung fallen diese Positionen zusammen: Forschender und Praktizierender sind ein und dieselbe Person – Lehrende erforschen methodisch eine für sie bedeutsame soziale Situation, ihren eigenen Unterricht, um ihn für die an ihm beteiligten

---

[12] Mayring: Einführung in die Qualitative Sozialforschung, S. 114.
[13] Vgl. hierzu: Mayring: Qualitative Inhaltsanalyse, Grundlagen und Techniken, S. 56ff.
[14] Elliott: Action research: A framework for self-evaluation in schools, zit. n. Altrichter u. Posch: Lehrer erforschen ihren Unterricht, S. 13.
[15] Ebd., S. 23 (Hervorhebungen auch von mir, Anm. d. Verf.).
[16] Lewin: Aktionsforschung und Minderheitenprobleme, S. 280.
[17] Nach Mayring: Einführung in die Qualitative Sozialforschung, S. 51.
[18] Ebd. S. 50f.

Schülerinnen und Schüler zu optimieren.[19] Im Gegensatz zu anderen Ansätzen wird hier die Unterrichtssituation nicht von außen, sondern aus der Praxis selbst – der Aktion – heraus analysiert und durch die Betroffenen verändert, was der Erkenntnis Rechnung trägt, dass Unterrichtserfolg in hohem Maße von der gelungenen Interaktion zwischen Lehrkraft und Schülerinnen und Schülern abhängt. Die Eindrücke, Erfahrungen und Einschätzungen von Lehrenden und Lernenden sind daher konstitutiv für den Forschungsprozess und das Untersuchungsdesign – mit Hilfe der Betroffenen sollen für die Betroffenen Unterrichtsstrukturen verbessert werden.

Aktionsforschung beschränkt sich daher bisher meist auf „kleinere" Untersuchungseinheiten, auf einige wenige Ausschnitte aus einem größeren Unterrichtszusammenhang,[20] ist aber durchaus auch dazu geeignet, größere schulische Bereichsfelder, die über die einzelne Unterrichtssituation hinausweisen, zu untersuchen. Denn sie schlägt eine Vorgehensweise vor, die alle Komponenten des schulischen Schreibunterrichts untersuchen und ihr Zusammenspiel aufdecken lässt.

Die vorliegende Arbeit ist damit Ausdruck des Versuches, mit Hilfe der Verfahrensweisen der Aktionsforschung das komplexe Bedingungsgefüge gymnasialen Schreibunterrichts zu erfassen, die ihn bestimmenden Faktoren aufzuzeigen und mit den Erfahrungen ausgewählter Betroffener zu konfrontieren. Die dabei in den ersten Phasen festgestellten Analyseergebnisse bilden die Grundlage für das Konzept eines Schreibunterrichts, der vor allem der Entwicklung und Förderung grundlegender, in allen Schreibaufgaben einsetzbarer Schreibstrategien dient. Dieses Konzept, das eine andere Herangehensweise an das Schreiben vorschlägt, sollte jedoch nicht reine Theorie bleiben, sondern in einer weiteren Phase bereits in der Praxis auf seine Tauglichkeit geprüft werden – in Form eines Schreibkurses, den Gymnasiastinnen und Gymnasiasten für die Dauer eines Schulhalbjahres zusätzlich zu ihrem schulischen Schreibunterricht besuchten, wurde es in die Praxis umgesetzt. Die ersten Erfahrungen mit dem Kursdesign wurden in die Analyse einbezogen, sodass sich schließlich aus allen Untersuchungsphasen weiterführende Konsequenzen für den gesamten schulischen Schreibunterricht aufzeigen ließen.

---

[19] Dies gilt auch für die vorliegende Untersuchung. Als „Praktikerin" war ich mit der Situation gymnasialen Schreibunterrichts täglich konfrontiert, erlebte ihn oft als wenig hilfreich und befriedigend für Lernende und Lehrende und empfand ihn als änderungsbedürftig. Als „Forscherin" analysiere ich nun sein Bedingungsgefüge, um es zu verbessern. Als „Praktikerin und Forscherin" setze ich die dabei gewonnenen Erkenntnisse in konkrete Handlungskonsequenzen um.
[20] Beispiele finden sich in Altrichter u. Posch: Lehrer erforschen ihren Unterricht.

1.2 Phasen der Untersuchung

1.2.1 Erkennen der Fragestellung: das Problem des Schreibunterrichts

Schulischer Schreibunterricht in der Sekundarstufe, vor allem der des Gymnasiums, ist wenig erfolgreich und leistet nicht das, was er leisten sollte. Er schafft es nicht, allen Schülerinnen und Schülern zum Erwerb umfassender Schreibfähigkeiten zu verhelfen und erfolgreiche, sichere und kompetente Schreiberinnen und Schreiber aus ihnen zu machen. Gerade den wenig selbstbewussten Schreibenden bietet er keine ausreichende Unterstützung, weil er oft an ihren Bedürfnissen vorbei unterrichtet. So bilden viele Heranwachsende nur sehr vage Vorstellungen darüber aus, was Schreiben ist und sein kann, und verlassen schließlich mit nur unzureichenden Schreibkompetenzen die Schule.[21]

Was vor allem nicht gelingt, ist die wirksame Vermittlung grundlegender Schreibstrategien, die Kinder und Jugendliche bei allen Schreibaufgaben anwenden können, um diese erfolgreich zu bewältigen. Zudem können die Heranwachsenden im Schreibunterricht häufig wesentliche Funktionen des Schreibens nicht erfahren und erkennen – zwar erlernen fast alle diese elementare Kulturtechnik erfolgreich in motorischer Hinsicht, werden aber nicht angeleitet, sie gewinnbringend für das eigene Denken und Problemlösen einzusetzen, sodass ihnen das Schreiben als Mittel zur (Selbst-) Erkenntnis oft verschlossen bleibt.

Dass Schreibunterricht bisher unzufriedenstellend und wenig erfolgreich ist, liegt vor allem daran, dass er innerhalb eines komplexen Bedingungsgefüges stattfindet, dessen einzelne Komponenten nicht gelungen aufeinander abgestimmt sind.

1.2.2 Klärung der Situation: das Bedingungsgefüge des Schreibunterrichts

Zu den Komponenten, die miteinander interagieren und Einfluss auf den Lehr- und Lernerfolg des Schreibunterrichts nehmen, gehören die Vorstellungen von Schreiblernenden und -lehrenden über das Schreiben an sich, die Ziele und Funktionen des Schreibens und die beim Schreiben ablaufenden Prozesse. Darüber hinaus sind die bisherigen Schreiberfahrungen und Schreibbiographien der Schreiblernenden Teil des Bedingungsgefüges, die im Unterricht angewandte

---

[21] Besonders fatal ist dies bei denjenigen, die ein Lehramtsstudium aufnehmen und das Fach Deutsch unterrichten wollen. Da sie auch während des Studiums nur sehr selten mit der Frage konfrontiert werden, was Schreiben eigentlich ist, und sie die Kriterien, die einen Text zu einem gelungenen Text machen, oft nur bei der Analyse und Interpretation literarischer Texte kennen lernen, obwohl sich diese nicht einfach auf die Texte von Schreibnovizen und -lernenden übertragen lassen, behalten viele ihre äußerst vagen Vorstellungen und geben diese später in der Schule an ihre Schülerinnen und Schüler weiter. Auf diese Weise wird nur ein sehr eingeschränktes Bild des Schreibens tradiert – sein Potential, seine vielfältigen Funktionen finden kaum Eingang in den Unterricht.

Methodik und die in ihm zu vermittelnden Inhalte, sowie die strukturellen Vorgaben durch Lehrplan, Stundentafel und Schulordnung. Ein letzter wichtiger Faktor ist schließlich der Umgang mit den Schreibprodukten der Schülerinnen und Schüler, also die Korrektur, Bewertung und Beurteilung ihrer Texte durch die Lehrenden.

Die vorliegende Untersuchung beschäftigt sich daher vergleichend mit den Vorstellungen über die Bedeutung des Schreibens. Sie analysiert dabei zum einen die Annahmen und Erklärungen der Wissenschaft und geht der Frage nach, ob und wie diese besser für den schulischen Schreibunterricht nutzbar gemacht werden könnten. Zum anderen beleuchtet sie die strukturellen und inhaltlich-methodischen Vorgaben und Vorannahmen des Schreibunterrichts in der gymnasialen Sekundarstufe, analysiert individuelle Schreiberfahrungen und Assoziationen zum Schreiben von Schreiblernenden und zeigt die Vorstellungen und Kompetenzen auf, die durch schulischen Schreibunterricht befördert bzw. verhindert werden.

1.2.3 Entwicklung, Erprobung und Evaluation von Handlungsstrategien: der Schreibkurs

Ausgehend von den Ergebnissen der Bedingungsanalyse des Schreibunterrichts wird zunächst ein Konzept für einen Schreibkurs entwickelt, das auf die gefundenen Problemfelder reagiert und versucht, das Schreiben für Heranwachsende und Lehrende besser lehr- und lernbar zu machen und das schreibstrategische Wissen und Können der Lernenden zu entwickeln und zu fördern, indem es den bisherigen textgeleiteten Aufsatz- zum strategiegeleiteten Schreibunterricht umformt.

In einem zweiten Schritt wird das Konzept konkretisiert und in der Praxis erprobt, erste Erfahrungen mit der Arbeit im Schreibkurs und die Tauglichkeit des Kursdesigns werden reflektiert. Zu klären ist dabei vor allem, ob Lernende durch einen solchen Kurs ein größeres Wissen um Schreibstrategien entwickeln und dieses auch tatsächlich erfolgreich gebrauchen können. Es stehen also in dieser Untersuchung nicht die Textgestaltungskompetenzen von Schülerinnen und Schülern im Mittelpunkt, sondern die Frage nach ihrem Wissen um Schreibstrategien. Ziel ist ja in erster Linie nicht, dass Schülerinnen und Schüler im Laufe des Kurses schulische Textsorten besser erfüllen als vorher, Ziel ist es vielmehr, ihre Schreibfähigkeiten generell zu steigern und sie zu „sichereren", selbstbewussteren Schreibenden werden zu lassen, die schreibstrategisches Wissen gezielt nutzen können.

1.2.4 Ausblick auf zukünftige Handlungskonsequenzen: Voraussetzungen für einen „anderen" Schreibunterricht

Ziel der bisher beschriebenen Phasen ist es, Ideen für eine andere Art des Schreibunterrichts zu entwickeln und zu erproben, der sich nicht auf die Einübung einiger weniger Schreibhaltungen beschränkt, sondern alle wichtigen Funktionen des Schreibens berücksichtigt, grundlegende Schreibstrategien vermittelt und dafür nach methodischen und inhaltlichen Alternativen zum bisherigen Schreibunterricht sucht.

Auf dieser Grundlage wird in der letzten Phase ein Ausblick auf weitere zukünftige Handlungskonsequenzen gegeben, der die notwendigen Voraussetzungen für einen „anderen", gelingenden und für alle Beteiligten sinnvollen Schreibunterricht beschreibt, auf deren Basis zukünftig ein umfassendes Schreibcurriculum entwickelt werden kann, das tatsächlich dazu geeignet ist, die Schreibkompetenz von Sekundarstufenschülerinnen und -schülern nachhaltig zu erhöhen.

2. Das Wissen vom Schreiben – Situationsanalyse und erste Handlungskonsequenzen

Bisherige Definitionen des Begriffes „Schreiben" sind häufig unscharf und gehen fast nie auf alle Bedeutungsaspekte ein, obwohl sie alle auf den Schreibunterricht einwirken. In diesem Kapitel wird deshalb eine umfassende Begriffsklärung vorgenommen, es werden die Zwecke und Ziele beschrieben, die mit dem Schreiben verfolgt werden, sowie die Funktionen des Schreibens aufgezeigt. Dafür werden wissenschaftliche Theorien untersucht, mit denen sich Lehrerinnen und Lehrer im Lauf ihres Studiums auseinander setzen müssen; vergleichend dazu werden die Vorstellungen, die Lernende durch schulischen Schreibunterricht entwickeln, analysiert. Darüber hinaus interessiert hier der Zusammenhang von Schreib- und Denkentwicklung – beeinflussen sie sich gegenseitig? Und welche Schlussfolgerungen für den Erfolg von Schreibunterricht müssen daraus gezogen werden?

2.1 Das Wissen vom Schreiben: die verschiedenen Dimensionen des Begriffes „Schreiben"

„Professionalität drückt sich in der aktiven Übernahme von Verantwortung für die Qualität des Unterrichts aus und beruht auf einem reflektierten Bewußtsein von den eigenen Handlungsbedingungen […]."[1] Professionelles Lehr-Handeln muss folglich auf wissenschaftlich abgesicherten Annahmen und Theorien basieren und von eigenen Lehr- und Lernerfahrungen abstrahieren bzw. diese hinterfragen, indem wissenschaftliche Theorie und unterrichtliche Praxis in einem stetigen rekursiven Prozess aufeinander bezogen und weiter entwickelt werden.

Um ihren Schreibunterricht theoretisch zu fundieren, setzen sich Deutschlehrkräfte mit den Aussagen der Linguistik, der (psychologischen) Schreibprozessforschung und der Fachdidaktik auseinander, bilden mit deren Hilfe ihre Vorstellung von dem aus, was Schreiben ist, kann und soll, und steuern dadurch bewusst oder unbewusst ihr unterrichtliches Tun. Zur „Klärung der Situation" des Schreibunterrichts trägt daher die Analyse wichtiger Ergebnisse aus allen an der Schreibforschung beteiligten Disziplinen bei.[2]

---

[1] Altrichter: Ist das noch Wissenschaft?, S. 48.
[2] Natürlich richten Lehrerinnen und Lehrer ihr Handeln vor allem nach den Erfahrungen ihrer täglichen Unterrichtspraxis aus, worauf z. B. Jürgen Baurmann hinweist: „Lehrerinnen und Lehrer, die sich in erster Linie fragen (müssen), wie sie im Unterricht erfolgreich handeln können, orientieren ihre Überlegungen und Entscheidungen […] an Situationen, die sie interpretierend typisieren." (Baurmann: Didaktik und Methodik des Schreibens, in: Baurmann, Günther u. Knoop (Hg.): homo scribens. Perspektiven der Schriftlichkeitsforschung, S. 301 f.). Die Typisierung schulischer Unterrichtssituationen erfolgt aber immer auch auf Grundlage von Kenntnissen über den jeweiligen Unterrichtsgegenstand, die über die spezifische Einzelsituation hinausweisen und von dieser abstrahieren. Es ist anzunehmen (und zu hoffen), dass Lehrende ihr im Studium erworbenes Wissen nicht gänzlich ausblenden, wenn sie sich eine Theorie über ihren eigenen Unterricht bilden und daraus Handlungsstrategien ableiten. Das wissenschaftliche Wissen vom Schreiben spielt also durchaus eine Rolle bei der Analyse von Schreibunterricht durch Lehrende, was eine ausführliche Darstellung hier rechtfertigt.

Zwar hat sich, das, was „man unter 'Schreiben' versteht, [...] im Verlauf der Schriftgeschichte und der Geschichte des muttersprachlichen Unterrichts [...] verändert",[3] aber beinahe durchgängig findet sich die Erkenntnis, dass sich Schreiben aus verschiedenen Komponenten zusammensetzt und eine technologische, eine semiotische, eine linguistische und eine operative Dimension umfasst.[4] So ist Schreiben zunächst ein motorisches Handwerk, eine Technologie,[5] durch die Zeichen erzeugt werden. Diese wiederum konstituieren eine sprachliche Handlung, die entweder selbstständig oder als Teilhandlung neben anderen ausgeführt wird.

Zusätzlich kann der Bedeutungsumfang des Begriffes „Schreiben" perspektivisch differenziert werden – zu unterscheiden ist dann jeweils zwischen dem eigentlichen, motorischen Akt und dem Schreibprodukt. Während der tatsächliche Schreibvorgang sichtbarer Ausdruck eines umfassenderen Schreibprozesses ist, in den durchaus auch Momente des Nicht-Schreibens integriert sein können, in denen geplant, überarbeitet und korrigiert wird, stellt der entstandene Text das Ergebnis dieses Prozesses dar. Gemeinsam machen sie den Bedeutungsumfang des Begriffes „Schreiben" aus.

2.1.1 Technologische/motorische, semiotische und operative Dimension

Schreiben erfordert den Einsatz bestimmter Materialien und Werkzeuge wie Papier und Stift, die dem Schreibenden heute problemlos zur Verfügung stehen, deren sinnvollen und korrekten Gebrauch er jedoch erst erlernen muss. Dazu bedarf es der Schulung optischer Fähigkeiten, um beispielsweise Buchstaben voneinander unterscheiden und in die richtige Lage und Größe setzen zu können, und motorischer Fähigkeiten, v. a. des Handgelenks, der Finger und des Schreibarmes, die jedoch je nach verwendetem Schreibmedium unterschiedlich sein können: Das zweihändige unverbundene Fingerschreiben am PC erfordert andere motorische Fähigkeiten als das gebundene Einhandschreiben mit dem

---

[3] Metzler Lexikon Sprache (CD-ROM), S. 8373.
[4] Vgl. Ludwig: Integriertes und nicht-integriertes Schreiben, in: Baurmann u. Weingarten (Hg.): Schreiben. Prozesse, Prozeduren und Produkte, S. 276ff.
[5] Anders als Ludwig, der mit dieser Dimension allein die Benutzung von Werkzeugen beschreibt, die für das Schreiben erforderlich sind, beziehe ich hier auch die körperlich-motorische Seite mit ein, da Schreiben eine bestimmte Körperhaltung und Handbewegung erfordert, die sich von den meisten anderen menschlichen Bewegungsabläufen unterscheidet und erlernt werden muss. Gerade die motorische Seite des Handschreibens bereitet vielen Schreiblernenden Schwierigkeiten.

Stift,[6] was nicht ohne Auswirkung auf die Schreibmotivation, den Schreibprozess und das entstehende Schreibprodukt bleibt.

Daneben erfordert jegliches Schreiben eine Gedächtnisleistung, durch die die in der jeweiligen Sprachgemeinschaft geltenden Schriftzeichen während des Schreibvorganges automatisch abgerufen werden können, sodass die inhaltliche Schreibarbeit nicht durch das Nachdenken über die technische Seite des Schreibens behindert wird. Hierin zeigt sich auch die enge Verknüpfung von technologischer und semiotischer Seite des Schreibens:[7] Schreiben bedeutet in semiotischer Hinsicht, aus einer beschränkten Menge konventionalisierter und standardisierter Zeichen auszuwählen, um mit deren Hilfe die intendierte sprachliche Äußerung in graphischer Form zu fixieren und für andere wiedererkennbar – lesbar – zu machen. Das dabei verwendete Zeicheninventar besteht – wie in unserer Schriftsprache – oft aus Buchstaben und Satzzeichen, kann aber je nach Verwendungszusammenhang auch aus Ziffern oder Musiknoten bestehen. Wichtig ist nur, dass sich der Schreibende eines „kodierten Systems sichtbarer Zeichen"[8] bedient, das von anderen leicht dekodiert werden kann. Das Produzieren dieser Zeichen erfolgt bei geübten Schreibern automatisiert, routiniert „und mit einem Minimum an Aufwand".[9] Wird dabei die Zeichenproduktion „zu einer Teilhandlung neben anderen Teilhandlungen",[10] dann erfüllt das Schreiben eine operative Funktion und verliert „seinen Charakter als selbständige Handlung",[11] weil es in einen übergeordneten Handlungszusammenhang integriert ist. So wird Schreiben beispielsweise „neben dem Konzipieren, Organisieren und Formulieren zu einer Teilhandlung bei der Herstellung von Texten",[12] oder es dient einer memorativen Funktion, wenn etwas abgeschrieben wird, um es sich einzuprägen.[13]

---

[6] In der Forschung ist bisher nur der Begriff „Handschreiben" etabliert (vgl. z. B. Schorch: Geschichte der Didaktik des Handschreibens, in: Bredel u. a. (Hg.): Didaktik der deutschen Sprache, Bd. 1, S. 273–285), bzw. wird nur zwischen dem „Schreiben mit der Hand" und dem „Schreiben mit dem Computer" (vgl. Blatt: Schreibprozeß und Computer, S. 7) oder dem „Tastaturschreiben" (vgl. Weinhold: Schriftspracherwerb, in: Lange u. Weinhold (Hg.): Grundlagen der Deutschdidaktik, S. 16) unterschieden. Da es meiner Erfahrung nach aber durchaus einen Unterschied macht, ob ein Schreibender nur eine Hand oder beide zum Schreiben einsetzt, dabei in einem Fall die ganze Hand und im anderen nur einzelne Finger bewegt und die einzelnen Buchstaben der Wörter entweder verbunden, „in einem Schwung" auf das Papier setzt oder aber einzelne Buchstaben durch Antippen einzelner Tastaturtasten virtuell aneinanderreiht, verwende ich die Begriffe „zweihändiges unverbundenes Fingerschreiben" und „gebundenes Einhandschreiben". Sie sind zunächst nur als vorläufige Hilfskonstruktionen gedacht, können aber verdeutlichen, dass das jeweilige Werkzeug spezifische Arten des Schreibens hervorruft.
[7] Vgl. Ludwig: Integriertes Schreiben, S. 277.
[8] Ong: Oralität und Literalität. Die Technologisierung des Wortes, S. 87.
[9] Ludwig: Integriertes Schreiben, S. 278.
[10] Ebd., S. 281.
[11] Ebd., S. 280.
[12] Ebd., S. 283.
[13] Nach ebd., S. 284.

Der Begriff „Schreiben" ist somit semantisch nicht eindeutig, er umfasst verschiedene Dimensionen, und bereits darin liegt eine Schwierigkeit für den schulischen Schreibunterricht, sowohl der Primar- als auch der Sekundarstufe: Zwar kann man davon ausgehen, dass sich die motorischen Fähigkeiten mit zunehmender Schreiberfahrung stetig vergrößern, sodass sich deren negativer Einfluss auf den Schreibprozess verringert, aber welche der anderen Dimensionen es ist, die Schülerinnen und Schülern bei einer Schreibaufgabe Schwierigkeiten bereitet, ist weder für Lernende noch Lehrende immer auf den ersten Blick zu erkennen. Wenn zusätzlich die Einführung einer neuen Schreibaufgabe mehrdimensional erfolgt, können gerade unerfahrene Schreibende nicht genau erkennen, wie die Aufgabe zu bewältigen ist.

2.1.2 Linguistische Definition des Schreibens

In der Linguistik befassen sich zwei Richtungen mit dem Schreiben: die Textlinguistik und die Schriftlinguistik (auch bekannt als Schriftlichkeitsforschung). Allerdings untersuchen diese weniger den Vorgang des Schreibens als vielmehr die Schrift, den intendierten oder realisierten Text [14] und die Kommunikationssituation, in der der Text entsteht. Eine Bestimmung dessen, was Schreiben bedeutet, kann aber aus einigen ihrer Ergebnisse extrahiert werden.

2.1.2.1 Schriftlinguistik

Ausgehend von der Annahme, dass Sprachen „eine Grammatik und ein Lexikon, aber zwei vielfach divergierende spezif. Systeme des Ausdrucks haben",[15] beschreibt und analysiert die Schriftlinguistik die geschriebene Form von Sprache. Schreiben wird hier als der „Prozess des schriftlichen Fixierens von Äußerungen"[16] verstanden, der Text als dessen Ergebnis: „Schreiben meint nicht nur, Kenntnis von einem Schriftsystem zu haben, Schreiben bezieht sich auf die Fähigkeit, Texte zu produzieren."[17]

---

[14] Die Textlinguistik befasst sich nicht nur mit schriftkonstituierten sprachlichen Gebilden, sondern auch mündlichen Äußerungen, wenngleich heute eine „Rückbesinnung auf die traditionelle Basis des Textbegriffs, die Schriftlichkeit, [...]" (Bußmann (Hg.): Lexikon der Sprachwissenschaft, Stichwort „Textlinguistik", S. 688) zu bemerken ist. Da im Zusammenhang der vorliegenden Untersuchung nur schriftliche Texte interessieren, wird hier der Begriff „Text" sehr eng gefasst. Wenn in diesem Kapitel von „Text" die Rede ist, dann sind immer nur schriftliche Texte gemeint, die sowohl konzeptuell als auch medial schriftlich sind.
[15] Metzler Lexikon Sprache, S. 8419.
[16] Dürscheid: Einführung in die Schriftlinguistik, S. 22.
[17] Ebd., S. 225.

Wichtig ist der Schriftlinguistik die Differenzierung in geschriebene und schriftliche Sprache: Unter geschriebener Sprache wird allein die „schriftlich fixierte Äußerung"[18] verstanden, der Begriff „schriftliche Sprache" dagegen kennzeichnet eine besondere Realisationsform von Sprache, die in Schriftform erfolgt und ganz bestimmte charakteristische, von mündlichen Sprachformen auch abweichende Merkmale aufweist. Mündlichkeit und Schriftlichkeit sind somit laut Schriftlinguistik nicht deckungsgleich – wer schreibt, formt nicht immer nur mündliche in schriftliche Sprache um, sondern bedient sich (unter Umständen) einer eigenständigen Sprachform und realisiert seine Äußerungsabsicht in einem anderen Sprachsystem. Je nach verwendetem Medium, intendierter Textfunktion und zugrunde gelegter Kommunikationssituation ist zu unterscheiden zwischen medialer und konzeptioneller Dimension schriftsprachlicher Äußerungen: „Die **mediale Dimension** bezieht sich auf die Realisationsform der sprachlichen Äußerung, die **konzeptionelle Dimension** auf die in der Äußerung gewählte Ausdrucksweise."[19]

Die Begriffe „mündlich" und „schriftlich" sind zunächst ambig, erst die differenzierte Beschreibung ihrer Dimensionen kennzeichnet sie im Einzelfall eindeutig, da keine immer gleiche, feste Verbindung zwischen konzeptioneller und medialer Ausformung besteht.[20] Ob medial schriftliche Texte konzeptionell eher mündlich oder schriftlich sind, lässt sich an der in ihnen realisierten kommunikativen Grundhaltung – entweder orientiert an Nähe und Vertrautheit zum Kommunikationspartner oder aber an Distanz und Formalität[21] – und den dabei eingesetzten Versprachlichungsstrategien erkennen, die sich in der Verwendung bestimmter sprachlicher Ausdrucksmittel auf morphologischer, lexikalischer, syntaktischer und pragmatischer Ebene zeigen. Der konzeptionellen Schriftlichkeit zuzuordnen sind solche Äußerungen, die sprachlich elaboriert sind, sich einer formellen Sprache bedienen, eine hohe Informationsdichte besitzen und sowohl syntaktische als auch semantisch-lexikalische Komplexität aufweisen. Konzeptionell mündliche Texte dagegen sind weniger geplant, weisen oft verkürzte, unvollständige und grammatisch nicht immer völlig korrekte Satzkonstruktionen auf und enthalten auf lexikalischer Ebene häufig Interjektionen, Wieder-

---

[18] Ebd., S. 22.
[19] Ebd., S. 48.
[20] Nach Koch u. Oesterreicher: Schriftlichkeit und Sprache, in: Günther u. Ludwig (Hg.): Schrift und Schriftlichkeit. Ein interdisziplinäres Handbuch internationaler Forschung, Bd. 1, S. 587.
[21] Nach Sieber: Schreiben im Spannungsfeld von Oralität und Literalität, in: Witte u.a. (Hg.): Deutschunterricht zwischen Kompetenzerwerb und Persönlichkeitsbildung, S. 117f.

holungen und umgangssprachliche Ausdrücke, deren Verwendung charakteristisch für mündliche Gespräche ist.[22]

In medialer Hinsicht geschieht das Schreiben fast immer in einer monologischen Situation: Sender und Empfänger sind meist voneinander getrennt, sodass ihre Kommunikation asynchron erfolgt. Da die Kommunikationspartner nicht auf das Zeicheninventar von Mimik, Gestik und Intonation zurückgreifen können, ist es hilfreich, wenn sich der Schreibende einer präzisen Ausdrucksweise bedient und deiktische Elemente in sein Textprodukt einbaut, die es dem Lesenden erleichtern, den geäußerten Sinnzusammenhang nachzuvollziehen.[23] Zu wenig beachtet wird in der Forschung und auch im Schulunterricht dabei jedoch meist, dass es unterschiedliche Arten präziser Ausdrucksweise gibt: Abhängig von der Kommunikationssituation, dem Verhältnis zum Kommunikationspartner und der beabsichtigten Aussage ist entweder eine konzeptionell mündliche oder eine konzeptionell schriftliche Sprache angemessen und präzise. Zudem gilt die Forderung nach einer bestimmten Art von Präzision auch nur für Texte, die sich tatsächlich an ein Gegenüber richten, egal ob ein reales oder nur gedachtes. Texte, die ein Schreibender nur für sich selbst schreibt, wie beispielsweise Tagebucheinträge oder Notizzettel als Gedächtnisstütze, folgen sicherlich anderen Mustern und müssen nicht zwingend die Kriterien eines „gelungenen" Textes erfüllen, um ihrem intendierten Zweck zu genügen.

2.1.2.2 Textlinguistik

Was aber macht einen gelungenen Text aus, der sich an einen oder mehrere andere Kommunikationspartner richtet? Hierauf gibt die Textlinguistik Antwort: „Der Terminus „Text" bezeichnet eine begrenzte Folge von sprachlichen

---

[22] Nach Dürscheid: Einführung in die Schriftlinguistik, S. 52f. Dürscheid erweitert die mediale Dimension des Modells von Koch u. Oesterreicher um das Kennzeichen des Digitalen, um auch die spezifischen Übermittlungsbedingungen neuester Medien berücksichtigen zu können (vgl. ebd., S. 58ff.). Für die vorliegende Untersuchung spielt es zwar durchaus eine Rolle, dass Jugendliche heute ganz selbstverständlich per SMS oder Internet-Chat kommunizieren, weil dies Auswirkungen auf ihren Sprachgebrauch hat. Es wirkt sich aber digital übermittelte Kommunikation auf die sprachliche Gestaltung von Äußerungen v. a. darin aus, dass die Grenzen zwischen konzeptioneller und medialer Schriftlichkeit und Mündlichkeit stark verwischt und beide Versprachlichungsstrategien vermischt werden. Von der Forschung bisher weitgehend unbeachtet und noch völlig ungeklärt ist die Frage, ob und in welchem Ausmaß das zweihändige unverbundene Fingerschreiben auf einer PC-Tastatur bzw. das einhändige unverbundene Daumenschreiben auf den Tasten eines Mobiltelefons die Art und Intensität der jeweils aktivierten Schemata im Kopf des Schreibenden beeinflusst. Muss nicht eine völlig andere Motorik beim Schreiben zwangsläufig erheblichen Einfluss auf den Schreibprozess und das Schreibprodukt haben? Da diese Frage noch nicht beantwortet ist und überdies in der Schule noch immer (zu Recht?) das „traditionelle" verbundene Einhandschreiben mit Stift und Papier vorherrschend ist, reicht zum jetzigen Zeitpunkt für eine Analyse der Bedingungsfaktoren schulischen Schreibunterrichts die bisherige Differenzierung aus, wenn dabei stets die unterschiedliche mediale Sozialisation der heutigen Schülerinnen und Schüler mitbedacht wird.

[23] Nach ebd., S. 30ff.

Zeichen, die in sich kohärent ist und die als Ganzes eine erkennbare kommunikative Funktion signalisiert."[24] Ein gelungener Text manifestiert sich damit als eine begrenzte, durch konventionalisierte Textbegrenzungsmerkmale wie z. B. Überschriften oder Einleitungs- und Schlussformeln abgeschlossene Folge von Sätzen, die durch bestimmte grammatische Mittel verknüpft sind, deren semantischer Gehalt einen thematisch-konzeptionellen Zusammenhang aufweist und die als Gesamtheit eine bestimmte kommunikative Funktion innerhalb einer Kommunikationssituation erfüllen. Als kohärenzstiftendes Prinzip[25] wirkt auf der Ebene der Text-Oberfläche neben dem Einsatz von Konjunktionen oder Adverbien zur Verbindung verschiedener Satzteile oder Sätze v. a. das der Wiederaufnahme, die explizit oder implizit geschehen kann.[26] Explizite Wiederaufnahme liegt vor, wenn ein „bestimmter Ausdruck (z. B. ein Wort oder eine Wortgruppe) [...] durch einen oder mehrere Ausdrücke in den nachfolgenden Sätzen des Textes in Referenzidentität wiederaufgenommen"[27] wird. Dies kann durch erneute Nennung desselben Wortes oder durch Ersatz mit einem ähnlichen Wort oder einem Personalpronomen geschehen, die auf dasselbe Objekt der außersprachlichen Realität verweisen, des weiteren auch durch Verwendung von Pro-Formen, „die [...] aufgrund ihres minimalen Bedeutungsgehalts ausschließlich dazu dienen, andere sprachliche Einheiten referenzidentisch wiederaufzunehmen."[28] Bei Substantiven verstärkt zusätzlich die Wahl des bestimmten oder unbestimmten Artikels die Koreferenz und damit die Kohärenz: Bei der ersten Nennung eines Objektes wird in der Regel der unbestimmte Artikel verwendet, der das genannte Referenzobjekt mit dem Merkmal „nicht bekannt" versieht, während bei jeder nachfolgenden Nennung der bestimmte Artikel zum Einsatz kommt, der das Objekt mit dem Merkmal „bekannt, da innertextlich bereits vor-

---

[24] Brinker: Linguistische Textanalyse, S. 17. Die folgenden Ausführungen stützen sich weitgehend auf Brinker, da dieser den gegenwärtigen Forschungsstand prägnant zusammenfasst.

[25] Gelegentlich wird in der Textlinguistik zusätzlich zwischen der Kohärenz, dem konzeptionellen, inhaltlichen Zusammenhang eines Textes, und der Kohäsion, der grammatischen Verknüpfung der Textoberfläche, differenziert (z. B. bei Beaugrande u. Dressler: Einführung in die Textlinguistik, S. 3ff.). Mir erscheint es aber überzeugender, den umfassenderen Kohärenzbegriff von Brinker (vgl. Brinker: Linguistische Textanalyse, S. 18) zu verwenden, der alle die Elemente auf der Textoberfläche und die der Tiefenstruktur umfasst, die den Zusammenhang des Textes herstellen. Da es möglich ist, einen zwar kohäsiven, aber dabei völlig inkohärenten Text zu verfassen, kann Kohäsion allein noch nicht textkonstitutiv sein – eine Folge von Sätzen wird erst dann zu einem zusammenhängenden Text, wenn der Inhalt kohärent ist. Kohäsion stellt daher nur eines von verschiedenen Kriterien dar, die kohärenzstiftend sein können, ist allein genommen aber für die Textkonstitution nicht entscheidend und daher ein weniger wichtiges Qualitätsmerkmal für einen gelungenen Text.

[26] Brinker versteht explizite und implizite Wiederaufnahme als die grammatischen Bedingungen der Textkohärenz (vgl. ebd., S. 27). Ich vermeide diese Benennung, weil die meisten der Wiederaufnahmeformen im Text nicht nur die grammatische Ebene berühren, sondern gleichzeitig auch semantisch-pragmatische Funktionen erfüllen.

[27] Ebd., S. 27.

[28] Ebd., S. 33.

her erwähnt" bzw. „auf außertextliche Informationen verweisend, die als bekannt vorausgesetzt werden", versieht.[29] Bei Verben dagegen spielen die Tempusformen eine wichtige Rolle, die ebenfalls als Wiederaufnahme verstanden werden können und die Einordnung der getroffenen Textaussagen in eine zeitliche Gesamt-Struktur ermöglichen.[30] Und selbstverständlich wirken zudem bei allen Wortarten die dem grammatischen Geschlecht und der Person entsprechend korrekt gebildete Deklination bzw. Konjugation kohäsiv auf die Textoberfläche und steigern dadurch die Kohärenz.

Neben diesen genannten anaphorischen Wiederaufnahmen, die im Text bereits angeführte sprachliche Einheiten ersetzen, sind auch kataphorische Verknüpfungen möglich, die auf einen Ausdruck vorverweisen, der erst im weiteren Textverlauf folgen wird.[31] Dies hat zur Folge, dass ein Text nicht nur eine lineare, der Schreib- und Leserichtung entsprechende Verknüpfungsstruktur aufweist, sondern darüber hinaus auch rückwärtsgewandte, querverweisende Beziehungen besitzen kann, sodass eine eng geknüpfte, verwobene Netzstruktur entsteht, die den Text als geschlossene Einheit erscheinen lässt.

„Im Gegensatz zur expliziten Wiederaufnahme ist die implizite Wiederaufnahme dadurch charakterisiert, dass zwischen dem wiederaufnehmenden Ausdruck [...] und dem wiederaufgenommenen Ausdruck [...] keine Referenzidentität besteht."[32] Sie sind jedoch semantisch aufeinander bezogen, weisen eine begriffliche, inhaltliche Nähe auf und stehen in einem bestimmten logisch-begrifflich, ontologisch oder kulturell begründeten Kontiguitätsverhältnis zueinander,[33] „von denen die Teil-von oder Enthaltenseinsrelation die wichtigste ist."[34] Die Kenntnis solcher Relationen kann bei einem versierten Sprachteilhaber, also einem, dessen Sprachentwicklung abgeschlossen ist, vorausgesetzt werden[35] und ermöglicht es ihm, die verschiedenen Ausdrücke kognitiv miteinander zu verbinden und so für sich die Textkohärenz herzustellen.

Die syntaktisch-semantische Verknüpfung trägt zwar zur Textkohärenz bei, sie kann diese jedoch nicht herstellen. Ihre Funktion liegt vielmehr darin, eine „Trägerstruktur für die thematischen Zusammenhänge des Textes"[36] bereitzustellen,

---

[29] Nach ebd., S. 29f.
[30] Brinker zählt die Verb-Tempora und die Deklination/Konjugation nicht zur Wiederaufnahme (vgl. ebd., S. 42f.). Für mich stellen sie jedoch besondere, rein grammatische Ausprägungen der Wiederaufnahme dar, sodass ich sie unter diesen Oberbegriff subsumiere.
[31] Nach ebd., S. 34.
[32] Ebd., S. 36.
[33] Nach ebd., S. 37.
[34] Ebd., S. 36.
[35] Nach ebd., S. 36f.
[36] Ebd., S. 45.

Dimensionen des Begriffes „Schreiben"

[handschriftlich: Thema/Rhema] 19

die quasi die Tiefenstruktur des Textes ausmachen. Eine wichtige Rolle spielt dabei die thematische Entfaltung des Textes.[37] In diesem Zusammenhang hat der Begriff „Thema" eine umfassendere Bedeutung, er fasst Thema und Rhema zusammen und steht für den „Kern des Textinhalts",[38] den Hauptgedanken, zu dem in einem Text Aussagen getroffen werden und an den weitere Themen, die Nebenthemen, auf verschiedene Weise angeknüpft werden können, um den Textkern zu entfalten.

Brinker unterscheidet vier Grundformen thematischer Entfaltung: die deskriptive, die explikative, die argumentative und die narrative. „Bei der deskriptiven Themenentfaltung wird ein Thema in seinen Komponenten (Teilthemen) dargestellt und in Raum und Zeit eingeordnet. Die wichtigsten thematischen Kategorien sind also Spezifizierung (Aufgliederung) und Situierung (Einordnung)."[39] Die deskriptive Themenentfaltung tritt vor allem bei informativen, instruktiven und normativen Texten auf, die über einmalige Ereignisse berichten, wiederholbare Vorgänge darstellen oder Lebewesen oder Gegenstände beschreiben, und wird entweder nach dem zeitlichen Ablauf (z. B. in einem Ereignisbericht), den wesentlichen Teilvorgängen (z. B. in einer Vorgangsbeschreibung) oder der Relation von Ganzem und Teil (z. B. in einer Gegenstandsbeschreibung) vorgenommen.[40] „Die explikative Themenentfaltung ist vor allem für bestimmte Text-

[handschriftliche Randnotiz: Argumentativ]
[handschriftliche Markierungen: 1) 2)]

---

[37] Die Beschäftigung mit der thematischen Entfaltung eines Textes nimmt im Modell der Thema-Rhema-Strukturen ihren Ausgang. Diese Konzeption, die um 1929 von Vertretern der Prager Schule entwickelt wurde, war zunächst auf die Satzebene beschränkt, wurde später aber von František Daneš erweitert und auf Texte angewandt (vgl. Daneš: Zur linguistischen Analyse der Textstruktur, in: Folia Linguistica 4, S. 72–78). Als „Thema" wird darin der Gegenstand bezeichnet, über den im Text etwas ausgesagt wird, „unter kontextuellem Aspekt handelt es sich dabei um die Information, die bekannt, vorgegeben, aufgrund der Situation erschließbar oder vom Rezipienten aufgrund seines Vorwissens bzw. seiner Weltkenntnis identifizierbar ist." (Brinker: Linguistische Textanalyse, S. 49). Unter „Rhema" dagegen wird das verstanden, was über den Gegenstand ausgesagt wird, es „bezeichnet also – kontextuell gesehen – die neue, nicht vorher erwähnte und nicht aus dem Text- bzw. Situationszusammenhang ableitbare Information." (Ebd.) Es zeigte sich jedoch, dass die Abgrenzung von Thema und Rhema nicht eindeutig vorgenommen werden kann, da es keine allgemeingültigen Kriterien gibt, die die verschiedenen Propositionen eines Satzes bzw. Textes eindeutig dem Thema oder dem Rhema zuordnen lassen, sodass das vorgeschlagene Modell für die Beschreibung der Funktionsweise von Texten nicht immer hilfreich ist (vgl. ebd., S. 51). Gerade im Hinblick auf Schreiblernende, die eines handhabbaren Textbegriffs bedürfen, und die Suche nach einem tragfähigen Konzept des Schreibunterrichts für die gesamte Sekundarstufe finde ich die etwas allgemeinere Beschreibung der thematischen Entfaltung hilfreicher. Mit dem Thema-Rhema-Begriff sollte erst in der Oberstufe gearbeitet werden; dass dies in dieser Altersstufe durchaus fruchtbar sein kann, zeigt die Untersuchung von Ines Guber (vgl. Guber: Die Thema-Rhema-Struktur informativer Texte. Ein sprachdidaktisches Konzept zur Förderung des Verstehens und Schreibens von Texten).

[38] Brinker: Linguistische Textanalyse, S. 56.

[39] Ebd., S. 65.

[40] Nach ebd., S. 65 ff.

sorten charakteristisch, die auf eine Erweiterung des Wissens zielen, wie Lehrbuch, populärwissenschaftlicher und wissenschaftlicher Text."⁴¹ Thema solcher Texte ist ein Sachverhalt, die thematische Entfaltung zeigt sich in der logischen Ableitung und kausalen Verknüpfung des zu Erklärenden aus und mit anderen Sachverhalten.⁴² Narrative Themenentfaltung, die v. a. in erzählenden Textsorten auftritt, liegt vor, wenn ein einzigartiges, ungewöhnliches Ereignis das Thema des Textes darstellt, und seine Komplikation, also die Zuspitzung des Ereignisses oder der Konflikt, und die Auflösung der Komplikation angeführt werden. Darüber hinaus werden hierbei häufig Angaben zu den beteiligten Personen, dem Ort und der Zeit gemacht und gelegentlich die Moral aus dem erzählten Thema angeführt.⁴³ Bei argumentativer Themenentfaltung schließlich stellt eine These das Thema des Textes dar; diese wird in einen bestimmten Kontext gestellt und mit Hilfe von Argumenten untermauert oder widerlegt und mündet in einer Schlussfolgerung.⁴⁴

Die genannten strukturellen Kennzeichen bewirken die Kohärenz eines Textes, sie können zudem seine kommunikative Funktion unterstützen, die entweder in der Information, dem Appell, der Obligation, dem Kontakt oder der Deklaration liegen kann.⁴⁵ Gibt der „Emittent [...] dem Rezipienten zu verstehen, dass er ihm ein Wissen vermitteln"⁴⁶ möchte, so besteht die Funktion des Textes in der Information, deren Darstellung entweder sachbetont oder wertend erfolgen kann. Eine Appellfunktion dagegen liegt vor, wenn der Emittent dem Rezipienten andeutet, „dass er ihn dazu bewegen will, eine bestimmte Einstellung einer Sache gegenüber einzunehmen [...] und/oder eine bestimmte Handlung zu vollziehen",⁴⁷ wenn er also – mehr oder weniger offen – versucht, Meinung oder Verhalten des Rezipienten zu beeinflussen. Dem entgegengesetzt ist die Obligationsfunktion, hier verpflichtet sich der Emittent gegenüber dem Rezipienten, auf eine bestimmte Art und Weise zu handeln und dabei getroffene Vereinbarungen

---

[41] Ebd., S. 74.
[42] Nach ebd., S. 70 ff.
[43] Nach ebd., S. 69.
[44] Nach ebd., S. 74 ff.
[45] Dies ist die Einteilung, die Brinker vornimmt (vgl. ebd., S. 107 f.). Seine Klassifikation der Textfunktionen geht auf das Organon-Modell von Karl Bühler zurück. Bühler definiert Sprache als „Werkzeug", mit dessen Hilfe Menschen über die Welt und die in ihr vorkommenden Gegenstände kommunizieren können. Dabei weisen die verwendeten sprachlichen Zeichen drei Funktionen auf: Sie dienen als Symbol für die Gegenstände, über die kommuniziert wird, und besitzen damit eine Darstellungsfunktion, gleichzeitig sind sie Symptom für die innere Gestimmtheit des sendenden Zeichenbenutzers, worin ihre Ausdrucksfunktion liegt, und fungieren als Signal für den Zeichenempfänger, was ihre Appellfunktion ausmacht (vgl. Bühler: Sprachtheorie. Die Darstellungsfunktion der Sprache, S. 28 ff.). Bühlers Modell erlaubt jedoch keine klare Trennung von kommunikativer und thematisch-semantischer Funktion, während Brinkers Einteilung an rein kommunikativen Kriterien orientiert ist.
[46] Brinker: Linguistische Textanalyse, S. 108.
[47] Ebd., S. 112.

einzuhalten.[48] Ähnlich wirken Texte mit Deklarationsfunktion. Sie schaffen eine neue Realität, weil die „Äußerung des Textes die Einführung eines bestimmten Faktums bedeutet."[49] Kontaktfunktion schließlich weisen solche Texte auf, mit denen der Emittent zu verstehen gibt, „dass es ihm um die personale Beziehung zum Rezipienten geht (insbesondere um die Herstellung und Erhaltung des persönlichen Kontakts)."[50]

Es ist zu beobachten, dass bestimmte kommunikative Textfunktionen häufig in bestimmten Textsorten und mit bestimmten strukturellen Mitteln realisiert werden, so z. B. die Obligation in Vertragstexten, die Deklaration in Ernennungsurkunden oder die Kontaktfunktion in Kondolenzbriefen. <u>Es besteht jedoch keine normative, unveränderliche Zuordnung von Textfunktion, Textstruktur und Textsorte</u> – so kann beispielsweise eine Nachricht mit informativer Kommunikationsfunktion sowohl explikative als auch deskriptive Themenentfaltung aufweisen. Aber erst dann, wenn sich strukturelle und kommunikative Merkmale sinnvoll ergänzen und unterstützen, ist ein Text wirklich „gelungen" und bildet eine ganzheitliche Gestalt.[51]

---

[48] Nach ebd., S. 120.
[49] Ebd., S. 123.
[50] Ebd., S. 122.
[51] Diese Begrifflichkeit geht zurück auf die Gestaltpsychologie aus den zwanziger Jahren des letzten Jahrhunderts, die den Begriff der Wahrnehmung neu definierte. Ausgehend von der Annahme, dass der Mensch nicht einzelne Sinneseindrücke wahrnimmt und diese nachträglich im Kopf zusammensetzt, sondern stets ganzheitliche Gestalten, die immer mehr sind als die Summe ihrer Einzelteile, stellten die Gestaltpsychologen in einer Reihe von Versuchen fest, dass es eine Reihe wiederkehrender Faktoren gibt, die die Gestaltwahrnehmung beeinflussen. Diese fassten sie als Ordnungsgesetze zusammen. Die fünf wichtigsten sind das Gesetz der Nähe (nahe beieinander Liegendes wird als eine Gruppe zusammengefasst), das Gesetz der Gleichartigkeit (gleichartige Formen werden als Ganzheiten erfasst), das Gesetz der guten Gestalt (Wahrgenommenes wird so zusammengefasst, dass es eine prägnante, einheitliche Form ergibt), das Gesetz der Geschlossenheit (abgegrenzte, geschlossene Formen werden eher als Ganzheit wahrgenommen als offene, unterbrochene Gebilde) und das Gesetz der Wertigkeit (einzelne Teile haben unterschiedliche Gewichtigkeit für die Wahrnehmung des Ganzen, es gibt Elemente mit hoher und solche mit niedriger Valenz für die Gestaltwahrnehmung). Vgl. hierzu Nyman: Die Schulen der neueren Psychologie, S. 45 ff.
Die Gestaltgesetze lenken auch die Wahrnehmung oder Rezeption von Texten. So greift z. B. das Gesetz der Nähe auf syntaktischer Ebene, weshalb ein Hauptsatz mit seinen angeschlossenen Nebensätzen als Einheit erkannt wird. So werden gleichartige sprachliche Ausdrücke, die nahe beieinander liegen, als Ganzheit verstanden – Nähe und Gleichartigkeit spielen also eine Rolle bei der Rekurrenz. Auf die semantische Ebene übertragen ermöglichen es das Gesetz der Nähe und der Gleichartigkeit, Isotopien zu bilden, verschiedene Lexeme können so einem Bedeutungszusammenhang zugeordnet werden, sodass mögliche weitere Bedeutungen eines sprachlichen Aus-

Unabhängig vom Entstehungsmedium zeichnen sich als gelungen empfundene Texte durch eine kohärente Struktur und eine passende thematische Entfaltung aus, die sich im adäquaten Gebrauch kohärenzstiftender Elemente manifestieren. Sehr viel stärker als bisher sollten daher die oben erläuterten kohärenzstiftenden Faktoren zum Gegenstand schulischer Unterweisung werden, beispielsweise indem Schreibunterricht auch in die Grundlagen der Textlinguistik einführt. Zu thematisieren wären dabei weniger die speziellen und besonderen Merkmale bestimmter schulischer Textsorten, sondern vor allem die Elemente, die in jedem „guten, gelungenen" Text wirksam sind, und die unterschiedlichen thematischen Entfaltungsmöglichkeiten, weil diese als handlungsleitende Schreibstrategien in der Planungs-, Gliederungs- oder Überarbeitungsphase des Schreibprozesses nutzbar gemacht werden können.

2.1.3 Schreibforschung

In den 70er Jahren des letzten Jahrhunderts begannen sich Linguisten und Psychologen intensiv mit den individuellen kognitiven Prozessen beim Schreiben zu beschäftigen. Sie interessierte nun weniger das Produkt des Schreibens als vielmehr die während des Schreibens ablaufenden Prozesse im Kopf und in der Hand des Schreibenden.

---

drucks nicht aktiviert werden (müssen). Dem Gesetz der Geschlossenheit entspricht die Inferenzziehung. Je einfacher es fällt, mithilfe der gegebenen sprachlichen Ausdrücke Inferenzen zu ziehen und dadurch verständliche, vollständige Sinnzusammenhänge zu erkennen, desto eher wird ein Text als Einheit wahrgenommen. Texte, die keine Inferenzziehung erlauben, werden als unzusammenhängend empfunden. Das Gesetz der guten Form kommt bei der Wahrnehmung der äußeren Form und der Textsortenzugehörigkeit zum Einsatz. Ein Text, der in der für den Rezipienten selbstverständlichsten Form geschrieben ist, der aufgrund seiner Eigenschaften in die Schemata passt, in denen er sein Weltwissen gespeichert hat, erleichtert das Verständnis erheblich. Auch das Gesetz der Wertigkeit hat Gültigkeit, weil es Textelemente gibt, die von geringerer Valenz sind als andere. Ist ein Text kohärent, so sind z. B. vollständige syntaktische Strukturen nur von untergeordneter Bedeutung für das Textverstehen. Vereinfacht ausgedrückt sind gelungene Texte somit solche, die vom Rezipienten als ganzheitliche Gestalt wahrgenommen werden können. Gestaltbildung findet jedoch nicht nur auf Seiten des Rezipienten, sondern auch des Produzenten statt, da dieser das, was er in einem Text mitteilen möchte, in eine gute Gestalt bringen muss. „Das spezifische Anliegen und die spezifische Aufgabe des Schreibens bestehen darin, klar umrissene Figuren vor dem Grund des Weltwissens und gute Gestalten in der Wüste des ungestalteten, chunkförmigen eigenen Wissens zu schaffen." (Ortner: Schreiben und Denken, S. 47f.). Je größer dabei der Anteil neu zu schaffenden Wissens ist, desto schwieriger kann sich der Schreibprozess gestalten: „Das Material, das der Schreibende vorfindet, ist das Wissen. Von den Wissensnetzen zum Text – um diesen Weg zurückzulegen, muß der Schreiber so manches Gestaltproblem lösen, und dafür muß er oft Schwerarbeit leisten. [...] Er muß im Medium der Sprache einen Wissenszusammenhang herstellen, den es nirgends außerhalb dieser sprachlichen Version so gibt." (Ebd., S. 50).

2.1.3.1 Modellierung des Schreibprozesses

Vor allem das Schreibprozessmodell von John Hayes und Linda Flower[52] fand große Beachtung und inspirierte fast alle der in den Folgejahren entwickelten kognitiven Modelle. Auch die deutsche Schreibdidaktik nahm es auf und entwickelte es konsequent weiter, es ist bis heute Basis und Ausgangspunkt der meisten prozessorientierten schreibdidaktischen Überlegungen und beeinflusst damit in nicht unerheblicher Weise auch den Schreibunterricht an weiterführenden Schulen.

Anhand sogenannter „Thinking-Aloud-Protocols"[53] stellten Hayes und Flower fest, dass sich eine Schreibaufgabe als ein vielschichtiges, nur schwer in den Griff zu bekommendes Problem darstellt, das der Schreibende im und durch den Schreibakt zu lösen versucht.[54] Zu Beginn des Schreibprozesses besteht nur eine ungefähre Vorstellung vom Endzustand des Textes, erst während des Schreibens kann sich diese konkretisieren. Schreiben stellt sich damit als ein komplexer Problemlöseprozess dar, in dem verschiedene Phasen erkennbar sind, die einzeln analysierbar sind, obwohl sie nicht zwingend nacheinander ablaufen und sich teilweise erheblich überlappen.[55] Es beinhaltet ein ständiges Wechseln von Verstehen und Verfassen, also der inhaltlichen Arbeit am Problem und der sprachlichen Formulierungsarbeit am Text, der mentalen Bereitstellung von Wissen und seiner sprachlichen Organisation und Linearisierung durch den Schreibakt.[56]

Jegliches Schreiben findet nach Hayes und Flower in Abhängigkeit sowohl vom Aufgabenumfeld als auch dem im Langzeitgedächtnis gespeicherten Wissen des

---

[52] S. Hayes u. Flower: Identifying the Organization of Writing Processes, in: Gregg u. Steinberg (Hg.): Cognitive processes in writing, insbesondere die Graphik auf S. 11.

[53] Diese Aufzeichnungen „lauten Denkens" entstanden bei Versuchen, in denen die Schreibenden alles äußerten, was sie während der Bearbeitung einer Schreibaufgabe dachten und was in ihrem Inneren ablief; vgl. ebd., S. 4.

[54] Hayes u. Flower verwenden hierfür den Begriff „writing process", trennen ihn aber nicht immer scharf von „writing model", dem übergeordneten Begriff für alles, was beim Schreiben passiert und das Schreiben beeinflusst. D. h., „writing process" meint bei ihnen manchmal das gesamte Modell (vgl. ebd., S. 10), manchmal aber nur einen Teilaspekt davon (vgl. ebd., S. 12). Ich verwende daher für den Teilbereich, der sich auf das eigentliche Schreiben bezieht, den Begriff „Schreibakt", während ich unter „Schreibprozess" alle Faktoren verstehe, die bei der Erfüllung einer Schreibaufgabe eine Rolle spielen – also Aufgabenumfeld, Lang- und Kurzzeitgedächtnis und Schreibakt.

[55] Nicht immer stimmt die Schreibforschung mit diesem Postulat des Problemlösens überein (vgl. z.B. Wrobel: Schreiben als Handlung, S. 21ff.). Die formulierte Kritik basiert allerdings auf einem sehr engen Problembegriff, der die Schwierigkeiten des Schreibens betont. Fasst man ihn jedoch weiter, dann stellt sich Schreiben tatsächlich als ein Problem dar, weil dessen endgültige Lösung, das entstandene Textprodukt, erst nach dem Schreiben feststeht. D. h., nicht jede Schreibaufgabe muss zwingend schwer lösbar sein – je routinierter eine Schreibaufgabe durchgeführt werden kann, desto geringer ist die Problemhaftigkeit des Schreibproblems und desto kleiner werden die Schreibschwierigkeiten sein.

[56] Nach Neuhaus: Förderung der Schreibkompetenz, in: Landesinstitut für Schule und Weiterbildung Nordrhein-Westfalen (Hg.): Schreibstrategien und Schreibprozesse, S. 13.

Schreibenden statt. Das Aufgabenumfeld schließt alles das um den Schreibenden herum mit ein, was Einfluss auf die Durchführung und Erfüllung des ihm gestellten Schreibauftrags nimmt. Dazu gehört zum einen die Schreibaufgabe selbst, bestehend aus dem Thema der Aufgabenstellung, der intendierten oder erwarteten Leserschaft und weiteren möglichen Informationen jeglicher Art, die die Schreibbereitschaft positiv beeinflussen, aber auch Schreibblockaden hervorrufen können, wie beispielsweise das Verhalten und Handeln der Lehrkräfte. Mit Beginn des Schreibaktes im engeren Sinne gehört zum anderen auch der entstehende Text mit zum Aufgabenumfeld, da der Schreibende während des Schreibens immer wieder Bezug auf das nehmen kann, was er bisher verfasst hat.[57]

Das im Langzeitgedächtnis gespeicherte Wissen gliedert sich in Themenkenntnis, Kenntnis der Leserschaft, ihrer Interessen und Erwartungen an den zu schreibenden Text und Kenntnisse über Merkmale bestimmter Textsorten und dazugehörige Schreibpläne sowie grammatisches und orthographisches Wissen.[58]

Der Schreibakt selbst setzt sich aus den drei übergeordneten Phasen des Planens, Übersetzens und Überarbeitens zusammen, die jeweils wiederum aus einzelnen untergeordneten Prozessen bestehen. Diese sind nicht als linear, sondern als rekursiv zu verstehen, da ein Schreibender zwischen ihnen beliebig wechseln, gleichzeitig mehrere Prozesse ausführen oder auf frühere Prozessphasen zurückspringen kann. Interne Textvorstellung und sprachliche Realisierung stehen in einer ständigen Wechselwirkung[59] und werden vom Schreibenden kognitiv kontrolliert, indem er die Interpretation der Schreibaufgabe und die daraus entwickelte Zielvorstellung als Überwachungsinstanz, als „Monitor" nutzt.[60] Dieser

> monitor is the executive of the writing process that determines when to switch from one writing process to another, for example, when one has generated enough ideas and is ready to write. The monitor may function differently from writer to writer and from writing task to writing task.[61]

Es handelt sich dabei um eine Art metakognitiver Steuerung, die geeigneter und verfügbarer Kriterien bedarf, um den entstehenden Text mit der mentalen Re-

---

[57] Nach Hayes u. Flower: Identifying, S. 12.
[58] Nach ebd., S. 11 f. Hayes und Flower führen hier allerdings das grammatische und das orthographische Wissen nicht mit an. Da diese jedoch erheblichen Einfluss auf die Schreibgeschwindigkeit haben und es dem Schreibenden ermöglichen, sich auf den Inhalt und die Ausgestaltung seines Textes zu konzentrieren, sobald sie ihm als automatisiertes Wissen zur Verfügung stehen, dürfen sie in einem Modell des Schreibprozesses nicht fehlen.
[59] Nach Fix: Textrevisionen in der Schule. Prozessorientierte Schreibdidaktik zwischen Instruktion und Selbststeuerung – empirische Untersuchungen, S. 26.
[60] Nach Hayes u. Flower: Identifying, S. 11.
[61] Hayes u. Flower: Uncovering Cognitive Processes in Writing: an Introduction to Protocol Analysis, in: Mosenthal, Tamor u. Walmsley (Hg.): Research on writing. Methods and principles, S. 209.

Dimensionen des Begriffes „Schreiben" 25

präsentation des Textes vergleichen und seine Qualität beurteilen zu können. Diese Kriterien speisen sich wahrscheinlich zu einem nicht unerheblichen Teil aus dem Wissen des Schreibenden „über sozial mehr oder weniger abgesicherte Standards, über Text- und Stilnormen",[62] das im Verlauf der individuellen Schreibentwicklung und des Schreiblernens erworben wird und erst allmählich zu der metakognitiven Reife führt, die für eine wirklich erfolgreiche Bewertung eigener Texte erforderlich ist.[63]

In der Planungsphase des Schreibakts laufen Subprozesse ab, in denen Informationen aus dem Gedächtnis abgerufen und Ideen zur Schreibaufgabe gesammelt werden, aus denen der Schreibende die nützlichsten auswählt, um daraus einen komplexen Schreibplan zu entwickeln, dessen Elemente entweder hierarchisch oder chronologisch arrangiert sind und verschiedene konkrete Zielsetzungen in den Bereichen von Rhetorik und Intention, von Inhalt und von Vorgehensweise verfolgen können.[64] Dieses Setzen von Schreibzielen erweist sich als eine der größten Schwierigkeiten im Schreibprozess: Zwar muss sich der Schreibende anfänglich ein konkretes Ziel setzen, um beginnen zu können, aber eigentlich ist dies kaum möglich, weil das eigentliche Ziel, der Text selbst in diesem Stadium noch nicht präzisiert werden kann. Zu vage oder zu globale Schreibziele ermöglichen kaum Orientierung, zu starr festgelegte Schreibziele hingegen können den Schreibfluss blockieren. Der Schreibende muss für sich einen Mittelweg zwischen den beiden Extremen finden, beispielsweise indem er sich sinnvolle Zwischenziele setzt. Er bedarf dafür eines gut trainierten Problemlöseverhaltens – eine Fähigkeit, die in der Schule derzeit nur selten im Zusammenhang mit Schreibaufgaben gelehrt wird und sehr viel stärker als bisher auch als Schreibstrategie geschult werden müsste.

Wird das gefundene und geordnete Informationsmaterial in geschriebene Sprache überführt, dann befindet sich der Schreibende in der Phase des Übersetzens, in der er unter Berücksichtigung seines Schreibplanes und seiner Schreibziele seine Ideen in korrekten, vollständigen, schriftsprachlichen Sätzen formuliert und so einen Text produziert. In einer weiteren Phase wird der Text schließlich überarbeitet und optimiert. Dabei sind die Subprozesse des Lesens und des Redigierens erkennbar, der Schreibende überprüft, ob das, was er geschrieben hat, seinen Intentionen entspricht, sprachlich korrekt, präzise und überzeugend ausfällt und von den Leserinnen und Lesern akzeptiert werden wird, und ändert es gegebenenfalls ab.[65]

---

[62] Portmann: Zur Pilotfunktion bewussten Lernens, in: Eisenberg u. Klotz (Hg.): Sprache gebrauchen – Sprachwissen erwerben, S. 106.
[63] Vgl. hierzu ebd.
[64] Nach Flower u. Hayes: The Dynamics of Composing: Making Plans and Juggling Constraints, in: Gregg u. Steinberg (Hg.): Cognitive processes in writing, S. 44 ff. Vgl. hierzu auch Hayes u. Flower: Identifying, S. 12 ff.
[65] Nach Hayes u. Flower: Identifying, S. 16 ff.

[handschriftlich: Phase der Textüberarbeitung]

Sichtbar ist in dieser Phase ein „auf kognitiven Vorgängen beruhendes sprachliches Problemlösehandeln, das versucht, das Missverhältnis zwischen der Intention des Schreibenden und der noch unvollkommenen Realisierung dieser Intention in seinem Text zu überwinden."[66] Überarbeitungsprozesse, die sich sowohl auf die Verständlichkeit des Textes und die Realisierung des Schreibziels als auch auf grammatische Regeln und normative Vorstellungen darüber beziehen, wie ein idealer Text aussehen sollte, können dabei bereits vor oder während der Phase des Übersetzens stattfinden und sind nicht an eine vorhergehende Niederschrift von Textteilen gebunden – Revisionen können bereits beim Denken erfolgen. Beziehen sie sich auf einen bereits geschriebenen Text oder bereits verfertigte Textteile, dann evaluiert der Schreibende seinen Text, diagnostiziert dessen Schwächen und wählt eine von mehreren möglichen Revisionsstrategien, mit deren Hilfe er den Text entweder auf globaler Ebene inhaltlich oder auf lokaler Ebene stilistisch und/oder grammatisch und orthographisch verbessert, um Kohärenz und thematische Progression der kommunikativen Funktion seines Textes optimal anzupassen. Eine Strategie liegt darin, das erkannte Problem vorläufig zu ignorieren und seine Behebung zeitlich zu verschieben, was vor allem bei orthographischen oder grammatischen Fragen sehr sinnvoll sein kann, weil es eine bessere Konzentration auf den Inhalt des entstehenden Textes erlaubt. Eine andere Strategie ist die Suche nach Informationen im Text oder im Langzeitgedächtnis, mit deren Hilfe die als problemhaft erkannte Textstelle verbessert werden kann. Möglich ist auch eine Erstellung einer neuen Fassung bisher geschriebener Textteile, entweder durch Paraphrasierung oder durch einen komplett neuen Textentwurf.[67] Allerdings erfolgt die Anwendung solcher Überarbeitungsstrategien nicht ohne Anstrengung – selbst die versierten Schreibenden, an denen Hayes und Flower ihr Modell entwickelten, wendeten für die Überarbeitung viel Zeit auf und zeigten in ihrem lauten Denken, dass sie dabei gelegentlich auf erhebliche Schwierigkeiten stießen. Ungleich schwerer muss die Textüberarbeitung dann ungeübteren Schreiberinnen und Schreibern fallen, weil sie noch nicht automatisch auf geeignete Revisionsstrategien zurückgreifen können und es ihnen unter Umständen an der Motivation mangelt, bereits Geschriebenes zu überarbeiten, „vor allem dann, wenn sie nicht aus eigenem Interesse, sondern im Auftrag des Lehrers schreiben."[68] Für den schulischen Schreibunterricht bedeutet dies, dass Schreibaufgaben gefunden werden müssen, die auf das Interesse der Lernenden stoßen, ihren Kenntnissen und Fähigkeiten entsprechen und ihnen die Aktivierung vorhandener Schemata ermöglichen. Gleichzeitig muss intensiv an der Automatisierung sowohl gedanklicher als auch schriftlicher Revisionsstrategien durch geeignete Übungen und Aufgaben gearbeitet werden, damit

---

[66] Fix: Textrevisionen in der Schule, S. 4.
[67] Nach Hayes u. a.: Cognitive Processes in Revision, in: Rosenberg (Hg.): Advances in applied psycholinguistics, Vol. 2: Reading, writing and language learning, S. 176 ff.
[68] Fix: Textrevisionen in der Schule, S. 44 f.

sich die Überarbeitungen der Lernenden nicht allein auf nachträgliche Korrekturen grammatischer und rechtschriftlicher Auffälligkeiten beschränken, sondern auch Schwächen in Inhalt, Ausdruck und Kohärenz beseitigen.[69]

2.1.3.2 Schreibstrategien

So wie in der Phase des Überarbeitens bestimmte Revisionsstrategien zum Einsatz kommen, so folgt auch das Schreiben insgesamt, der gesamte Schreibprozess, einer übergeordneten Schreibstrategie, um zu einem akzeptablen Schreibprodukt zu gelangen. Schreiben kann daher auch als das Ergebnis der Anwendung bestimmter Strategien auf verschiedenen Ebenen definiert werden.

Als übergeordnete Schreibstrategie ist „das Verfahren einzelner Personen bei der Konzeption und Durchführung eines aktuellen Schreibvorhabens"[70] anzusehen, mit dem sie ihre Schreib-Entscheidungen treffen, beispielsweise, womit der Schreibprozess begonnen oder wie er strukturiert werden soll. Sowohl diese übergeordnete Strategie selbst als auch die „Vorliebe" für gewisse Strategien können sich im Verlauf der individuellen Schreibentwicklung und -biographie verändern und ausdifferenzieren, ist doch die Wahl einer bestimmten Strategie in hohem Maße abhängig von etlichen Faktoren, die sich im Laufe der Zeit wandeln – nämlich der Verfügbarkeit globaler Muster zur Erstellung von Texten, dem ontologischen und empirischen Textsortenwissen des Schreibenden und seiner Selbsteinschätzung im Bereich des Schreibkönnens, die sich aus positiven und negativen Erfahrungen des Schreibenden mit der Bewältigung von Schreibaufgaben speist. Übergeordnete Strategien können unbemerkt auf den Schreibprozess einwirken, sie sind aber auch bewusst einsetzbar, sobald sie sicher erlernt sind, um den Schreibprozess zu steuern und Schreibprobleme zu lösen, denn sie sind

> phylogenetisch gesehen Kulturtechniken und ontogenetisch gesehen erprobte und bewährte Verfahren der *Bewältigung spezifischer Schreibanlässe und potentieller Schreibschwierigkeiten in spezifischen Schreibsituationen.*[71]

Für alle Schreibstrategien gilt, dass sie der Qualität des entstehenden Produktes nicht immer dienlich sind und unter Umständen zu Schreibblockaden führen können, vor allem dann, wenn ein Schreibender seine Strategie zwar als nicht zweckdienlich für eine gestellte Schreibaufgabe erkennt, aber mangels Kenntnis

---

[69] Die Überarbeitung eines bereits bewerteten und mit einer Zensur versehenen Textes, wie sie derzeit nach Schulaufgaben üblich ist, stellt allerdings keine dafür geeignete Schreibaufgabe dar, ist doch die Überarbeitung eines Textes, der den Adressaten bereits erreicht und auf den der Adressat bereits abschließend reagiert hat, im Grunde sinnlos, weil der Text für den Schreibenden keinerlei kommunikative Funktion mehr besitzt.
[70] Molitor: Personen- und aufgabenspezifische Schreibstrategien. Fünf Fallstudien, in: Unterrichtswissenschaft, H. 4 (1985), S. 335.
[71] Ortner: Schreiben und Denken, S. 351.

anderer Schreibstrategien keine Alternative zu seiner Vorgehensweise sieht. Zwar sind „Strategien [...] anlaßbezogen *ersetzbar* durch neue, vielleicht besser geeignete",[72] aber bei vielen Schreiberinnen und Schreibern ist „eine deutliche Tendenz zur *Verfestigung* einzelner (erfolgreicher oder scheinbar erfolgreicher) Strategien"[73] zu bemerken. Diese können als förderliche Schreibroutinen wirken, sie können aber durchaus auch zu hinderlichen Schreibautomatismen werden, weil sie nicht für jede Schreibaufgabe gleichermaßen hilfreich sind.

Ortner beschreibt die folgenden zehn übergeordneten Schreibstrategien, die erfahrene, professionelle Schreiberinnen und Schreiber bei der Produktion von Texten einsetzen:

1. Nicht-zerlegendes Schreiben in einem Zug, „écriture automatique": Hier folgt das Schreiben vor allem den durch das Schreiben hervorgerufenen Assoziationen des Schreibenden.[74]
2. Schreiben eines Textes zu einer Idee: Das Schreiben wird durch das gestellte Thema gelenkt und orientiert sich hauptsächlich an einer Idee, die der Schreibende zu dem Thema entwickelt.[75]
3. Schreiben von Textversionen zu einer Idee: Ein Schreibender verfasst mehrere neue Versionen eines Textes, bis er mit seinem Textprodukt zufrieden ist. Diese Strategie zeigt sich bei ergebnisorientierten Schreibenden, die wenig Neigung zu Detailkorrektur verspüren.[76]
4. Herstellen von Texten über die redaktionelle Arbeit an Texten: Schreibende, die dieser Strategie folgen, zeigen ein rekursives Schreibverhalten. Sie erstellen eine erste Fassung des Textes und arbeiten an dieser, bis sie durch die Umgestaltung ihrer Erstfassung schließlich zur besten Endfassung gelangen.[77]
5. Planendes Schreiben: Vor dem eigentlichen Schreibakt finden intensive Planungen zur Organisation des intendierten Textproduktes statt, die sowohl schriftlich als auch im Kopf vorgenommen werden können.[78] Dabei ist der „Plan [...] nicht der Text, sondern er ist eine *organisierte Folge von Ideen für* einen Text (Ideen, die meist sprachlich-diskursiv existieren)."[79]
6. Weiterentwicklung von Einfällen außerhalb eines Textes: Das Textprodukt entsteht zunächst im Kopf und wird gedanklich ausgearbeitet, bevor es niedergeschrieben wird. Als nicht-schriftliche Vorarbeiten treten hier

---

[72] Ebd.
[73] Ebd.
[74] Nach ebd., S. 356.
[75] Nach ebd., S. 391. Diese Strategie entspricht dem, was andere als „expressives Schreiben" bezeichnen; vgl. z. B. Fröhling: Expressives Schreiben.
[76] Nach Ortner: Schreiben und Denken, S. 408 ff.
[77] Nach ebd., S. 428 ff.
[78] Nach ebd., S. 440 ff.
[79] Ebd., S. 450.

Dimensionen des Begriffes „Schreiben" 29

z. B. Gespräche mit anderen auf, die Fragen zum Thema und zu den Thesen des entstehenden gedanklichen Textproduktes stellen.[80]
7. Schrittweises, der Produktionslogik folgendes Vorgehen: Die Schreibaufgabe wird rational gesteuert in einzelne Teilhandlungen zerlegt, die nacheinander in einer sinnvollen Reihenfolge ausgeführt werden, um ein überzeugendes Textprodukt zu erstellen.[81]
8. Synkretistisch-schrittweises Schreiben: Diese Strategie zeigt sich vor allem dann, wenn schreibend gedacht wird und dabei nicht das Produkt, sondern der Denkvorgang beim Schreiben als bedeutsam erachtet wird. Der entstandene Text selbst ist für den Textproduzenten nach Abschluss der Schreibarbeit meist uninteressant, weil er ja nur als Denkhilfe dienen sollte, eine endgültige sprachliche und inhaltliche Ausgestaltung erfolgt deshalb in der Regel nicht, sodass der Text eine Vermischung verschiedenster, auch unzusammenhängender und widersprüchlicher Gedanken und Ideen darstellen kann, die zudem keine lineare Ordnung aufweisen müssen.[82]
9. Moderat produktzerlegendes Schreiben: Der Schreibende schreibt die einzelnen Segmente des Gesamttextes zwar in sich linear, aber nicht in der Reihenfolge, in der sie im Gesamtzusammenhang des endgültigen Textes stehen werden. So wird z. B. zu Beginn der Anfang des Textes, dann sein Schluss und erst in einem dritten Schritt sein Hauptteil verfasst.[83]
10. Extrem produktzerlegendes Schreiben: Diese Strategie verfolgt ein Puzzle-Prinzip, bei dem der Text in vielen kleinen Einzelsegmenten entsteht, die im Anschluss zusammengesetzt werden können, auch wenn darin nicht die Hauptintention des Schreibenden liegen muss. Oft wird dabei beim Verfassen der einzelnen Teile intensiv mit Sprache und Gedanken experimentiert, sodass diese Strategie geeignet ist, epistemisch-heuristisches Schreiben zu unterstützen.[84]

Acht der zehn Schreibstrategien finden vor allem beim Verfassen eines vollständigen Textes Anwendung, allein beim synkretistischen und produktzerlegenden Schreiben steht nicht das Textprodukt im Vordergrund. Zwar sind auch sie übergeordnete Strategien, aber sie verfolgen ein anderes Ziel und scheinen äußerst erfolgversprechend zu sein, wenn es darum geht, schreibend zu denken und zu lernen.

Ortner zeigt, dass es etliche Möglichkeiten und Wege gibt, erfolgreich zu einem gelungenen Schreibprodukt zu gelangen. Offensichtlich ist nicht jede Strategie

---
[80] Nach ebd., S. 462 ff.
[81] Nach ebd., S. 484.
[82] Nach ebd., S. 491 ff.
[83] Nach ebd., S. 540.
[84] Nach ebd., S. 543 ff.

für jedes schreibende Individuum hilfreich und nicht jede Strategie passt zu jeder Schreibaufgabe. Den einen Weg souveränen Schreibens gibt es nicht, denn „Funktionen und Strategien [des Schreibens; Anm. d. Verf.] korrelieren nicht."[85]

Für schulischen Schreibunterricht bedeutet dies, dass die verschiedenen Möglichkeiten der Textproduktion und des schreibenden Denkens und Lernens viel stärker thematisiert und erprobt werden müssen als das bisher der Fall ist, um möglichst alle Schülerinnen und Schüler im Lauf ihrer Schulzeit erfahren zu lassen, welche Strategie(n) für sie am geeignetsten ist/sind, damit die bei Schreibanfängerinnen und -anfängern beobachtbare Fähigkeit „des je eigenen Herangehens an die Herausforderung der Textherstellung"[86] nicht verkümmert, sondern ausgebaut wird. Dass sich von den genannten übergeordneten Schreibstrategien nicht alle bei unerfahreneren Schreiberinnen und Schreibern im Schulalter finden lassen, bedeutet nicht, dass Schreiblernende grundsätzlich nicht in der Lage wären, die anderen Strategien anzuwenden, es ist vielmehr ein Indiz dafür, dass schulischer Schreibunterricht in der Regel nicht alle der übergeordneten Strategien differenziert thematisiert und fördert.

Eine in der Schule sehr häufig vermittelte Strategie ist die des schrittweisen Schreibens, weil eine solche Vorgehensweise gut lehrbar erscheint und seine Einhaltung recht leicht zu überprüfen ist. Daneben findet die Strategie des redaktionellen, rekursiven Arbeitens an einer Textversion inzwischen in wachsendem Maße Eingang in den Schreibunterricht. Sie könnte aber durch eine andere Art des Reagierens von Lehrenden auf die Texte von Schreiblernenden, wie z. B. fragende Korrekturen, noch zusätzlich befördert werden.

Doch trotz eines Schreibunterrichts, der bevorzugt diese beiden Strategien vermittelt, folgen viele Schülerinnen und Schüler in Schulaufgaben häufig ganz anderen und oft auch rein intuitiven Vorgehensweisen, die „nur selten als Strategiewissen zum kognitiven Bestand der Schreibkompetenz gehören."[87] Vor allem die Strategie des Schreibens eines Textes zu einer Idee, die im Schreibunterricht selbst nur von untergeordneter Bedeutung ist, wird häufig gewählt. Bei versierten Schreiberinnen und Schreibern, die über genügend Wissen zum Thema verfügen, kann diese Strategie durchaus auch zu überzeugenden Ergebnissen führen, bei anderen stellt sie jedoch nur eine Notlösung, nicht aber eine Erfolg versprechende Vorgehensweise dar.

Die Strategie des nicht-zerlegenden Schreibens findet zwar im Unterricht Beachtung, da sie aber vor allem in Form von freiem und personal-kreativem

---

[85] Ebd., S. 347.
[86] Weinhold: Text als Herausforderung. Zur Textkompetenz am Schulanfang, S. 48.
[87] Neuhaus: Förderung der Schreibkompetenz, S. 7f. Als Beispiele für intuitive, wenig zielführende Schreibstrategien von Schülerinnen und Schülern nennt Neuhaus die „Perlenketten-Strategie [...] von Einfall zu Einfall", das „Drauflosschreiben" und das „Durchhangeln", bei dem ein Text ohne vorherige Gedankensammlung und ohne jegliches Konzept verfasst wird (s. ebd., S. 8).

Dimensionen des Begriffes „Schreiben" 31

Schreiben trainiert wird, das in vielen Fällen unbenotet bleibt, wird ihr oft ein anderer Stellenwert beigemessen als denjenigen Strategien, die bewusst im Hinblick auf Prüfungs-Schreibaufgaben, also in der Regel Aufsätze, gelehrt werden. Vielen Lernenden gelingt es deshalb nicht, die Strategie des nicht-zerlegenden Schreibens auch in Prüfungssituationen zu nutzen. Darüber hinaus kommt beispielsweise automatisches Schreiben in der Schule nur selten zum Einsatz, sodass das nicht-zerlegende Schreiben nur in sehr eingeschränkter Form vermittelt wird.

Das Mehrversionenschreiben wird dagegen in der Schule

> so gut wie gar nicht praktiziert. Obwohl es aus der Sicht der Entwicklungspsychologie des Schreibens Gründe dafür gäbe, z. B. die Tatsache, daß viele Schüler (und Studenten [...]) sich mit dem Neuschreiben eines Textes, d. h. mit der Herstellung einer weiteren Version, leichter tun als mit dem Text*redigieren*.[88]

Darüber hinaus könnte das Einüben dieser Strategie auch dazu führen, dass Schülerinnen und Schüler lernen, Versionen tatsächlich als Versionen zu erkennen, als verschiedene Möglichkeiten der Darstellung und Interpretation von Wirklichkeit, und dadurch auch die Aussagen in anderen Texten jeglicher Art nicht unhinterfragt als einzig gültige, absolute Wahrheit übernehmen.

Ein eher problematischer Umgang zeigt sich für die Strategie, Einfälle außerhalb eines Textes weiterzuentwickeln. Zwar werden schriftliche Texte oft durch mündliche Vorarbeiten vorbereitet, beispielsweise ein Unterrichtsgespräch über den Inhalt oder das Vorlesen eines als besonders gelungen bewerteten Mustertextes. Aber die Art der Vorarbeiten dient oft nicht dem intensiven individuellen gedanklichen Durchdringen des Themas, sondern vielmehr der Vermittlung zu übernehmender Schreibmuster und -normen. Zudem wird übersehen, dass vor allem ungeübte Schreiberinnen und Schreiber nicht ohne weiteres in der Lage sind, vom Mündlichen selbstständig zum Schriftlichen zu wechseln, manchen „gelingt das Modus-Switching nie oder nur schwer. Schreibstörungen sind die Folge."[89]

Neben diesen übergeordneten Schreibstrategien sollte Schreibunterricht auch die zahlreichen Handlungsstrategien geringeren Umfangs thematisieren, die für unterschiedliche Phasen des Schreibprozesses von Bedeutung sind und deshalb bei der Produktion abgeschlossener, an bestimmte Adressaten gerichteter Texte Unterstützung bieten. Es handelt sich bei diesen um „Einzelfähigkeiten, die beim Schreiben gleichzeitig im Bewusstsein des Schreibenden zur Verfügung

---

[88] Ortner: Schreiben und Denken, S. 425.
[89] Ebd., S. 472. Vgl. hierzu auch Merz-Grötsch: Methoden der Textproduktionsvermittlung, in: Bredel u. a. (Hg.): Didaktik der deutschen Sprache, Bd. 2, S. 804.

stehen müssen [...]."⁹⁰ So muss der Schreibende beispielsweise thematisch passende Inhalte aktivieren, diese schriftsprachlich angemessen umsetzen und dabei die kommunikativen und sprachpragmatischen Funktionen der Sprache und die Grundregeln bestimmter Schreib- und Stilformen berücksichtigen und einhalten können.⁹¹ Dafür benötigt er sowohl ontologisches Wissen um Textsorten, kommunikative Situationen und grammatische und rechtschriftliche Normen als auch empirisches prozedurales Handlungswissen in Form von wenig umfangreichen Skripts,⁹² die als kurzfristige Strategien seine Schreibaktivitäten steuern und die in einzelnen Phasen auftretenden Schwierigkeiten erfolgreich bewältigen lassen. Solche kurzfristigen Strategien nehmen sehr häufig Vorgehensweisen und Verfahren auf, die aus dem Bereich des kreativen Schreibens stammen, beispielsweise das Clustering oder Brainstorming für das Generieren von Ideen zu Beginn des Schreibprozesses oder das automatische Schreiben zur Überwindung von Schreibblockaden während des eigentlichen Schreibakts, daneben aber auch linguistische Verfahren wie beispielsweise den Einsatz grammatischer Proben zur Verbesserung von Formulierungen während der Überarbeitungsphase.

Schließlich sind zu den Schreibstrategien auch solche Aktivitäten zu rechnen, die auf den ersten Blick nichts mit dem Schreiben an sich zu tun haben, aber dennoch vom Schreibenden eingesetzt werden, um eine gestellte Schreibaufgabe zu erfüllen. Dazu gehören so unterschiedliche Tätigkeiten und Verhaltensweisen wie beispielsweise das Herrichten des Arbeitsplatzes und das Bereitlegen der benötigten Schreibutensilien oder das plötzliche Unterbrechen der Schreibtätigkeit für kurze oder längere Zeitspannen. Auch solche Strategien sind geeignet, die psychische Anspannung zu lösen, die die Erfordernisse der Schreibaufgabe hervorrufen, und den Schreibprozess durch Konzentration der Aufmerksamkeit auf das Arbeitsumfeld zu beeinflussen. Sie sollten deshalb ebenfalls zum Gegenstand des Schreibunterrichts werden.

Jede Schreibstrategie kann im weitesten Sinne als Entlastungsmanöver beschrieben werden, das der Schreibende vor oder während des Schreibprozesses durchführt, um die kognitive und emotionale Belastung durch die gestellte Schreibaufgabe möglichst gering zu halten und ein zufriedenstellendes Schreibergebnis zu erzielen. Diese beiden Ziele widersprechen sich jedoch gelegentlich, weil manch befriedigendes Schreibprodukt nur mit großer kognitiver Anstrengung hervorgebracht werden kann –

---

[90] Hoppe: Grundlinien in der Entwicklung des Schreibunterrichts der letzten 40 Jahre, in: Mitteilungen des Deutschen Germanistenverbandes: Propädeutik des wissenschaftlichen Schreibens, hg. von Hoppe u. Ehlich, H. 2–3 (2003), S. 169. Allerdings ist es nicht zwingend notwendig, dass diese immer „gleichzeitig" im Bewusstsein zur Verfügung stehen müssen. Bei der Erstellung umfangreicherer Texte kann es durchaus sinnvoller sein, diese nacheinander aufzurufen.
[91] Nach ebd., S. 169f.
[92] Genaueres zu diesem Begriff s. Kap. 2.2.3.

> the writer/thinker is trying to reduce [...] 'cognitive strain', that is, the demand placed on short-term memory or conscious attention. In various ways each strategy [...] will either decrease the number of constraints being acted on or it will lower the level at which they are seemed [sic] satisfied. The catch is that some strategies that are very effective at reducing 'cognitive strain' are not particularly effective at producing good writing.[93]

Nicht jede eingesetzte Strategie ist dem Schreibprodukt zuträglich, manche sind für das Erreichen eines guten Ergebnisses eher hinderlich. Und einige der gezeigten strategischen Verhaltensweisen Schreibender sind weniger Anzeichen des Versuches, die Schreibaufgabe erfolgreich zu lösen, als vielmehr Ausdruck unbewussten Vermeidungsverhaltens.

2.1.3.3 Schreibkompetenz und Textgestaltungskompetenz

„Wer schreibt, hat unabhängig von den Zwecken seines Schreibens, den Anlässen, den Inhalten und Formen mehr oder weniger dieselben Aufgaben zu erfüllen."[94] Er muss sein Schreibziel bestimmen, das dafür notwendige Wissen selektieren, sequenzieren und in adäquaten Formulierungen versprachlichen und dabei gleichzeitig den gesamten Vorgang kontrollieren.[95] Der Schreibende muss dabei eine Reihe von Dingen entscheiden:

> In writing, the burden of making decisions about appropriate ways to express ideas falls on the writer. To make such decisions, writers must possess metalinguistic skill. That is, they must be able to generate and to analyze at will different ways of relating content and to select the best language form for achieving these relationships.[96]

Entwickelte oder entfaltete Schreibfähigkeiten zeichnen sich dadurch aus, dass der Schreibende in der Lage ist, diese Entscheidungen zu treffen, weil er routiniert auf ein umfassendes Repertoire an sprachlichen, metasprachlichen und kognitiven Schemata, Skripts und Plänen zurückgreifen und damit der jeweiligen Schreibsituation und -aufgabe angemessen handeln kann.

> Man kann sprachliche Handlungsfähigkeit im schriftlichen Bereich ansehen als das Verfügen über Möglichkeiten, ein Thema zielgerichtet, bewusst und weitgehend selbständig in einem kohärenten, strukturierten Text (textsortenspezifisch, sprachlich angemessen [...]) zu entfalten.[97]

---

[93] Flower u. Hayes: The dynamics of composing, S. 40.
[94] Ludwig: Vom Aufsatzunterricht zum Schreibunterricht. Zu einer notwendigen Veränderung des schulischen Schreibens, in: Baurmann u. Ludwig (Hg.): Schreiben – Schreiben in der Schule, S. 13.
[95] Nach ebd., S. 13f.
[96] Bracewell: Investigating the control of writing skills, in: Mosenthal, Tamor u. Walmsley (Hg.): Research on writing. Methods and principles, S. 184.
[97] Schoenke: Schriftliche Textbildung in der Sekundarstufe I, in: Diskussion Deutsch, H. 4 (1987), S. 152.

In neueren Beiträgen zur Systematisierung werden vier Dimensionen oder Kompetenzbereiche beschrieben, aus denen sich entwickelte Schreibfähigkeit zusammensetzt.[98] Danach besitzen kompetente Schreiberinnen und Schreiber eine hohe Fachkompetenz im Bereich des Schreibens und der Schriftsprache, d. h. sie verfügen über ein differenziertes Wissen um Schreibformen und Textmuster und einen großen aktiven Wortschatz, den sie gewandt und situationsangemessen einsetzen können. Daneben weisen sie eine hohe Methodenkompetenz auf, d. h. sie wissen um die einzelnen Phasen des Schreibprozesses und durchlaufen diese mit Hilfe geeigneter Prozeduren[99] routiniert und flexibel, indem sie vielfältige Methoden der Ideenfindung, der Gliederung, der Übersetzung und der Überarbeitung anwenden. Dabei können sie auf geeignete Hilfsmittel aller Art zurückgreifen: auf kognitive Repräsentationen von Textmustern, an denen sich der eigene Text orientieren kann, auf inhaltliche Informationen aus Lexikonartikeln und anderen Sachtexten oder auf mediale Darstellungsmöglichkeiten, die das Textverarbeitungsprogramm eines PC bietet. Eng damit verbunden ist ein hohes Maß an Selbstkompetenz, bestehend aus der Motivation, den Schreibprozess selbstbestimmt zu durchlaufen, und der Fähigkeit, Verantwortung für das eigene Schreiben zu übernehmen. Selbstkompetenz speist sich aus „Einsicht in die eigene Einstellung zum Schreiben, in Stärken und Schwächen, Kenntnis der erfahrenen und denkbaren Hindernisse und […] Möglichkeiten, diese zu überwinden."[100] Den vierten Kompetenzbereich macht schließlich die Sozialkompetenz aus, die vor allem in Überarbeitungsphasen wichtig wird und sich dort in der Fähigkeit zeigt, sich über eigene und fremde Texte auszutauschen und dabei konstruktiv Kritik zu üben und anzunehmen.[101] Als Schreibexperten sind damit diejenigen Schreiberinnen und Schreiber anzusehen, die ihren Schreibprozess bewusst steuern können, indem sie in den einzelnen Phasen angemessene Schreibstrategien auswählen und sich dabei auch kooperativer Arbeitsweisen bedienen,

---

[98] S. z. B. Hoppe: Wie können Schüler/innen zu effizientem Schreiben von Texten und insbesondere wissenschaftlichen Texten qualifiziert werden?, in: Mitteilungen des Deutschen Germanistenverbandes: Propädeutik des wissenschaftlichen Schreibens, hg. v. Hoppe u. Ehlich, H. 2–3 (2003), v. a. das Schaubild auf S. 314.

[99] Der Begriff „Prozeduren" ist eine Entlehnung aus der Computerterminologie, die damit das meist im Hintergrund unbemerkt wirkende Programm bezeichnet, dessen Arbeit von einem Computernutzer durch bestimmte Befehle (Tastenkombinationen) ausgelöst wird. Übertragen auf den Bereich des Schreibens bezeichnet der Begriff die kognitiven Ausführungsplanungen eines Schreibenden, die durch die Schreibaufgabe angestoßen werden. „Prozeduren sind die mehr oder weniger stabilen kognitiven Gegebenheiten (das Schreibwissen), die einzelne Schreibprozesse hervorbringen. Diese Schreibprozesse wiederum münden in Schreibprodukte ein." (Baurmann u. Weingarten: Prozesse, Prozeduren und Produkte des Schreibens, in: dies. (Hg.): Schreiben, Prozesse, Prozeduren und Produkte, S. 14).

[100] Hoppe: Wie können Schüler/innen zu effizientem Schreiben von Texten und insbesondere wissenschaftlichen Texten qualifiziert werden?, S. 312.

[101] Nach ebd., S. 310 ff.

und die in der Lage sind, Texte thematisch und kommunikativ zielgerichtet und orientiert an geeigneten Textmustern zu verfassen.[102]

In dieser Weise entwickelte Schreibfähigkeit wird in fast allen gängigen Definitionen als „Schreibkompetenz" bezeichnet.[103] Ist „in der modernen Schreibforschung von „Schreiben" die Rede, dann setzt man, wie selbstverständlich, voraus, dass es sich um das Schreiben von Texten handelt."[104] Schreibkompetenz wird beinahe durchweg mit Textgestaltungskompetenz gleichgesetzt, was jedoch eine starke Vereinfachung darstellt, weil nicht jedes Schreiben zwangsläufig zu einem gelungenen, abgeschlossenen Text in guter Gestalt führen will und muss. Schreiben ist zwar, das zeigen die bisherigen Beschreibungen, als komplexes Zusammenspiel verschiedenster motorischer, kognitiver, psychischer und motivationaler Fähigkeiten zu sehen, aber es verläuft gerade nicht auf stets dieselbe Art und Weise und nicht immer müssen notwendigerweise alle denkbaren Teilfähigkeiten in den Schreibprozess integriert werden. Zudem wird die Bedeutung des Schreibens zu stark eingeschränkt, wenn es allein als Problemlösehandeln eines zweckrationalen, zielorientierten Subjekts definiert wird, das zu einem in sich geschlossenen Text führt.[105] Denn nicht immer müssen sich Schreiberinnen und Schreiber Schreibziele setzen und deren Erfüllung kontrollieren, um ein gelungenes Textprodukt zu erstellen, nicht zwingend muss das Schreiben überhaupt dazu führen – ziellos erscheinendes Schreiben ist nicht per se sinn- und zwecklos. Auf die Schule jedoch übt gerade die Vorstellung des rationalen, planenden

---

[102] Nach Neuhaus: Förderung der Schreibkompetenz, in: Landesinstitut für Schule und Weiterbildung Nordrhein-Westfalen (Hg.): Schreibstrategien und Schreibprozesse, S. 10.

[103] Der Begriff „Kompetenz" meint nicht in allen Zusammenhängen dasselbe. So wird beispielsweise in der Diskussion um Bildungsstandards, die derzeit intensiv geführt wird, Kompetenz „verstanden als Disposition, die eine Person befähigt, konkrete Anforderungssituationen eines bestimmten Typs zu bewältigen […]" (Hechenleitner u. Schwarzkopf: Was ist neu an Bildungsstandards, in: Staatsinstitut für Schulqualität und Bildungsforschung München (Hg.): KMK-Bildungsstandards: Konsequenzen für die Arbeit an bayerischen Schulen, S. 9). Weinert versteht sie als „die bei Individuen verfügbaren oder durch sie erlernbaren kognitiven Fähigkeiten und Fertigkeiten, um bestimmte Probleme zu lösen, sowie die damit verbundenen motivationalen, volitionalen und sozialen Bereitschaften und Fähigkeiten, um die Problemlösungen in variablen Situationen erfolgreich und verantwortungsvoll nutzen zu können […]" (Weinert: Vergleichende Leistungsmessung in Schulen – eine umstrittene Selbstverständlichkeit, in: ders. (Hg.): Leistungsmessung in Schulen, S. 27f.). Der Kompetenzbegriff umfasst damit sowohl erworbene Fähigkeiten und Fertigkeiten als auch die kognitiven, sozialen und motivationalen Voraussetzungen für deren Erwerb, er beschreibt Ausgangs- und Endpunkt zugleich. In der schreibdidaktischen Diskussion wird er jedoch meist nicht in dieser sehr weit gefassten Bedeutung gebraucht, hier meint Kompetenz allein die erworbenen Fähigkeiten und Fertigkeiten, also die durch den Erwerb hervorgerufene Disposition des Individuums, nicht aber eine schon vor der Aneignung von Fähigkeiten und Fertigkeiten bestehende. Wenn in der vorliegenden Arbeit der Begriff „Kompetenz" gebraucht wird, dann meint er immer diese engere Bedeutung.

[104] Ludwig: Konzeptionen des Schreibens, in: Der Deutschunterricht, H. 3 (2003), S. 11.

[105] Vgl. hierzu die detaillierte, ausführliche Kritik an der gegenwärtigen Schreib(prozess)forschung und dem von ihr postulierten Bild des Schreibenden bei Ortner: Schreiben und Denken, v. a. S. 94ff.

Schreibenden eine große Anziehungskraft aus, weil sie suggeriert, dass jegliches Schreiben nach gewissen Regeln stattfindet, die durch geeignete Unterrichtsmaßnahmen (so schwer diese zunächst auch zu finden sein mögen) lehr- und lernbar sind und in der Konsequenz dann auch überprüft und bewertet werden können.[106] Eine solche Sicht auf das Schreiben birgt die Gefahr, schulisches Schreiben allein auf kontrolliertes Schreiben zu beschränken und damit eine sehr vereinfachte Vorstellung vom Schreiben zu vermitteln und andere wichtige Potentiale zu vernachlässigen, die der Schreibende durch das Schreiben an sich entdecken und weiter entwickeln könnte.

Versteht man Schreibkompetenz und Textgestaltungskompetenz als ein- und dasselbe und setzt allein „die Fähigkeit, einen semantisch kohärenten und pragmatisch adäquaten Text zu verfassen, unumstritten als Zielpunkt der Entwicklung der Schreibkompetenz",[107] dann läuft man vor allem in schulischen Zusammenhängen Gefahr, umfassendes Schreibenkönnen gerade nicht zu befördern. Die beiden Begriffe und die mit ihnen verbundenen Vorstellungen sollten daher deutlicher differenziert werden und zur Vermittlung unterschiedlicher Schreibstrategien führen: Während Schreibkompetenz den Fokus auf den Schreibenden selbst legt und zu verstehen ist als die individuelle Fähigkeit, sich des Schreibens seiner eigenen Intentionen und Bedürfnisse gemäß als Hilfsmittel zu bedienen, bedeutet Textgestaltungskompetenz die auf ein Gegenüber gerichtete Fähigkeit, einen kohärenten Text zu verfassen, der als gute Gestalt wahrgenommen wird. Textgestaltungskompetenz ist damit eine Ausprägung entwickelter Schreibkompetenz, nicht aber deren höchstes Ziel.

2.1.4 Erste Konsequenz: Schreibunterricht als Strategieunterricht

a) Schulischer Schreibunterricht muss auf wissenschaftlichen Erkenntnissen und Vorstellungen basieren, er darf diese aber nicht einseitig und vereinfachend übernehmen. So darf beispielsweise die Übernahme des von Hayes und Flower entwickelten mehrphasigen Schreibprozessmodells nicht dazu führen, dass das Schreiben von abgeschlossenen Texten guter Gestalt immer in der Reihenfolge Ideensammlung – Planung – Formulierung – Überarbeitung erfolgt. Es muss vielmehr der in dieser Modellierung ebenfalls enthaltene Aspekt, dass jeder Schreibende diese Phasen auf je individuelle Weise und unter Anwendung individueller Entlastungsstrategien durchläuft, mitberücksichtigt werden, um adäquate Schreiblernangebote für alle Schülerinnen und Schüler bieten zu können.

---

[106] Die weitgehende Gleichsetzung von Schreibfähigkeiten mit Textgestaltungskompetenz in den Lehrplänen ist hierfür deutlicher Beleg.

[107] Feilke u. Augst: Zur Ontogenese der Schreibkompetenz, in: Antos u. Krings (Hg.): Textproduktion: ein interdisziplinärer Forschungsüberblick, S. 304.

Dimensionen des Begriffes „Schreiben" 37

b) Schreibprozesse und deren kognitive Steuerung und emotionale Beeinflussung fallen individuell unterschiedlich aus, sodass das gelungene Zusammenspiel von Schreibautomatismen und bewussten Strategien von jedem Schreiblernenden selbst durch stetes Erproben und Üben an unterschiedlichst gearteten inhaltlichen, operativen und technologischen-medialen Schreibaufgaben gefunden werden muss. Schreibunterricht braucht daher mehr Zeit und eine intensivere Verankerung im schulischen Fächerkanon – entweder durch zusätzliche Deutschstunden oder durch ein eigenes Fach, das allein dem Schreiben gewidmet ist.

c) Da Schreiben einen komplexen Problemlöseprozess darstellt, dessen einzelne Phasen nicht immer in derselben Weise durchlaufen werden, müssen Schülerinnen und Schüler im Schreibunterricht die Gelegenheit erhalten, alle denkbaren über- und untergeordneten Schreibstrategien intensiv zu erproben, die sich aus den vorgestellten wissenschaftlichen Ergebnissen, ihren Verfahren und Untersuchungsmethoden extrahieren lassen: Problemlösestrategien, die das Setzen von Schreibzielen ermöglichen, Planungs-, Formulierungs- und Revisionsstrategien für die unterschiedlichen Anforderungen der einzelnen Phasen des Schreibprozesses, Strategien zur Verfertigung kohärenter Texte, Strategien zum Umgang mit Schreibblockaden. Nur so finden sie heraus, mit welchen Strategien sie ihren Schreibprozess optimal steuern, ihre größten Schreiberfolge erzielen und ihre jeweils gesetzten Schreibziele am besten erreichen.

d) Nicht nur die Strategien dürfen dabei Gegenstand des Unterrichts sein, die bei der Anfertigung eines zusammenhängenden, abgeschlossenen Textes eingesetzt werden können, sondern auch und vor allem diejenigen, die epistemisch-heuristisches Schreiben unterstützen. Schreibunterricht muss lernen, auch unfertige, unzusammenhängende Texte zuzulassen, er darf Schreibkönnen nicht auf die Kompetenz, abgeschlossene, lineare Texte angemessen zu gestalten, beschränken, damit Schülerinnen und Schüler das Schreiben als eine sinnvolle und brauchbare Methode erkennen, die ihnen hilft, das eigene Nachdenken zu befördern und zu neuen Einsichten zu gelangen.

e) Schulischer Schreibunterricht muss umfassendes Strategiewissen vermitteln, damit die Schülerinnen und Schüler bei jeder Schreibaufgabe souverän zwischen verschiedenen Alternativen wählen können. Er muss zudem dafür sorgen, dass untergeordnete Strategien zu automatisierten Schreibroutinen werden können, die das Gedächtnis entlasten.

f) Darüber hinaus muss schulischer Schreibunterricht die Schreiblernenden dazu anleiten, sich ihre individuellen Strategien von Zeit zu Zeit bewusst zu machen und dabei deren Qualität und Leistung kritisch zu überprüfen, damit sich nur scheinbar erfolgreiche nicht verfestigen und nicht zu Schreibblockaden werden, die das erfolgreiche Durchlaufen des Schreibprozesses verhindern.

2.2 Das Wissen um die Schreibentwicklung: Modelle zum Erwerb von Schreibkompetenz

Der Vorgang der Aneignung basaler Schreibfertigkeiten im Vorschulalter und der Erwerb schriftsprachlicher Fähigkeiten des Grundschulkindes sind detailliert erforscht, die dabei erkennbaren Phasen logographischen, alphabetischen und orthographischen Schreibens, die im Verlauf des Schriftspracherwerbs durchlaufen werden, sind ausführlich beschrieben.[108] Dagegen fehlt bis heute ein einheitliches Modell für die weiteren Entwicklungsschritte, die Schülerinnen und Schüler in der Sekundarstufe durchlaufen. Aussagen über Unterschiede, die auf verschiedene Schreibentwicklungsstufen oder -stadien verweisen, werden auch nach intensiven empirischen Untersuchungen oft nur sehr vorsichtig getroffen und mit recht vagen Altersangaben versehen.[109]

Die derzeit die wissenschaftliche Diskussion beherrschenden Auffassungen gründen in zwei unterschiedlichen Erklärungsmustern, dem „Dimensionswechsel-" und dem „Dimensionsdifferenzierungsmodell",[110] die im Folgenden kurz skizziert werden. Da beide auf der Vorstellung zunehmender kognitiver Fähigkeiten auf verschiedenen Gebieten im Verlauf der Schreibentwicklung basieren, die den Schreibprozess beeinflussen und sich in der Qualität des Schreibproduktes bemerkbar machen, wird anschließend auch die Schematheorie vorgestellt, die brauchbare Kategorien zur Strukturierung und Organisation von Gedächtnisinhalten anbietet. Daran anknüpfend werden schließlich wichtige Theorien zur Entwicklung kognitiver Fähigkeiten aufgegriffen, die Aufschluss darüber geben können, wie sich das Denken entwickelt, welche Rolle dabei mündliche und schriftliche Sprache spielen und in welchem wechselseitigen Einfluss sie zueinander stehen.

---

[108] Eine knappe, übersichtliche Darstellung gibt aus linguistischer Perspektive z. B. Johannes Volmert, eine eher didaktisch orientierte Darstellung findet sich z. B. bei Wolfgang Steinig und Hans-Werner Huneke. Vgl. Volmert: Erwerb der schriftsprachlichen Kompetenz: Schreibenlernen, in: ders. (Hg.): Grundkurs Sprachwissenschaft, S. 233 ff. und Steinig u. Huneke: Sprachdidaktik Deutsch: eine Einführung, S. 80 ff.

[109] Vgl. hierzu z. B. die Anmerkung Fritzsches zum Modell von Augst u. Faigel: „Diese Stufen sind allerdings nur sehr grob und ungefähr auf Alters- und Schulstufen beziehbar: Die erste Stufe betrifft etwa das 2. bis 7. Schuljahr, die zweite Stufe das 7. bis 11. Schuljahr, die dritte Stufe die danach folgenden Jahre (bezogen auf Gymnasium und Hochschule)." (Fritzsche: Zur Didaktik und Methodik des Deutschunterrichts, Bd. 2: Schriftliches Arbeiten, S. 38).

[110] Feilke: Entwicklung schriftlich-konzeptualer Fähigkeiten, in: Bredel u. a. (Hg.): Didaktik der deutschen Sprache, Bd. 1, S. 180.

2.2.1 Dimensionswechsel: das Modell von Bereiter

Das einflussreichste Modell, das die Schreibentwicklung als eine Folge immer anspruchsvollerer Stufen beschreibt, stammt von Carl Bereiter.[111] Er stellt fest, dass sich die Schreibprozesse versierter, kompetenter Schreibender durch Fähigkeiten in verschiedenen Bereichen auszeichnen:

> Six different systems of knowledge or skill may be identified in mature writing: fluency in producing written language, fluency in generating ideas, mastery of writing conventions, social cognition (appearing as ability to take account of the reader), literary appreciation and discrimination, and reflective thought.[112]

Diese prozess-, produkt- und interaktionsbezogenen Fähigkeiten, die sich zwar unabhängig voneinander entwickeln können, aber miteinander interagieren, werden im Verlauf der Schreibentwicklung angeeignet und differenzieren sich aus.

„Im Arbeitsgedächtnis können gewandte Schreiber mit etwa fünf chunks gleichzeitig operieren, Schreibanfänger mit zwei bis drei",[113] und da jede der beschriebenen Schreib-Teilfähigkeiten meist aus mehr als einem solchen „chunk" besteht, können sich Schreibnovizen während des Schreibprozesses zunächst nur auf eine davon vorrangig konzentrieren. Ist diese jedoch internalisiert und läuft routiniert ab, beansprucht sie weniger kognitive Kapazität, sodass die nächste Teilfähigkeit bewusst beim Schreiben eingesetzt, automatisiert und schließlich in bereits vorhandenes Schreibwissen integriert werden kann.[114]

Fünf verschiedene Stadien unterschiedlicher Integration und Automatisierung dieser sechs Schreibfähigkeiten nimmt Bereiter an: Das erste ist das des assoziativen Schreibens. In diesem Stadium steht das Generieren von Ideen im Vordergrund und beansprucht so viel kognitive Leistung, dass weder über die Herstellung von Kohärenz im entstehenden Textprodukt noch über die Adressaten, die intendierten Leser und ihre Interessen, nachgedacht wird, sodass die Ideen in der Reihenfolge ihres Auftretens aufgeschrieben werden.[115]

Das nächste Stadium, das des performativen Schreibens, ist stark an sprachlichen Normen im Bereich von Orthographie und Grammatik orientiert und

---

[111] S. Bereiter: Development in writing, in: Gregg u. Steinberg (Hg.): Cognitive processes in writing, S. 73–93, und Scardamalia u. Bereiter: Research on written composition, in: Wittrock (Hg.): Handbook of research on teaching, S. 778–803.
[112] Bereiter: Development, S. 82.
[113] Ingendahl: Was denkt das Gehirn beim Schreiben? in: Wirkendes Wort, H. 1 (1996), S. 132. Als „chunk" (Brocken, Klumpen) wird eine Informationseinheit im Kurzzeitgedächtnis bezeichnet, die unterschiedlichen Ausmaßes sein kann.
[114] Nach Bereiter: Development, S. 83.
[115] Nach ebd.

zeichnet sich durch bewusstere Erfüllung stilistischer Konventionen und vorgegebener Textmuster aus.[116] Hier richtet der Schreibende seine Aufmerksamkeit nicht mehr allein auf den Inhalt, sondern bereits auch auf das Produkt des Schreibens.

Im dritten Stadium, dem des kommunikativen Schreibens, wird nun erstmals das Schreiben auf die kommunikativen Ziele ausgerichtet, die der Schreibende bei seiner vorgestellten Leserschaft erreichen möchte, darüber hinaus werden auch die Interessen, Kenntnisse und sprachlichen Fähigkeiten der Leserinnen und Leser berücksichtigt und ihre Erwartungen an den Text antizipiert.

Das vierte Stadium ist das des vereinenden Schreibens.[117] In diesem gelingt es dem Schreibenden, die Leserposition einzunehmen und seinen eigenen Text kritisch zu beurteilen, weil er die aus vielfältigen Leseerfahrungen gewonnenen Bewertungskriterien nun für das eigene Schreiben nutzbar machen kann, gleichzeitig entwickelt er dadurch einen eigenen individuellen Schreibstil.[118]

Diesem Stadium kann sich das des epistemischen Schreibens anschließen, das die höchste Stufe der Schreibentwicklung repräsentiert. Schreiben dient hier nicht mehr der bloßen Wiedergabe bekannten Wissens, sondern seiner Transformierung und Weiterverarbeitung und der Gewinnung und Hervorbringung neuer Erkenntnisse.[119]

Die einzelnen Teilprozesse des Schreibens interagieren in diesem Stadium sehr stark miteinander, es ist in hohem Maße gekennzeichnet durch stark textgeleitete Verarbeitungsprozesse und eine „verstärkte Exteriorisierung der Planungsprozesse und Vorformen des Textes, […] die die Entwicklung des Inhalts in verschiedene Richtungen (z. B. Zusammenfassen, Konkretisieren, Strukturieren) erleichtern."[120]

Der Schreibprozess unterstützt und ermöglicht auf diese Weise das Denken.[121] Epistemisches Schreiben ist demnach

---

[116] Vgl. ebd., S. 85.
[117] Für den von Bereiter für dieses Stadium gebrauchten Begriff des „unified writing" hat sich noch keine einheitliche Übersetzung durchgesetzt, es findet sich dafür z. B. „kritisches Schreiben" (vgl. Wrobel: Schreiben als Handlung, S. 18), „idosynkratisches Schreiben" (vgl. Jechle u. a.: Schreiben in der Schule. Lehrpläne und Schreibforschung, in: Strittmatter (Hg.): Zur Lernforschung: Befunde – Analysen – Perspektiven, S. 117), oder „authentisches Schreiben" (Übersetzung von Baumann, aufgenommen bei Fix: Textrevisionen in der Schule, S. 34). Ich führe hierfür im Gegensatz zu anderen Vorschlägen den des „vereinenden Schreibens" ein, weil Leser- und Schreiberperspektive in diesem Stadium zusammengeführt – vereint – werden.
[118] Nach Bereiter: Development, S. 87.
[119] Nach ebd., S. 88.
[120] Molitor-Lübbert: Schreiben und Kognition, in: Antos u. Krings (Hg.): Textproduktion: ein interdisziplinärer Forschungsüberblick, S. 292.
[121] Ein sehr differenziertes Modell des epistemischen Schreibens findet sich in Molitor-Lübbert: Der Lerneffekt beim Schreiben. Eine interdisziplinäre Betrachtung unter besonderer Berücksichtigung der elektronischen Medien, v. a. S. 56ff.

eine Form des Weiterverarbeitens eigenen Wissens: Vom Denken als kognitivem Verarbeiten her betrachtet, ist das Schreiben zu einem Medium geworden, in dem sich das Denken vollzieht; vom Schreiben her betrachtet ist dieses nicht mehr nur Instrument, Schon-Gedachtes und Wissen zu verausgaben, sondern auch ein Instrument des Präzisierens, Erweiterns, ja des Entwickelns von Wissen.[122]

Bereiter hat sein Schreibentwicklungsmodell ausdrücklich nicht als eines formuliert, in dem die Abfolge der einzelnen Schreibstufen unveränderlich festgelegt ist und in ganz bestimmten Altersstufen erfolgen muss,[123] aber es wird häufig als ein solches rezipiert. Das daraus folgende Postulat des epistemischen oder linear-dialogischen Schreibens als höchst entwickelter Schreibfähigkeit und -funktion, die frühestens im späten Jugendalter erreicht werden kann, verstellt den Blick auf die Tatsache, dass Schreiben in jedem Stadium das Denken anregen und transformieren kann, dass es auf jeder kognitiven Entwicklungsstufe zu heuristischen Erkenntnissen führen kann. Selbst ein Schreibender, dessen Texte sich (vermeintlich?) noch auf der Stufe assoziativen oder performativen Schreibens befinden, muss, um überhaupt einen Text verfassen zu können, kognitive Schemata und Pläne aktivieren, er muss sein Wissen ordnen und exteriorisieren, um es sich oder anderen zugänglich zu machen. Er befindet sich zwar noch nicht bewusst auf dem höchsten Niveau entwickelter Schreibkompetenz, aber er leistet beim Schreiben erhebliche gedankliche Anstrengung und Denkarbeit, die auch zu einer Neustrukturierung seines Weltwissens und zu neuen Einsichten führen kann. Es ist unter Umständen weniger die Art der kognitiven Leistung, die sich im Verlauf der Schreibentwicklung ausdifferenziert, als vielmehr der Grad der Bewusstheit darüber und das Ausmaß ihres aktiven Gebrauchs. Viel ergiebiger als die Zuordnung der von Bereiter beschriebenen Stadien zu bestimmten Altersstufen ist es daher für den Schreibunterricht, einen anderen Aspekt zu berücksichtigen, den Bereiters Modell anführt: Da Schreiblernende nur wenige Informationseinheiten gleichzeitig im Arbeitsgedächtnis behalten können, könnten ihnen kurze, überschaubare Schreibaufgaben helfen, den Schreibprozess leichter zu bewältigen und sich dabei auf mehrere der erforderlichen Teilfähigkeiten gleichzeitig zu konzentrieren.

2.2.2 Dimensionsdifferenzierung: das Modell von Augst und Feilke

Der von Gerhard Augst und Helmuth Feilke im Anschluss an empirische Untersuchungen zur Entwicklung argumentativer Schreibfähigkeiten[124] vorgelegte Entwurf orientiert sich am Organon-Modell des sprachlichen Zeichens von Karl

---

[122] Eigler u. a.: Über Beziehungen von Wissen und Textproduzieren, in: Unterrichtswissenschaft 15 (1987), S. 383.
[123] „The word stage inevitably evokes the idea of Piagestian stages and all their associated conceptual baggage, but the word is used here in a more limited connotation. A stage is simply a form of organisation that is preceeded or followed by other forms." (Bereiter: Development, S. 82).
[124] Vgl. Augst u. Faigel: Von der Reihung zur Gestaltung.

Bühler. Seinem Vorschlag folgend, dass Sprache ein Werkzeug ist, mit dessen Hilfe ein Sprecher einem Hörer etwas über die Dinge der außersprachlichen Wirklichkeit mitteilen kann,[125] nehmen sie auch für Texte eine Kommunikationsfunktion an, die sich aus Symptom, Appell und Signal zusammensetzt, erweitern das Modell aber um den medialen oder modalen Aspekt, da „das Werkzeug über den **Modus** der Problemlösung bestimmt."[126]

Der zu schreibende Text stellt für den Schreibenden „ein komplexes Kommunikationsproblem"[127] dar, das er mit Hilfe kognitiven Konzeptions-, Realisierungs- und Routinewissens für die vier beschriebenen Funktionen zu lösen versucht.[128] Der Schreibende sieht sich dabei zunächst einer „expressiven Problemdimension",[129] gegenüber, weil ihm prosodische und nonverbale Elemente der mündlichen Kommunikation in der geschriebenen Sprache nicht zur Verfügung stehen, was „die Anforderungen an die i. e. S. sprachliche Ausdrucksfähigkeit erhöht",[130] zugleich eine stärkere Kontrolle von und Distanz zu eigenen Affekten erfordert und im Verlauf zunehmender Schreibkompetenz in „die Fähigkeit zu einer weitgehend desymptomatisierten sprachlichen Artikulation des Ausdrucks"[131] mündet. Des Weiteren beinhaltet das Schreiben eine „kognitive Problemdimension", weil „das Fehlen des sympraktischen Umfeldes und komplementär der verstärkte Einfluß des synsemantischen Umfeldes im schriftlichen Text"[132] bewältigt werden müssen, wozu es der „Beherrschung eines differenzierten lexikalischen Inventars und differenzierter syntaktischer und intersententieller Verknüpfungsmöglichkeiten"[133] bedarf, allerdings immer in Abhängigkeit von den Inhalten seines Weltwissens, die der Schreibende vermitteln will. Schließlich stellen sich dem Schreibenden die „soziale Problemdimension",[134] weil er Reaktionen des Adressaten seines Textes mitbedenken und antizipieren muss, und die „textuelle Problemdimension",[135] weil er einen homogenen, die kommunikativen

---

[125] Nach Bühler: Sprachtheorie, S. 24ff.
[126] Feilke u. Augst: Zur Ontogenese der Schreibkompetenz, in: Antos u. Krings (Hg.): Textproduktion. Ein interdisziplinärer Forschungsüberblick, S. 308.
[127] Ebd., S. 307.
[128] Vgl. ebd., S. 302f. „Konzeptionswissen" meint das Wissen um Kommunikationsnormen und das Weltwissen. „Realisierungswissen" bezeichnet das Wissen um Textsorten, Kohärenzprinzipien, Syntax und Lexik. Unter „Routinewissen" sind die Schreibmotorik, das orthographische Wissen und die schriftsprachlichen Routinen zu verstehen.
[129] Ebd., S. 309.
[130] Ebd.
[131] Ebd., S. 310. Dass gerade diese Beförderung der Fähigkeit, von der eigenen inneren Befindlichkeit Abstand zu nehmen, den schulischen Schreibunterricht vor Probleme stellt, weil dies leider häufig einhergeht mit einem Motivationsverlust auf Seiten der Lernenden, deuten Feilke und Augst hier nur knapp an.
[132] Ebd.
[133] Ebd.
[134] Ebd., S. 311.
[135] Ebd., S. 312.

Funktionen von Symptom, Signal und Appell integrierenden Text verfassen muss. Damit ihm dies gelingt, benötigt er eine ausgebildete „Reflexivierungskompetenz", die ihn befähigt, geistig alle Aspekte seines Schreibhandelns bewusst vorwegzunehmen.

Im Modell von Feilke und Augst stellt sich Schreibentwicklung somit nicht als eine lineare, additive Abfolge von gestuften Entwicklungsschritten dar, sondern als zunehmende Differenzierung und Integration der Kompetenzen in den genannten vier Bereichen,[136] die alle von Anfang an im Schreibunterricht gleichermaßen entwickelt werden können.

2.2.3 Schematheorie

Die auf der Textoberfläche sichtbaren Merkmale des jeweiligen Schreibentwicklungsstandes haben ihren Ursprung in dem im Gedächtnis gespeicherten Weltwissen des Schreibenden. Das Schreiben selbst und das entstehende Schreibprodukt sind in hohem Maße davon beeinflusst, was der Textproduzent bereits über die zu verfassende Textsorte, die jeweilige Kommunikationssituation und die in dieser einzusetzenden sprachlichen Mittel weiß. Wichtige Hinweise darauf, wie dieses Wissen im Gedächtnis gespeichert ist, gibt die Schematheorie, die sich intensiv mit den Vorgängen bei der Verarbeitung von Texten beschäftigt. Das Textverstehen stellt in ihren Augen einen individuellen Konstruktionsprozess dar, an dem der Rezipient als „aktive, [...] konstruktive informationsverarbeitende Instanz"[137] beteiligt ist, indem er die vom Text angebotenen Inhalte mit seinem im Gedächtnis gespeicherten Wissen verknüpft. Auch die Textproduktion stellt einen aktiven Konstruktionsprozess mit Hilfe gespeicherten Wissens dar, wenngleich sich der Schreibende dessen nicht bewusst sein muss: „Knowledge availability influences writing even when the writer is unaware of the knowledge [...]."[138] Der Schreibende entäußert Teile seines gespeicherten Wissens im Schreibakt und generiert dabei gleichzeitig im entstehenden Text neues, ihm und anderen dadurch zugängliches Wissen. Da ihm sein bisheriges Wissen dabei auch hilft, die für seine Aussageabsicht passende Art der Textgestaltung und der Ausdrucksweise zu finden, können die Modelle der Schematheorie auch als Erklärungsgrundlage für Schreibprozesse dienen.

Anhand verschiedener Modelle beschreibt die Schematheorie, wie Wissen im Gedächtnis strukturiert ist und wie es durch sprachliche Ausdrücke in einem Text aktiviert werden kann. Sie ist dabei keine eindeutige Theorie, die absolute Aussagen über die Struktur des Gedächtnisses trifft. Unter ihren Anhängern „[...] dominiert die Vorstellung, dass es zwar eine bestimmte Organisationsform von

---

[136] Nach ebd., S. 323.
[137] Schmidt: Texte verstehen – Texte interpretieren, in: Eschbach (Hg.): Perspektiven des Verstehens, S. 76.
[138] Kellogg: The psychology of writing, S. 71.

Wissen gibt, dass sie aber einen relativ hohen Grad von Variabilität enthält."[139] So wurden mehrere Modelle von Gedächtnis erstellt, die zwar alle den Ausgangspunkt hatten, „dass Informationen vor bzw. bei der Abspeicherung kognitiv verarbeitet werden",[140] die jedoch in den Benennungen für diese gespeicherten und strukturierten Informationen stark differieren. Es ist daher notwendig, die wesentlichen Begriffe zu systematisieren, um sie für die Beschreibung dessen, was beim Schreiben passiert, nutzbar zu machen.

Als leitender Oberbegriff ist zunächst das „Weltwissen" zu nennen. Unter Weltwissen verstehen die Schematheoretiker alle Erfahrungen und Informationen, die ein Mensch in seinem Leben gesammelt und im Gedächtnis gespeichert hat. Neben Wissen über alltägliche Situationen fallen auch konventionelle Verhaltensweisen, die das gesellschaftliche Zusammenleben regeln, sowie spezifisches Fachwissen unter diesen Oberbegriff – der Begriff umfasst somit „kognitiven Inhalt aller Art".[141] Gelegentlich wird hierbei zusätzlich zwischen ontologischem und empirischem Wissen unterschieden.[142] Ontologisches Wissen wird dasjenige genannt, das durch Sprache gelernt und durch Begriffe gegliedert wird, während das empirische Wissen „aus der Anwendung des ontologischen Wissens in Handlungen"[143] gewonnen wird. So hat beispielsweise ein minderjähriger Jugendlicher bereits ontologisches Wissen über das Autofahren, aber erst im Alter von 18 Jahren erfährt er, was Autofahren als Handlung bedeutet – erst durch eigenes Fahren erwirbt er empirisches Wissen.

Die sprachlichen Ausdrücke eines Textes aktivieren das Weltwissen des Rezipienten. Sie müssen jedoch nicht alle Aspekte einer Situation beschreiben, um verstanden zu werden – oft genügt schon eine kleine Andeutung, um das gesamte Wissen um die Situation zu aktivieren. Ein Textproduzent kann also voraussetzen, dass vor allem konventionelle und häufig wiederkehrende Aspekte eines bestimmten Sinnzusammenhangs aufgrund von Weltwissen auch ohne explizite Erwähnung mit aufgerufen werden.[144]

Ein Konzept dagegen ist „eine Konstellation von Wissen",[145] die durch einen Begriff aktiviert wird. Ein Konzept besteht aus mehreren Bestandteilen, die determinierend, typisch oder zufällig sein können. Determinierend sind diejenigen Bestandteile, „die für die Identität eines Konzeptes wesentlich"[146] und für jede mögliche Verwendungsweise des Konzeptes zutreffend sind. Typische Bestand-

---
[139] Schmidt: Texte verstehen – Texte interpretieren, S. 79.
[140] Ebd., S. 77.
[141] Beaugrande u. Dressler: Einführung in die Textlinguistik, S. 89.
[142] Vgl. Schmidt: Text – Rezeption – Interpretation, in: Ibsch u. Schramm (Hg.): Rezeptionsforschung zwischen Hermeneutik und Empirik, S. 35.
[143] Ebd.
[144] Nach Brown u. Yule: Discourse analysis, S. 236.
[145] Beaugrande u. Dressler: Einführung in die Textlinguistik, S. 89.
[146] Ebd., S. 90.

teile dagegen sind solche, die zwar in fast allen Verwendungsweisen des Konzeptes zutreffen, aber nicht zwingend in wirklich allen auftreten müssen. Zufällig werden schließlich diejenigen Bestandteile genannt, die in manchen Fällen zutreffen, in anderen dagegen nicht.[147] Der Begriff „Hund" beispielsweise beschreibt ein Konzept, das auf dem Wissen aufbaut, dass alle Hunde vierbeinig sind, die meisten von ihnen einen Schwanz haben und manche sehr groß werden. In der Textwelt treten Konzepte, die unterschiedlichen Ausmaßes sein können, untereinander verbunden auf und schränken sich gegenseitig ein, sodass nicht immer eindeutig festzustellen ist, welcher Wissensbereich zu welchem Konzept gehört. Generell jedoch strukturieren Konzepte bestimmte Realitäts- und Erfahrungsbereiche im Gedächtnis, die durch sprachliche Ausdrücke realisiert werden.

Globale Muster schließlich sind größere Wissenseinheiten, die bei der Textproduktion und -verarbeitung aktiviert werden. Sie bestehen aus mehreren Elementen, d. h. sie können eine Vielzahl von Konzepten beinhalten, bzw. die für den Textsinn relevanten Teilbereiche von Konzepten. Globale Muster werden sowohl bei der Textproduktion als auch der -rezeption individuell auf den Text angepasst. So erlauben sie bei der Rezeption Hypothesen über den Fortgang des Textes und steuern bei der Produktion die Gliederung und Strukturierung des Inhalts, den ein Schreibender vermitteln möchte.[148]

Globale Muster lassen sich weiter untergliedern in Schema, Rahmen, Skript und Plan, die ein und dasselbe Konzept aus unterschiedlichen Perspektiven beleuchten können. „In Form eines Schemas wird das Wissen gespeichert, das wir über Zustände, Ereignisse und Handlungen als typisch erfahren."[149] Ein Schema „bewahrt das Übereinstimmende ähnlicher Eindrücke",[150] indem es „eine abstrakte Repräsentation"[151] häufig wiederkehrender Situationen darstellt. Schemata sind unterschiedlich komplexe kognitive Abbildungen von generellem Wissen über notwendige Elemente einer Situation und deren kausale und zeitliche Abfolge, die immer als Ganze aktiviert werden. Sie besitzen offene Stellen („slots"), die durch die tatsächlichen Gegebenheiten („filler") einer konkreten Situation, in der das Schema aktiviert wird, geschlossen werden können.[152] Allerdings muss nicht jede offene Stelle bei jedem Aufruf eines Schemas gefüllt werden, vielmehr leistet das abstrakte Schema kognitive Orientierungshilfe und wird an die konkrete Situation angepasst. Schemata gründen in den Erfahrungen, die der

---

[147] Nach ebd.
[148] Nach ebd., S. 93.
[149] Gröben: Leserpsychologie: Textverständnis – Textverständlichkeit, S. 47.
[150] Hörmann: Psychologie der Sprache, S. 121.
[151] Gröben: Leserpsychologie, S. 47.
[152] Nach ebd.

[Handschriftliche Notiz am Seitenrand oben: Globale Muster: Schema, Rahmen, Plan, Skript]

Mensch im täglichen Leben macht. Jeder Mensch besitzt deshalb ein individuelles Schemawissen, das kulturell, gesellschaftlich und sozial geprägt ist.[153] Wird ein bestimmtes Schema durch einen Text aktiviert, so lässt es den Textrezipienten nicht nur Hypothesen darüber aufstellen, was als nächstes passieren wird, sondern steuert darüber hinaus auch die Art der Rezeption und klammert häufig andere mögliche Lesarten des Textes aus.[154] Wird dagegen ein Schema durch eine Schreibaufgabe aktiviert, so kann dieses die inhaltliche Seite der Textproduktion erheblich beeinflussen, was sowohl positive (inhaltliche Orientierung an einem bestimmten Muster) als auch negative Auswirkungen (Blockierung weiterer, neuer Ideen) auf den Schreibprozess haben kann.

[Randnotiz: Rahmen] Mit dem Begriff „Rahmen" wird eine „flexiblere Variante des Schemabegriffs"[155] bezeichnet, der sich hauptsächlich auf konventionell geregeltes Weltwissen aus dem sozialen Bereich bezieht.[156] Rahmen organisieren Wissen über Konventionen und Normen des alltäglichen Zusammenlebens, ohne es jedoch kausal oder zeitlich zu strukturieren. Sie „geben an, was im Prinzip zusammengehört, aber nicht, in welcher Reihenfolge die zusammengehörigen Dinge getan oder erwähnt werden sollen."[157] Sie repräsentieren stereotype Situationen, die an reale Situationen angepasst und in Details verändert werden können; dabei erlauben sie variable Schlüsse. Rahmenwissen besitzen Sprachbenutzer auch über Sprache und Texte, sodass sie in der Lage sind, kohäsive und kohärente Strukturen in einem Text zu erkennen, bzw. als Textproduzent aufzubauen.

[Randnotiz: Plan] Globale Muster, die zielgerichtete Ereignisse und Zustände beinhalten, werden Pläne genannt. Im Gegensatz zu Rahmen und Schemata, die nur Elemente und Reihenfolgen speichern, bilden Pläne Handlungsketten ab, „die zu einem beabsichtigten Ziel führen".[158] Pläne steuern das Verhalten, indem sie eine „Hierarchie von Instruktionen"[159] aufstellen, nach denen Handlungen ausgeführt werden, die zum Erreichen eines Zieles notwendig sind. Während der Textproduktion lassen sie den Schreibenden die seine kommunikative Absicht unterstützen-

---

[153] Nach Brown u. Yule: Discourse analysis, S. 248.
[154] Nach Beaugrande u. Dressler: Einführung in die Textlinguistik, S. 95. Ein anschauliches Beispiel hierzu liefern Brown und Yule, die folgenden Text einer Gruppe von Musikstudentinnen und einer Gruppe von Freizeitsportlern vorlegten und sie aufforderten, den Text mit eigenen Worten wiederzugeben: „Every Saturday four good friends get together. When Jerry, Mike and Pat arrived, Karen was sitting in her living room writing some notes. She quickly gathered the cards and stood up to greet her friends at the door. They followed her into the living room but as usual couldn't agree on exactly what to play. [...] Finally, they began to play. Karen's recorder filled the room with soft and pleasant music [...]." (Brown u. Yule: Discourse analysis, S. 248). Während die Musikerinnen den Text als Beschreibung gemeinsamen Musizierens verstanden, lasen ihn die Freizeitsportler als Bericht über vier Freunde, die sich zum Kartenspielen trafen.
[155] Gröben: Leserpsychologie, S. 48.
[156] Nach ebd.
[157] Beaugrande u. Dressler: Einführung in die Textlinguistik, S. 95.
[158] Ebd.
[159] Miller u. a.: Strategien des Handelns, S. 25.

Schreibentwicklung und Schreibkompetenz   47

Alternative Terminologie

den Elemente wählen, während ein Textrezipient mithilfe seiner gespeicherten Pläne eben diese durchschauen und ihre Relevanz bewerten kann.

Unter Skripts versteht man „typische Handlungs- und Ereignisabfolgen in bestimmten Situationen".[160] Sie sind stereotype, stabilisierte Pläne alltäglicher, in wiederkehrenden Situationen stets gleich ablaufender Tätigkeiten, die häufig abgerufen werden.[161] Skripts steuern die Erwartungen, die der Rezipient in Bezug auf den Ablauf einer im Text beschriebenen Begebenheit hat. Ein Schreibender wiederum könnte in Erzählungen alltägliche Skripts bewusst abändern, um seinen Text spannend und überraschend wirken zu lassen. Beim Verfassen einer Inhaltsangabe dagegen könnte er unbewusst Elemente hinzufügen, die im Ursprungstext nicht enthalten sind, weil er sie aufgrund eines aktivierten Skripts für unabdingbar hält und ihm deren Fehlen im Ausgangstext nicht bewusst ist. *Skript*

Schema, Plan, Skript und Rahmen überschneiden sich in ihrer Bedeutung und werden manchmal sogar synonym verwendet. Sie sind zudem nicht die einzigen Bezeichnungen für die Art des im Gedächtnis gespeicherten Wissens. So nimmt beispielsweise Ronald Kellog eine andere Art der Einteilung vor. Er unterscheidet zwischen soziokulturellem Wissen, worunter er „basic beliefs shared with members of one's family, community, ethnic group, and national culture"[162] versteht, dem metakognitiven Wissen, also „knowledge about the self, tasks, strategies, and plans and goals",[163] und dem konzeptuellen Wissen, „physical, social and mental aspects of the world",[164] das in den qualitativ unterschiedlichen Formen „content knowledge", „domain knowledge" und „discipline knowledge" auftreten kann, da Ausdifferenzierung und Tiefe des gespeicherten Wissens und der Kenntnisse in einem Gebiet von der jeweiligen Dauer und Intensität der (lernenden) Beschäftigung mit dem Bereich abhängig sind.[165] Jürgen Baurmann und Rüdiger Weingarten verwenden dagegen in Anlehnung an Begrifflichkeiten aus dem Computerbereich den Begriff der „Schreibprozeduren" und verstehen darunter „die mehr oder weniger stabilen kognitiven Gegebenheiten (das Schreibwissen), die einzelne Schreibprozesse hervorbringen."[166]

Trotz ihrer begrifflichen Unschärfe können die verschiedenen Modelle den Einfluss des gespeicherten Wissens und der Erfahrungen auf Textverarbeitung und Textproduktion veranschaulichen, denn, so ist anzunehmen, „structure and content of a writer's schema are reflected in the structure and content of what a

---

[160] Schmidt: Texte verstehen – Texte interpretieren, S. 79.
[161] Nach Brown u. Yule: Discourse analysis, S. 245.
[162] Kellog: The psychology of writing, S. 71.
[163] Ebd., S. 71f.
[164] Ebd., S. 72.
[165] Nach ebd., S. 72.
[166] Baurmann u. Weingarten: Prozesse, Prozeduren und Produkte des Schreibens, in: dies. (Hg.): Schreiben. Prozesse, Prozeduren und Produkte, S. 14.

writer writes."[167] Vorhandenes Weltwissen, sowohl in Form von prozeduralem Handlungswissen in Plänen als auch deklarativem Begriffswissen in Schemata und Konzepten wird also aktiviert, um einer gegebenen oder gerade entstehenden Textwelt Sinn zuweisen zu können.[168] Und je ausdifferenzierter und routinierter diese kognitiven Schemata, Pläne und Konzepte sind, desto leichter und besser können sie für eine Schreibaufgabe nutzbar gemacht werden und den Schreibenden unterstützen.[169]

Mit Blick auf den schulischen Schreibunterricht darf nicht übersehen werden, dass Schreibnovizen andere kognitive Schemata, Pläne und Konzepte als Schreibexperten besitzen. Dies liegt nicht nur am Alter, sondern auch an der unterschiedlichen Mediensozialisation und Mediennutzung.[170] So kann z.B. ein Computer, mit dem viele Heranwachsende heute selbstverständlich umgehen, eine große Menge an Wissen speichern, wodurch dem Schreibenden Erinnerungsarbeit abgenommen wird.

> Dadurch wird [sic] die Aufmerksamkeit und das Gedächtnis des Schreibers in andere Bahnen gelenkt. Es geht darum, einzelnes möglichst schnell wiederzufinden und einsetzen zu lassen, weniger – als vorher – darum, sich bestimmte Dinge zu merken, um sie nicht nachschlagen zu müssen. Damit wird eine ganz charakteristische Entwicklungstendenz von oraler über literale zu elektronischer Sprachkultur fortgesetzt: die zunehmende Verlagerung von Wissen in externe Datenspeicher.[171]

Die Notwendigkeit, sich bestimmtes Faktenwissen dauerhaft anzueignen, verliert damit an Bedeutung, wichtig wird dagegen nun, Informationen mit Hilfe des Computers und des Internet zu suchen, zu finden und in einen eigenen entstehenden Text zu kopieren, oder die ausgefeilten Layoutmöglichkeiten eines Textverarbeitungsprogramms zu nutzen, sodass anzunehmen ist, dass sich die

---

[167] Mosenthal: On defining writing and classroom writing competence, in: Mosenthal, Tamor u. Walmsley (Hg.): Research on writing. Principles and methods, S. 44.

[168] Geklärt ist jedoch noch nicht, wie es möglich ist, immer nur begrenztes, für die Textproduktion oder -rezeption relevantes Wissen ins Gedächtnis zu rufen und nicht sämtliches Wissen, das man über bestimmte Ereignisse, Handlungen und Gegebenheiten besitzt. Es sind zwar Faktoren bestimmbar, die in Textproduktionssituationen den Selektionsprozess determinieren, wie z.B. Perspektive, Kontexteinbindung oder kommunikative Konventionen, wie sie aber die Auswahl tatsächlich sinnvoll einschränken, ist unbekannt. Vgl. hierzu v. Stutterheim: Quaestio und Textaufbau, in: Kornadt (Hg.): Sprache und Kognition: Perspektiven moderner Sprachpsychologie, S. 252.

[169] Studien, die die Bedeutung kognitiver Text-Schemata für die Bewältigung von Schreibaufgaben untersuchen, belegen diese Annahme. So z.B. Schülein, Wolf u. Boueke: Mündliche und schriftliche Erzähltexte von Kindern und Erwachsenen, in: Baurmann u. Weingarten (Hg.): Schreiben. Prozesse, Prozeduren und Produkte, S. 243–269.

[170] Vgl. hierzu z.B. die Zusammenfassung quantitativer empirischer Studien zur Mediennutzung heutiger Kinder und Jugendlicher bei Kurzrock: Neue Medien im Deutschunterricht, in: Lange u. Weinhold (Hg.): Grundlagen der Deutschdidaktik, S. 183ff.

[171] Giese: Von der sichtbaren Sprache zur unsichtbaren Schrift. Auswirkungen moderner Sprach-Schrift-Verarbeitungstechnologien auf den alltäglichen Schreibprozeß, in: Baurmann, Günther u. Knoop (Hg.): homo scribens. Perspektiven der Schriftlichkeitsforschung, S. 127.

gespeicherten Handlungsprozeduren, die Skripts, auch im Bereich des Schreibens verändern. Aus der Multimedia-Forschung ist bereits bekannt, dass animierte Lernprogramme Lernprozesse nicht nur unterstützen, sondern auch beeinträchtigen können, „wenn der Lernende auf das Angebot einer dynamischen Animation mit einer Reduktion seiner Anstrengungen reagiert, selbst eine mentale Simulation durchzuführen. Doch gerade die wäre für das Lernen besonders relevant."[172] Analog muss für das Schreiben angenommen werden, dass Schreiblernende auf das Angebot einer externen Wissensspeicherung unter Umständen mit Reduktion der eigenaktiven Konstruktion und Speicherung von Schreibplänen und Textschemata reagieren, was den langfristigen Erwerb, das Erlernen, dieser für die Textproduktion erforderlichen Grundlagen und damit den Aufbau von Schreibkompetenz behindert.

2.2.4 Entwicklung kognitiver Fähigkeiten

Schreiben ist, darin stimmen alle Modelle überein, auf kognitive Vorstellungen und Abläufe angewiesen. Das Aktivieren kognitiver Inhalte und das bewusste Umgehen mit diesen lässt sich als Denkvorgang beschreiben, was die enge Verbindung von Schreiben und Denken und Schreib- und Denkentwicklung verdeutlicht.

Denken muss zwar, anders als der Umgang mit und der Gebrauch von Schriftsprache nicht erlernt werden, weil die Denkfähigkeit zur genetischen Grundausstattung des Menschen gehört, aber es entwickelt sich von Geburt an im handelnden Umgang des Individuums mit seiner Umwelt weiter, differenziert sich aus, verändert sich und wird dabei stetig komplexer.

Jean Piaget, der bereits 1924 eine der bis heute einflussreichsten theoretischen Modellierungen der kognitiven Entwicklung im Kindes- und Jugendalter vorgenommen hat, beschreibt die Differenzierung und Veränderung als vier aufeinander aufbauende Entwicklungsstadien, in denen neue Denkstrukturen aufgebaut werden und in denen sich die Art und Weise des Denkens qualitativ erheblich unterscheidet. Er unterscheidet die sensumotorische Phase, in der die Kognition eng an angeborene Reflexhandlungen gebunden ist, die präoperationale Phase, in der der Umgang mit symbolischen Beziehungen möglich wird, das Denken aber noch eng an die eigene Wahrnehmung und unmittelbare Erfahrung gebunden bleibt, die Phase der konkreten Operationen, in der sich die Sprachkompetenz und das Gedächtnis, vor allem aber das logische Denken stark erweitern, und schließlich die Phase der formalen Operationen, in der es möglich wird, abstrakte Begriffe zu verstehen und über hypothetische Fragen nachzudenken.[173]

---

[172] Mandl u. Reinmann-Rothmeier: Wenn neue Medien neue Fragen aufwerfen: Ernüchterung und Ermutigung aus der Multimedia-Forschung, Forschungsberichte Lehrstuhl für Empirische Pädagogik und Pädagogische Psychologie (85/1997), S. 10.

[173] S. Piaget: Theorien und Methoden der modernen Erziehung, S. 40ff., ders.: Nachahmung, Spiel und Traum. Die Entwicklung der Symbolfunktion beim Kinde, v. a. S. 342ff.

Piaget zufolge geschieht in allen Stadien die Aneignung neuen Wissens und der Aufbau von Schemata und Plänen durch „Akkomodation", den Aufbau neuer Schemata und Pläne, an die bereits vorhandene angepasst werden, und „Assimilation", die Einpassung neuer Information in bereits ausgebildete kognitive Strukturen.[174] Beiden Verfahren liegt das Bestreben des Individuums zugrunde, einen Zustand des Gleichgewichts, der „Äquilibration" zwischen sich und der Umwelt herzustellen und den Widerspruch, den kognitiven Konflikt, zwischen einer neuen Situation, einem bisher unbekannten Phänomen oder einer ungewohnten motorischen Handlungsweise und den vorhandenen individuellen globalen Mustern aufzulösen.[175]

Die Entwicklung kognitiver Fähigkeiten bindet Piaget im Allgemeinen eng an die Entwicklung sprachlicher Kompetenzen an, die er als Beleg und Ausdruck für Denkfähigkeiten interpretiert. So konstatiert er für die beginnende Phase des präoperationalen Denkens hauptsächlich Monologe und Wiederholungen einzelner Wörter oder Äußerungen, die er als egozentrisches Sprechen bezeichnet. Diesem schreibt er den Hauptzweck zu, das Handeln der Kinder quasi rhythmisch zu begleiten und zu verstärken, weil es seiner Meinung nach keine kommunikative oder nur geringe kognitive Funktion besitzt und zeigt, dass kognitive Strukturen erst sehr gering entwickelt sind. Dass dieses egozentrische Sprechen bis zum Schuleintrittsalter stetig weniger wird und dann fast völlig verschwindet, ist ihm Beweis für seine Annahme.[176]

Anders deutet dagegen Vygotskij dieses in der frühen Kindheit beobachtbare monologische Sprechen, und seine Interpretation erscheint sehr viel überzeugender. Er ist aufgrund seiner Untersuchungen der Meinung,

> dass das egozentrische Sprechen des Kindes sehr früh eine höchst eigenartige Rolle in seiner Tätigkeit zu spielen beginnt. [...] Mit anderen Worten, in allen Fällen, in denen die Kinder auf Schwierigkeiten trafen, verstärkte sich ihr egozentrisches Sprechen.[177]

Es darf nicht nur rein expressiv verstanden werden, sondern als „Versuch, eine Situation sprachlich zu durchdenken, einen Ausweg zu finden und die nächste Handlung zu planen".[178] Als Spiegel kognitiver Prozesse besitzt das egozentrische Sprechen eine wichtige Funktion für das Kind, weil es sich dadurch automa-

---

[174] S. Piaget: Nachahmung, Spiel und Traum, ders.: Das Erwachen der Intelligenz beim Kinde, v. a. S. 410 ff., u. ders.: Der Aufbau der Wirklichkeit beim Kinde, v. a. S. 337 ff. Eine hilfreiche Übersicht und Definition der von Piaget eingeführten oder verwendeten Begriffe findet sich in Furth: Intelligenz und Erkennen. Die Grundlagen der genetischen Erkenntnistheorie Piagets, S. 362 ff.
[175] Ein solcher kognitiver Konflikt wird meist nicht als negativ empfunden, er ist vielmehr Ursache für Neugiermotivation. Seine Lösung kann für das lernende Individuum äußerst befriedigend sein. Vgl. hierzu Edelmann: Lernpsychologie, S. 379 f.
[176] Vgl. Piaget: Sprechen und Denken des Kindes, bes. S. 21 ff. u. S. 70 f.
[177] Vygotskij: Denken und Sprechen, S. 85 f.
[178] Ebd., S. 86.

tisierte Tätigkeiten bewusst machen und auf eine als (im kognitiven Sinne) konfliktträchtig erfahrene Situation reagieren und neue Informationen mittels Assimilation oder Akkomodation in sein Weltwissen aufnehmen kann. Anders als Piaget nimmt Vygotskij nicht an, dass diese Art des Sprechens verschwindet, er geht eher davon aus, dass es in inneres Sprechen übergeht, das er als Grundlage des Denkens ansieht.[179]

> Unter „innerer Sprache" versteht man das schweigende mit sich selbst Sprechen […]. Die „innere Sprache" ist nicht zur Mitteilung bestimmt, sie […] ist für andere schwer verständlich; sie wirkt zusammenhanglos und fragmentarisch, und arbeitet mit speziellen Verkürzungen, wobei Syntax und Phonetik vernachlässigt werden […].[180]

Vygotskij macht damit auf die wichtige Funktion von Sprache aufmerksam, individuelle Denkprozesse bewusst zu machen, in der lautlichen Äußerung zu linearisieren, dadurch besser fassbar und leichter zugänglich werden zu lassen, sodass Lösungen für (kognitive) Probleme gefunden werden können.[181] Das erweist sich als eine wirkungsvolle Strategie, die selbst Erwachsene gelegentlich noch anwenden, wenn sie vor anspruchsvollen Aufgaben stehen.

Dieselbe epistemisch-heuristische Funktion kann das Schreiben erfüllen. Auch dieses kann als – zwar sehr anspruchsvolle, aber äußerst wirksame – Strategie eingesetzt werden, wenn es gilt, schwierige Situationen gedanklich zu durchdringen, zu verarbeiten und darauf zu reagieren.

In allen Phasen der Denkentwicklung wird deutlich, dass das „Handeln des Subjekts mit Gegenständen […] sowohl Erkenntnis als auch aufgrund entstehender Denkstrukturen neue Möglichkeiten des Handelns"[182] hervorbringt. Da Schreiben ebenfalls Handeln bedeutet – sprachliches Handeln im Medium der Schrift – kann auch Schreiben zu neuen Erkenntnissen und gleichzeitig dank der dadurch entstehenden neuen Denkstrukturen zu neuen Möglichkeiten schriftsprachlichen Handelns führen. Schreiben bedarf also des Denkens und wirkt auf dieses zurück.[183] Das Denken unterstützt und befördert die Schreibentwicklung und gleichermaßen unterstützt und befördert das Schreiben die Denkentwicklung. Gibt doch erst die „Schriftsprache […] dem Kind das notwendige Medium, abstrakte Konzepte zu formulieren und zu denken."[184] Sie erlaubt einen anderen Zugang zur Wirklichkeit, ermöglicht die Teilnahme an schriftlich übermittelter

---

[179] Vgl. ebd., S. 95.
[180] Pyerin: Kreatives wissenschaftliches Schreiben. Tipps und Tricks gegen Schreibblockaden, S. 16.
[181] Seine These wird in der neueren Forschung bestätigt. Vgl. Raible: Kognitive Aspekte des Schreibens, S. 36.
[182] Gudjons: Pädagogisches Grundwissen, S. 113.
[183] Vgl. Kellogg: The psychology of writing, S. 16.
[184] Hollenweger: Lesen und Schreiben in der Schule. Überlegungen zu schulischen Lernprozessen, in: Hollenweger u. Studer (Hg.): Lesen und Schreiben in der Schule. Beiträge zu einem interdisziplinären Verständnis des Schriftspracherwerbs, S. 30.

kultureller Erfahrung und nimmt damit erheblichen Einfluss auf die Entwicklung vom sensomotorisch-konkreten zum abstrakten und logischen Denken.

2.2.5 Entwicklung von Schreibkompetenz – empirische Ergebnisse

Auch empirische Untersuchungen zur Schreibkompetenz belegen den Zusammenhang von Denk- und Schreibentwicklung. Meist handelt es sich bei ihnen um Querschnittstudien, die zu einem bestimmten Zeitpunkt in unterschiedlichen Altersstufen Daten erheben. Longitudinaluntersuchungen, die sich mit individuellen Schreibentwicklungen beschäftigen, finden sich nur selten.[185] Das bedeutet, dass die Studienergebnisse nur etwas darüber aussagen, wie fortgeschritten durchschnittliche Schreibkompetenz in bestimmten Entwicklungsstadien ist, nicht aber, wie der einzelne Schreibende seine individuellen Kompetenzen erweitert und welche Lernangebote für ihn hilfreich wären.

Die Studien basieren meist auf argumentativen[186] oder beschreibenden, instruktiven Schreibaufgaben,[187] die einen deutlichen Adressatenbezug aufweisen, sie befassen sich mit den beim Schreiben ablaufenden Prozessen und den im Textprodukt erkennbaren sprachlich-syntaktischen und thematischen Strukturen und stellen ausführlich dar, auf welche Weise sich die Erfüllung der gestellten Schreibaufgabe in der Textoberflächen- und -tiefenstruktur manifestiert, wie erfolgreich dabei Kohärenzmittel eingesetzt werden und auf welche Art das Thema jeweils entfaltet wird. Daraus leiten sie generelle Feststellungen zum Stand der Schreibfähigkeiten in unterschiedlichen Alters- bzw. Kompetenzstufen ab, die sie jedoch oft recht allgemein fassen. So werden Ergebnisse meist für „erfahrene – unerfahrene" oder „junge – ältere" Schreibende und einige wenige dazwischen liegende Entwicklungsstufen,[188] bzw. gelegentlich innerhalb einzelner Alters-

---

[185] Obwohl bereits Hans Krings dies in seinem zusammenfassenden Überblick über die Schreibprozessforschung bemängelt, bleiben Longitudinalstudien noch weitgehend ein Desiderat der Schreibforschung (vgl. Krings: Schwarze Spuren auf weißem Grund – Fragen, Methoden und Ergebnisse der empirischen Schreibprozessforschung im Überblick, in: Krings u. Antos (Hg.): Textproduktion: neue Wege der Forschung, S. 61). Zwei Ausnahmen stellen jedoch die Studien von Franziska Bitter-Bättig, die anhand der Texte von acht Probanden die Entwicklung der schriftsprachlichen Erzählfähigkeit vom 4. bis zum 6. Schuljahr untersucht, und von Margarete Ott dar, die über einen Zeitraum von drei Jahren die Entwicklung der Schreibfähigkeit (ebenfalls im Bereich des Erzählens) von fünf Sekundarstufenschülerinnen und -schülern beschreibt, von denen zwei Deutsch als Muttersprache und drei Deutsch als Zweitsprache erworben haben (s. hierzu Bitter-Bätig: Die Entwicklung der schriftlichen Erzählfähigkeit vom 4. bis zum 6. Primarschuljahr, und Ott: Schreiben in der Sekundarstufe I. Differenzierte Wahrnehmung und gezielte Förderung von Schreibkompetenzen).

[186] So z. B. die bereits angesprochene Studie von Augst und Faigel, in der Jugendliche und junge Erwachsene argumentative Texte zum Thema „Hausaufgaben" verfassten.

[187] Z.B. bei Thomas Bachmann, der Schweizer Schülerinnen und Schüler Anleitungen zu einem Zaubertrick verfassen lässt und untersucht, ob sich Qualität und Quantität der eingesetzten Kohäsionsmittel je nach Alter verändern (s. hierzu Bachmann: Kohäsion und Kohärenz: Indikatoren für die Schreibentwicklung).

[188] So beispielsweise in der Untersuchung von Augst und Faigel.

Individuelles Schreibalter

gruppen für „gute, sichere – schlechte, unsichere" Schreiberinnen und Schreiber beschrieben,[189] was der Erkenntnis Rechnung trägt, dass sich Schreibentwicklung weniger am Lebensalter festmachen lässt als vielmehr am individuellen Schreibalter, der „Summe der Schreiberfahrungen, die zu einem gewissen Zeitpunkt unabhängig vom Alter gemacht worden sind",[190] und zwar in und außerhalb schulischer Schreib(-lern-)situationen.

Die wesentlichen Ergebnisse empirischer Untersuchungen lassen sich wie folgt zusammenfassen:

Im Bereich der Lexik ist im Verlauf der Schreibentwicklung eine signifikante Abnahme der Zahl der mündlichen Ausdrücke in schriftlichen Texten – abhängig von der gewählten Textsorte – zu bemerken, während die Zahl schriftsprachlicher Ausdrücke komplementär dazu ansteigt. Die stets korrekte Verwendung dieser Ausdrücke gelingt jedoch nicht von Anfang an – in mittleren Altersstufen ist oft ein überzogener, etwas gespreizter Schriftsprachgebrauch zu bemerken, der stilistisch nicht immer angemessen ist. Zwar führen zunehmendes „Weltwissen und geschärftes Problembewusstsein […] zu begrifflicher und damit auch sprachlicher Differenzierung",[191] aber auch „ältere Schüler und Studenten scheitern bei ihrem bewussten Gestaltungswillen oft an der Semantik bestimmter meist nur schriftsprachlicher Wörter und Wendungen […]."[192]

Während jüngere Schreibende Propositionen eher linear reihen und dabei durch Wiederholungen und den Einsatz von Proformen grammatische Kohärenz herstellen, tendieren ältere Schreiberinnen und Schreiber zunehmend dazu, mit Hilfe integrativer syntaktischer Konstruktionen enge Propositionsgefüge zu bilden.[193] Gute Schreiberinnen und Schreiber achten mit zunehmendem Alter zusätzlich darauf, unnötige Kompliziertheit zu vermeiden.[194] Interessant ist dabei auch die Beobachtung, dass der Einsatz von Kohäsionsmitteln zur Herstellung von grammatischer Kohärenz die Schreibentwicklung wellenförmig durchläuft.[195] Das bedeutet, dass Schreiblernende zunächst nur wenig Wissen über Textmuster und Schreibkonventionen besitzen, sich dieses im weiteren Verlauf ihrer Schreibentwicklung durch intensiven Gebrauch und Einsatz sicher aneignen, um sich in einem nächsten Schritt kritisch von den Konventionen distanzieren und sie für ihre eigenen Intentionen modifizieren zu können. Gleichzeitig ist

---

[189] Beispielsweise in der in der Schweiz durchgeführten Studie „Diagnose und Förderung der Textproduktionskompetenz von Schülerinnen und Schülern, unter Berücksichtigung kognitiver und metakognitiver Prozesse" (vgl. Baer u. a.: Das „Orchester-Modell" der Textproduktion, in: Baurmann u. Weingarten (Hg.): Schreiben. Prozesse, Prozeduren und Produkte, S. 173–200).
[190] Sieber: Modelle des Schreibprozesses, in: Bredel u. a. (Hg.): Didaktik der deutschen Sprache, Bd. 1, S. 215.
[191] Augst u. Faigel: Von der Reihung zur Gestaltung, S. 70.
[192] Ebd., S. 71.
[193] Nach ebd., S. 102 u. S. 187.
[194] Nach Baer u. a.: Das „Orchester-Modell", S. 197.
[195] Vgl. Bachmann: Kohäsion und Kohärenz: Indikatoren für die Schreibentwicklung, S. 204f.

dies auch ein Indiz dafür, dass mit zunehmendem Alter die Fähigkeit zunimmt, homogene, schriftsprachlich geprägte Texte zu verfassen, die nicht mehr des häufigen Rückgriffs auf grammatische Kohärenzmittel bedürfen, weil sie sich zunehmend durch den gelungenen Einsatz bekannter Textordnungsmuster und eine hohe thematische Kohärenz auszeichnen.

Allerdings gelingt es nur wenigen Schreiberinnen und Schreibern, sich der differenziertesten Form von Textordnungsmustern zu bedienen. Erkennbar sind vier verschiedene Entwicklungsstufen, beginnend mit dem linear-entwickelnden Textordnungsmuster, das von der subjektiven Erlebniswelt des schreibenden Ichs geprägt ist und Merkmale mündlicher Strukturierung aufweist, über das material-systematische, in dem die Schreibperspektive auf die Sache, die objektive Welt gerichtet ist, und das formal-systematische, in dem der Text und die ihm angemessene Sprache die leitenden Schreibperspektiven sind, hin zum linear-dialogischen, das sich sowohl am Adressaten orientiert als auch die anderen Perspektiven berücksichtigt und die am weitesten entwickelte Form konzeptualer Schriftlichkeit darstellt.[196]

Dabei ist die höhere Textordnungsfähigkeit nicht allein auf den Erwerb neuer Ordnungsschemata zurückzuführen, sondern auch und vor allem auf eine qualifizierte Anwendung und Variation bereits bekannter Schemata.[197] Im Verlauf der Schreibentwicklung steigt in klarer Abhängigkeit vom Schreibalter „die Fähigkeit, mehrere Aussagen zu einem Punkt inhaltlich zu koordinieren."[198] Voll entwickelte Schreibkompetenz schließlich zeichnet sich durch den Rückgriff auf umfassende Schreibroutinen aus, da dies „ausreichende Kapazität für eine maximale Reflexion aller Dimensionen des Schreibens und aller Aspekte des Textes"[199] freisetzt. „Wo eine solche Routine noch nicht in hinreichendem Maß vorhanden ist oder vorhanden sein kann, fällt der Schreibende auf ein vorangehendes Stadium zurück"[200] – fehlt ihm z. B. Routine im Bereich von Textmusterwissen, kann er zu einem gestellten Thema ein passendes Textschema oder einen adäquaten Schreibplan noch nicht automatisch aktivieren, so wählt er „in der Regel eine Textsorte, die er besser beherrscht."[201] Deutlich wird dies auch daran, dass jüngere und ältere Schreiberinnen und Schreiber ihren Schreibprozess unter-

---

[196] Vgl. Feilke u. Augst: Zur Ontogenese der Schreibkompetenz, S. 317.
[197] Nach Augst u. Faigel: Von der Reihung zur Gestaltung, S. 133 ff., und Feilke u. Augst: Zur Ontogenese der Schreibkompetenz, S. 322.
[198] Feilke: Entwicklung schriftlich-konzeptualer Fähigkeiten, in: Bredel u. a. (Hg.): Didaktik der deutschen Sprache, Bd. 1, S. 189.
[199] Becker-Mrotzek: Schreibentwicklung und Textproduktion. Der Erwerb der Schreibfertigkeit am Beispiel der Bedienungsanleitung, S. 306.
[200] Raible: Kognitive Aspekte des Schreibens, S. 40.
[201] Ebd., S. 41.

schiedlich organisieren und darin unterschiedliche Schwerpunkte setzen.[202]

Eine weitere wichtige Erkenntnis empirischer Untersuchungen ist die Tatsache, „dass der Erwerb von Schreibfähigkeiten nicht mit Erreichen eines bestimmten Alters abgeschlossen ist."[203] Erwachsene Schreiberinnen und Schreiber wenden beinahe dieselben Strategien wie Schreiblernende an, wenn sie einen Text nach einem für sie neuen Muster verfassen müssen.[204] Auch bei Schreiberinnen und Schreibern, die eigentlich als erfahren einzustufen sind, kann demnach eine erneute Phase der Aneignung dazu führen, dass bei der Imitation des vorgegebenen Textmusters typische Stilmerkmale überstrapaziert werden und die Texte dadurch gespreizt klingen. Mangelnde Schreibfähigkeiten in einem bestimmten Bereich können auch bei ihnen einen Rückfall in ein vorangehendes Schreibentwicklungsstadium und den Rückgriff auf sicher beherrschte Schreibroutinen verursachen. Und wie bei den Schreibnovizen ist bei ihnen zu bemerken, dass die Konzentration auf komplexe Inhalte die kognitiven Kapazitäten so stark beanspruchen kann, dass beim Schreiben nicht gleichzeitig der intendierte Adressat und dessen Bedürfnisse und Erwartungen berücksichtigt werden können.

Die Untersuchungen legen damit die Vermutung nahe, dass tatsächlich eine gestufte Schreibentwicklung stattfindet, dass diese sich aber je nach Schreiberfahrung, Schreibmotivation und Schreibaufgabe völlig unterschiedlich entwickeln kann. So kann es durchaus sein, dass junge Schreibende eine Schreibhaltung bereits sicher entwickelt haben, während sie in einer anderen über eine gewisse Grundstufe noch nicht hinauskommen, weil die gestellte Aufgabe für sie so anspruchsvoll ist, dass das zu aktivierende Weltwissen, ihre Schemata und Konzepte einen Großteil der kognitiven Kapazitäten beanspruchen, sodass sie sich nicht auch noch auf die Berücksichtigung der Leserperspektive konzentrieren können. Dies liegt nicht allein an ontogenetisch bedingten (noch) fehlenden Schreibkompetenzen, sondern auch daran, dass Schreibenlernen meist in curricular geregelten Unterrichtssituationen stattfindet, die eine bestimmte Abfolge von Textsorten und Schreibhaltungen festlegen.[205] Je intensiver und länger bestimmte Schreibhaltungen eingeübt und wiederholt werden, desto größer ist auch die Chance, dass die Kompetenzen in Bezug auf diese sehr stark entwickelt sind und Schreibpläne sehr routiniert und automatisiert eingesetzt werden können, während Kompetenzen im Hinblick auf andere Schreibhaltungen zunächst nicht gefördert werden und dann später nur mühsam integriert werden können.

---

[202] Vgl. hierzu Feilke: Schreibentwicklungsforschung. Ein kurzer Überblick unter besonderer Berücksichtigung der Entwicklung prozessorientierter Schreibfähigkeiten, in: Diskussion Deutsch, H. 129 (1993), S. 25 ff.; Mundlos: Schreiben unter variierender Revisionsbelastung. Verlauf und Ergebnis der Textkomposition bei wechselnden Medien, S. 71.
[203] Steinhoff: Wie entwickelt sich die wissenschaftliche Textkompetenz?, in: Der Deutschunterricht, H. 3 (2003), S. 41.
[204] Vgl. ebd., S. 42.
[205] Vgl. hierzu Ossner: Gibt es Entwicklungsstufen beim Aufsatzschreiben?, in: Feilke u. Portmann (Hg.): Schreiben im Umbruch. Schreibforschung und schulisches Schreiben, S. 83.

2.2.6 Zweite Konsequenz: Orientierung an individuellen Schreibbiographien

a) „Schreiblernprozesse sind biographische Vorgänge im einzigartigen Leben eines jeden Lernenden. Entsprechend unterschiedlich verlaufen sie [...]."[206] Will Schreibunterricht erfolgreich individuelle Schreibentwicklungsprozesse anstoßen, muss er von den individuellen Schreibbiographien der Schülerinnen und Schüler ausgehen und es ihnen ermöglichen, sich der eigenen Schreiberfahrungen bewusst zu werden.

b) Da voll entwickelte Schreibkompetenz in der individuellen Integration und routinierten Anwendung unterschiedlichster Teilkompetenzen besteht, muss Schreibunterricht in erster Linie zum Strategieunterricht werden, der von Anfang an die individuelle Verknüpfung verschiedenster Kompetenzen erlaubt, die Ausbildung von handlungsleitenden Skripts und Plänen zum Schreiben ermöglicht und dabei v. a. die stets gleichbleibenden Schreibroutinen verdeutlicht, sodass Schreibende lernen, bei allen Schreibaufgaben auf diese zurückzugreifen und sie so allmählich zu automatisieren.

c) Schreibunterricht darf nicht nur darauf bedacht sein, die Fähigkeit zur adäquaten Umsetzung kommunikativer Intentionen und Normen zu befördern, sondern muss seine Schülerinnen und Schüler von Anfang an auch dazu ermutigen, sich des Schreibens als Denkhilfe zu bedienen.

d) Schreiben und Denken sind eng miteinander verknüpft, die individuelle Kognition hat Auswirkungen auf den Schreibprozess und das Schreibprodukt. Lehrende müssen deshalb nachvollziehen können, über welche Textsortenschemata und handlungsleitenden Pläne ihre Schülerinnen und Schüler jeweils verfügen und wie differenziert oder unspezifisch diese sind, um sie mit den gestellten Schreibaufgaben nicht zu überfordern und sie adäquat unterstützen zu können. Dafür bedarf es einer ausgeprägten, geschulten Diagnosefähigkeit, die sich einerseits auf die generellen Ergebnisse der empirischen Forschung stützt, die andererseits aber in der Lage ist, davon zu abstrahieren und die individuellen Entwicklungsschritte des einzelnen Schreiblernenden, sein Schreibalter und seine Schreibbiographie zu erkennen.

2.3 Das Wissen um die Ziele des Schreibens: die verschiedenen Funktionen des Schreibens

Ein wichtiger Aspekt, der die Bedeutung des Begriffes Schreiben ausmacht, ist der der Schreibziele und -absichten, wird doch nicht immer aus den gleichen Gründen, mit derselben Intention und auf ein und dasselbe Ziel hin geschrieben.

---

[206] Kochan: Gedankenwege zum Lernen beim Freien Schreiben, in: Spitta (Hg.): Freies Schreiben – eigene Wege gehen, S. 237.

Fragt man Kinder, die gerade schreiben lernen, warum das Schreibenlernen für sie wichtig ist, dann erhält man viele unterschiedliche Antworten: „zum schlau werden." „Damit man nichts vergisst, was man sich gedacht hat." „Dass, wenn man in Amerika ist, zum Beispiel, und die Mama hier lebt, kann man ihr einen Brief schreiben."[207] Schreiben dient offensichtlich bereits im Kindesalter verschiedenen Zwecken und verfolgt höchst unterschiedliche Ziele. Geschrieben wird, um zu kommunizieren, um nicht zu vergessen, um zu memorieren, zu lernen, zu denken und zu klären, zu unterhalten, zu spielen, zu experimentieren, Zeugnis abzulegen von eigenem Wissen, Können, Fühlen ... Die Zielsetzung einer Schreibhandlung muss dabei nicht zwangsläufig eindimensional sein, in vielen Fällen verfolgen Schreibende mehrere Ziele gleichzeitig. So wird beispielsweise ein Tagebucheintrag dazu verfasst, um persönliche Gedanken und Gefühle zu äußern, auf diese Weise Entlastung herbeizuführen und die psychische Befindlichkeit wieder in einen Gleichgewichtszustand zu versetzen. Gleichzeitig kann das Schreiben dem Schreibenden dazu verhelfen, sich an sein Erlebtes zu erinnern oder sich seiner Gedanken und Gefühle überhaupt erst bewusst zu werden. So können Einfälle zu einem Thema auf einem Stichwortzettel notiert werden, um das Gedächtnis zu entlasten, und gleichzeitig verhilft ein solches Notieren auch dazu, sich seines vorhandenen Wissens bewusst zu werden und es zu ordnen.

Erst im Laufe der Schreibentwicklung differenzieren sich die einzelnen Schreibfunktionen aus, aber schon von Anfang an sind die genannten und weitgehend den von Bühler beschriebenen Funktionen des sprachlichen Zeichens entsprechenden Grundformen vorhanden.[208]

2.3.1 Schreiben als Kommunikation

Eine wichtige Funktion des Schreibens liegt in der Ermöglichung schriftlicher Kommunikation.

> Schriftlich treten wir mit Menschen, die außerhalb unseres Nahbereichs sind, in Kontakt und teilen ihnen etwas mit, und wenn wir uns selbst etwas notieren, sind wir gewissermaßen über die Zeit hinweg unser eigener Kommunikationspartner.[209]

Art und Inhalt der Kommunikation können dabei sehr unterschiedlich ausfallen – je nach angenommenem Adressaten und eigener Intention werden sich das Schreiben, die Schreibhaltung und damit das entstandene Textprodukt verändern. Soll Schreiben der Unterhaltung dienen, so wird häufig eine erzählende Schreibhaltung eingenommen, die für einen distanzierten Adressaten sprachlich

---
[207] Antworten von Erstklasskindern auf Fragen zur Bedeutung und Funktion des Schreibens.
[208] Nach Fritzsche: Zur Didaktik und Methodik des Deutschunterrichts, Bd. 2: Schriftliches Arbeiten, S. 16.
[209] Ebd., S. 14.

eher elaboriert ist und für einen nahe stehenden durchaus auch umgangssprachlich gestaltet sein kann. Dient es der Information, wird eine berichtende oder beschreibende Schreibhaltung eingenommen, der ein sachlicher Stil angemessen ist. Wird dagegen mit dem Ziel geschrieben, den Kommunikationspartner von der eigenen Meinung oder den eigenen Ansichten zu überzeugen, so dominiert in der Regel eine argumentative Schreibhaltung, deren sprachliche Ausformung wiederum vom Verhältnis des Schreibenden zum Adressaten abhängt.

Für jede Kommunikationssituation gilt, dass sie – mehr oder weniger deutlich – eine bestimmte bzw. eine dominierende Schreibhaltung hervorruft. Nicht alle Situationen jedoch verlangen nach einem abgeschlossenen, kohärenten Text. Macht sich ein Schreibender beispielsweise stichpunktartig Notizen, um wichtige Einfälle nicht zu vergessen, so ist er sein eigener Kommunikationspartner, und er bedient sich des Schreibens mit dem Ziel, sein Gedächtnis zu entlasten. In diesen Fällen nimmt er meist eine informierende Schreibhaltung ein, aber es ist nicht notwendig und in manchen Fällen sogar hinderlich, wenn er dabei bewusst auf die Einhaltung schriftsprachlicher Normen und Konventionen achtet.

2.3.2 Schreiben als Selbstausdruck

„Schreiben ermöglicht absichtsvollen, sprachlich-symbolischen (Selbst-) *Ausdruck.*"[210] Dies meint zunächst zweierlei: Zum einen kann im Schreiben Inneres entäußert und Immaterielles materialisiert werden, was der psychischen Entlastung des schreibenden Individuums dient und es ihm ermöglicht, zu sich selbst in Distanz zu gehen, in der Auseinandersetzung mit dem entstandenen Schreibprodukt die Perspektive zu wechseln und durch den Blick von außen sein eigenes Inneres besser zu verstehen. Zum anderen bedeutet es aber auch, spielerisch mit Sprache zu experimentieren, sprachgestaltend auf äußere Sinneseindrücke jeglicher Art zu reagieren und kreativ mit Sprache tätig zu werden. Hier verfolgt Schreiben vornehmlich das Ziel, ästhetischen Genuss zu bereiten und die eigene Sprachlust und -kompetenz zu erproben und auszuweiten.

Darüber hinaus kann Schreiben auch dazu genutzt werden, Formulierungsmöglichkeiten und Ausdrucksvarianten zu erproben und ihre jeweilige Wirkung zu erfahren und zu überprüfen. Das bedeutet, dass die Ausdrucksfunktion des Schreibens auch sprachgestaltend oder sprachschaffend wirken kann und dadurch die allgemeine Sprachentwicklung und die schriftsprachliche Kompetenz des Schreibenden unterstützt.

2.3.3 Schreiben als Denken und Lernen

Ein Vergleich oraler und literaler Kulturen lässt vermuten, dass das Schreiben das menschliche Denken und Bewusstsein phylogenetisch sehr stark verändert hat:

---
[210] Ebd., S. 16.

> Erst die in der Schrift räumlich gewordene Sprache erlaubte die Entwicklung von analytischem Denken. Schreiben zwingt das Denken zu extremer Verlangsamung, wodurch völlig neuartige Verstehens- und Widerspruchsmöglichkeiten und damit […] ganz neue Semantiken und Wahrheitsansprüche bestehen. Schrift erlaubt die Erzeugung einer Linie von Denk-Kontinuität, die unabhängig vom Bewusstsein und der Kommunikation in Texten existiert, auf die jederzeit zurückgegriffen werden kann.[211]

Schrift und Schreiben ermöglichen es, Gedanken zu materialisieren und zu verbreiten, sie erlauben ein „Festhalten und Wiederlesen von Gedanken und die Arbeit an ihnen."[212] Sie lassen das situationsungebundene Wiederaufnehmen und Fortführen eigener und fremder Gedanken zu und eröffnen dadurch neue Arten der Wissensspeicherung, des Denkens und des Lernens. Dabei

> ist Schreiben kein bloßes Anhängsel des Sprechens, sondern eine vollkommen künstliche Technologie, die das menschliche Bewusstsein radikal verändert hat. Zwar steigert Schrift die Bewusstseinsentwicklung, Abstraktion, das Denken in Kausalketten und Relationen usw.; aber sie entfernt die Menschen auch von ihren sozialen Milieus (von der „lebendigen Welt") und der lebensweltlichen Organisation des Wissens.[213]

Durch das Schreiben kann Wirklichkeit anders verarbeitet und angeeignet werden, was Qualität und Quantität von Denken und Erfahren erweitert. „Das Schreiben ist keine rein mechanische Fixierung gesprochener Sprache, sondern ein Eindringen in die graphischen Möglichkeiten einer Sprache, ein Schöpfungsakt, eine Entdeckungsreise."[214] Diese Entdeckungsreise bleibt jedoch nicht ohne Konsequenzen, kann sich doch der Mensch durch das Schreiben aus seiner angestammten sozialen und kulturellen Realität lösen und von ihr distanzieren, er kann die Perspektive wechseln und so seine bisherige Lebens- und Erfahrungswelt und sein eigenes Bewusstsein in Frage stellen. Schreiben ist damit Aneignung und Abstoßung, Chance und Gefahr zugleich.

Was phylogenetisch zutrifft, ist auch ontogenetisch für jedes einzelne Individuum gültig: Schreiben hat erheblichen Einfluss auf Bewusstsein und Denken des Schreibenden. Der Eintritt in die Schriftkultur ermöglicht ihm die Teilnahme am kulturellen und gesellschaftlichen Leben, an schriftsprachlich tradierten Denkmustern und an Deutungen von Wirklichkeit, die in Texten konserviert werden, sie bedeutet aber auch Abstraktion und Entfernung von gewohnten und bisher gültigen Annahmen.

Schreiben kann diese Funktion unbemerkt erfüllen, ohne dass der Schreibende dies mit seinem Schreibakt intendiert, es kann aber auch bewusst dazu eingesetzt

---

[211] Schmidt: Die Zähmung des Blicks. Konstruktivismus – Empirie – Wissenschaft, S. 95.
[212] Fritzsche: Zur Didaktik und Methodik des Deutschunterrichts, Bd. 2, S. 15.
[213] Schmidt: Die Zähmung des Blicks, S. 96f.
[214] Crystal: Die Cambridge Enzyklopädie der Sprache, Teil V – Das Medium der Sprache: Schreiben und Lesen, S. 212.

werden, das Denken zu unterstützen, die Reflexion anzuregen und so das Lernen zu ermöglichen. Im Schreiben verdeutlicht sich der Schreibende, was er über die von ihm beschriebenen Inhalte weiß, wo sein Wissen noch Lücken aufweist und an welchen Stellen er Verständnisschwierigkeiten hat. „Was ich über ein Thema wirklich weiß, was wirklich nicht und was nur diffus, das merke ich beim Schreiben."[215]

Und manchmal gelingt es über das Schreiben, diese Schwierigkeiten zu beheben und so den Inhalt zu klären. Dabei treten Lerneffekte insbesondere dann auf,

> wenn man zu verschiedenen Zwecken Texte verfasst, deren Inhalt und Form nicht von Anfang an festliegt, sondern weitgehend während des Schreibens noch erarbeitet werden muß. Ein wesentliches Merkmal und die Hauptschwierigkeit solcher Schreibprodukte ist die begriffliche Arbeit und die damit einhergehende Kohärenzherstellung, sei es, daß der Autor bzw die Autorin sich über das Schreibthema neue Begriffe bilden muß, sei es, daß er bzw. sie vorhandene Begriffe relativieren oder differenzieren [...] muß.[216]

In diesem Sinne können Schreiben und „Textproduktion [...] als Externalisierung, Aufbau oder Veränderung von Wissensstrukturen betrachtet werden [...]."[217] Schreiben stellt sich damit nicht nur – wie in den Modellen der Schreibprozessforschung – als ein Problem dar, das es zu lösen gilt, Schreiben kann auch als Strategie zur Lösung eines Problems definiert werden:

> Zum einen können Schreibprozesse mit Problemlöseprozessen verglichen werden. Damit werden die Anforderungen, die das Schreiben an die kognitiven Fähigkeiten des Menschen stellt, thematisiert. Zum anderen kann Schreiben die Lösung bestimmter Probleme erleichtern. Hiermit ist nicht der Aspekt der Belastung, sondern die unterstützende Funktion, die das Schreiben für Denkprozesse haben kann, angesprochen.[218]

Wird schreibend nicht nur vorhandenes Wissen wiedergegeben, d. h. werden nicht nur „die Strukturen reproduziert, die im Gedächtnis *auffindbar* sind [...] so [...], *wie* sie aufgefunden werden",[219] sondern erfolgt hier vor allem eine intensive Auseinandersetzung mit eigenen Vorstellungen, dann kann Schreiben auch „zur Erweiterung und Veränderung persönlichen Wissens führen; es ermöglicht ein kontinuierliches Arbeiten an den eigenen Vorstellungen und zugleich das

---

[215] Abraham: Schreiben über Texte und Texte als Rezeptionsdokumente, in: ders. u. a. (Hg.): Schreibförderung und Schreiberziehung, S. 106.
[216] Molitor-Lübbert: Der Lerneffekt beim Schreiben. Eine interdisziplinäre Betrachtung unter besonderer Berücksichtigung der elektronischen Medien, S. 22.
[217] Molitor: Weiterentwicklung eines Textproduktionsmodells durch Fallstudien, in: Unterrichtswissenschaft, H. 4 (1987), S. 405.
[218] Molitor-Lübbert: Schreiben und Kognition, in: Antos u. Krings (Hg.): Textproduktion: ein interdisziplinärer Forschungsüberblick, S. 279.
[219] Ortner: Schreiben und Denken, S. 13.

immer notwendige Interpretieren von Erfahrungen [...]."[220] Anders als Hayes und Flower in ihrem Modell behaupten, erfolgt bei dieser Schreibfunktion also nicht nur eine Übertragung des vorhandenen Wissens in Sprache. „Epistemisch-heuristisch Schreiben heißt nicht 'Übersetzen', sondern vor allem 'Be-, Er- und Verarbeiten, von Wissen im Medium der Sprache und in der Form eines Textes."[221] Im Schreiben können weit auseinander liegende Wissensstrukturen miteinander in Verbindung gebracht werden, dieses In-Beziehung-Setzen stellt die Konstruktion neuer Sichtweisen auf die Wirklichkeit, neuartige Gedankengänge und damit neu geschaffenes Wissen dar. Dabei hat auch der schreibend entstehende bzw. entstandene Text

> mannigfache Rückwirkungen auf die Gedankenführung und die Mitteilungsstrategie. Was über die allmähliche Verfertigung der Gedanken beim Reden zu sagen ist, gilt noch mehr für die Verfertigung der Gedanken beim Schreiben: Der schriftsprachliche Produktionsprozeß entwickelt, stimuliert und kreiert beim kompetenten Schreiber häufig Gedanken, Vorstellungen und Konzepte, die ohne den Schreibprozeß nicht oder nicht so entstanden wären [...].[222]

Ortner[223] fasst diese Art des epistemisch-heuristischen Schreibens sehr eng und definiert es als ein „nicht-dialogisches, -illokutionsvergessenes"[224] Schreiben, ist doch das „Wissen schaffende Schreiben [...] ein Tun, bei dem der propositionale Aspekt isoliert ist und bei dem die Sukzession der Phasen des üblichen Verhaltensablaufs aufgebrochen ist."[225] Er stellt es als einen bewussten, gesteuerten Vorgang auf Grundlage einer voll entwickelten Schreibkompetenz dar, den das schreibende Individuum nur für sich und um der Klärung der Sache willen vornimmt. Folgerichtig argumentiert er: „Die große Zeit der Erörterung, des schriftlichen Klärens eines Problems, kommt eigentlich – das ist in allen Darstellungen der Psychologie der Schreibentwicklung unbestritten – erst nach der Schulzeit."[226]
Es darf jedoch nicht vergessen werden, dass auch bei dialogischem, an einen Kommunikationspartner gerichtetem Schreiben das Denken angeregt und gerade bei unerfahreneren Schreiberinnen und Schreibern jegliches Schreiben zur

---

[220] Brugger: Wissen schaffendes Schreiben, S. 11.
[221] Ortner: Schreiben und Denken, S. 10.
[222] Volmert: Erwerb der schriftsprachlichen Kompetenz: Schreibenlernen, in: ders. (Hg.): Grundkurs Sprachwissenschaft, S. 257.
[223] Ortner wird hier exemplarisch angeführt, weil er einer der wenigen ist, die sich intensiv mit Wissen schaffendem Schreiben und dem Zusammenhang von Schreiben und Denken auseinandergesetzt haben. Während er dabei etliche grundlegende Annahmen der Schreibprozess- und -entwicklungsforschung in Frage stellt (wie z. B. die des Übersetzens von Gedachtem in Geschriebenes), übernimmt er deren Setzung des epistemischen Schreibens als höchst entwickelter Schreibkompetenz.
[224] Ortner: Schreiben und Denken, S. 88.
[225] Ebd., S. 4.
[226] Ebd., S. 556.

Neustrukturierung vorhandenen Wissens führen kann. Darüber hinaus muss die Verbindung von Schreiben und Denken nicht zwingend zu innovativen Einsichten führen. Schreibend denken bedeutet gerade für Jugendliche, sich Wirklichkeitsausschnitte anzueignen, sich mit diesen auseinanderzusetzen und deren Bedeutung für sich zu klären. Schreibprodukte, die auf erwachsene Leserinnen und Leser als „Wissen wiedergebend", oder – im besten Falle – als „Wissen erweiternd" wirken, sind in vielen Fällen Ergebnis eines solchen „Wissen schaffenden" Schreibprozesses durch und für die jungen Schreiberinnen und Schreiber. Mag das Ergebnis dieser Schreibarbeit für Erwachsene auch keine innovativen Erkenntnisse enthalten, so ist es doch Ausdruck der individuellen Konstruktion, Aneignung und Verarbeitung gegebener Wissensgebiete durch die jungen Schreiberinnen und Schreiber, sodass

> jeder (auch etwas abseits des großen Klärens) bei einem Schreibvorgang entstehenden Form eines neuen Verständnisses, einer neuen Erkenntnis oder Sichtweise einer Sache – zumal wir hier ja von jugendlichen Schreiberinnen sprechen – dieses Attribut [epistemisch-heuristisch; Anm. d. Verf.] zuzubilligen ist.[227]

2.3.4 Funktionen schulischen und privaten, alltäglichen Schreibens

Privates und schulisches Schreiben sind nicht deckungsgleich, sie unterscheiden sich in ihrer Ausformung, ihren Inhalten und Zielsetzungen voneinander – in manchen Fällen in nicht unerheblichem Ausmaß. Schreiben sowohl in und außerhalb der Schule als auch innerhalb der einzelnen Schulfächer ist daher oft spürbar unterschiedlich konnotiert und motiviert.

Im privaten Alltag vorherrschend ist zum einen rein memoratives Schreiben, z. B. in Form von Einkaufslisten oder Notizzetteln, die als Gedächtnisstützen dienen. Eine weitere wichtige Funktion alltäglichen Schreibens im privaten Bereich ist im Schreiben für sich selbst zu sehen, allerdings nicht in memorativer Funktion, sondern eher mit dem Ziel des Selbstausdrucks oder der Verarbeitung psychischer Erfahrungen, beispielsweise in Tagebüchern. Dieses Schreiben unterliegt keinerlei von außen vorgegebener Normen und muss keine tradierten Textmuster erfüllen, weil es sich an niemand anderen als den Schreibenden selbst richtet. Daneben werden im privaten Bereich vor allem kommunikative Mitteilungen an andere zum Zwecke der Unterhaltung und Information und oft mit dem vornehmlichen Ziel der Pflege sozialer Kontakte verfasst. Auch in beruflichen Zusammenhängen kann

> Schreiben [...] verschiedene Funktionen haben: mnemotechnische Funktionen, Archivierungsfunktion, die Funktion, Wissen verfügbar zu machen, loszulösen von der einen Person, die es „weiss", komplementäre und kontrastive Funktion, oder sich in freier Korrelation zum Sprechen befinden.[228]

---
[227] Brugger: Wissen schaffendes Schreiben, S. 87.
[228] Häcki Buhofer: Schriftlichkeit im Alltag: theoretische und empirische Aspekte – am Beispiel eines Schweizer Industriebetriebs, S. 299 f.

Kommunikative Mitteilungen nehmen den größten Raum des beruflichen Schreibens ein, anders als die private Kommunikation dienen sie aber vor allem instruktiven oder informativen Zwecken. „Für eine Mehrheit der Arbeitnehmer bestehen [...] die wesentlichsten schriftlichen Sprachtätigkeiten darin, dass sie auf einem Zettel oder auf einem dafür vorgesehenen Formular ein paar Zeilen schreiben, die das Ergebnis ihrer Arbeit betreffen."[229] Dabei sind Art und situative Einbettung der Kommunikation außerhalb der Schule andere als innerhalb und fallen in vielen Fällen leichter, kann doch Literalität im Alltag

> in vieler Hinsicht nicht durch das Wegfallen des pragmatischen Kontextes charakterisiert werden [...]. Damit hängt es zusammen, dass die meisten der fundamentalen Situationsfaktoren nicht jedes Mal berücksichtigt und bedacht werden müssen, sodass das Schreiben zur selbstverständlichen (und im Vergleich zu nichtsprachlichen Aktivitäten, nebensächlichen) Sprachtätigkeit werden kann.[230]

Im Gegensatz zu einem rein memorativen Schreiben entstehen beim alltäglichen Schreiben in kommunikativer Funktion durchaus auch Schriftstücke in Textform, die entweder völlig frei gestaltet sein können, wie beispielsweise informative oder instruktive Nachrichten, die für abwesende Familienmitglieder hinterlassen werden, oder aber hochgradig standardisiert und gesellschaftlich genormt sind wie z. B. Arbeitsprotokolle. Während manche dieser Texte sehr leicht verfasst werden können, weil das Schreiben

> gegenüber dem Sprechen keine Erweiterungsleistung darstellt, nicht situationsunabhängiger, expliziter, durchdachter, logischer, komplexer ist, sondern eine Reduktionsleistung darstellt, die auf dem Hintergrund einer bekannten oder ritualisierten Situation möglich ist[231]

und zudem nicht immer zwingend die Erfüllung bestimmter vorgegebener Schreibnormen und -konventionen verlangt wird, stellen andere die Schreiberinnen und Schreiber teilweise vor erhebliche Probleme. Dann nämlich, wenn zwar die sprachlichen Normen und Standards bekannt sind, der Schreibanlass aber eher selten auftritt oder von den Schreibenden als unangenehm empfunden wird, wie das beispielsweise bei Kondolenzschreiben der Fall ist.

Sehr häufig finden sich in der alltäglichen Schriftkommunikation auch solche Texte, die keinen Normen zu folgen scheinen, aber geprägt sind von bestimmten sprachlichen Codes zwischen den Kommunikationspartnern, die entweder in enger persönlicher Beziehung zueinander stehen oder aber sich eines standardisierten medienspezifischen Zeichenrepertoires bedienen, wie z. B. den Emoticons in SMS-Nachrichten oder Emails, das sich deutlich von herkömmlichen schrift-

---
[229] Ebd., S. 257.
[230] Ebd.
[231] Ebd., S. 267f.

sprachlichen Normen und Konventionen unterscheiden kann und für Außenstehende daher nicht immer zu decodieren ist.

Für den Bereich des schulischen Schreibens ist zwischen dem Schreiben im Schreibunterricht und dem in den übrigen Fächern bzw. den anderen Lernbereichen des Deutschunterrichts zu differenzieren, zeigt es sich doch, dass hier für sehr unterschiedliche Ziele geschrieben wird. So „dient Schreiben außerhalb des Sprachunterrichts meist der Wiedergabe oder der Übertragung des im Unterricht vermittelten Stoffs auf einen verwandten Aufgabenbereich."[232] Schreiben fungiert hier vor allem als Lernmedium, das der expositorischen Darstellung von Sachinhalten dient und zu Texten mit „informierender, erläuternder Gebrauchs- bzw. Zweckfunktion"[233] führt.

Im Schreibunterricht dagegen ist das Schreiben zusätzlich Lerngegenstand, hier soll über das Schreiben auch die Textgestaltungskompetenz der Schülerinnen und Schüler entwickelt und erweitert werden, sodass die Kriterien verschiedener Textmuster und Schreibhaltungen gelehrt und eingeübt werden und in den Schulaufgaben die Fähigkeit der Schülerinnen und Schüler überprüft und bewertet wird, diese angemessen einzusetzen und zu erfüllen. Zwar erfordert auch das Schreiben in anderen Fächern oder im privaten Alltag in einigen Fällen bestimmte Textgestaltungskompetenzen, aber hier sind die Normen insgesamt wesentlich unwichtiger – wichtig ist vor allem der Sachinhalt des Geschriebenen oder sein kommunikativer Gehalt, nicht unbedingt aber die Form des schriftsprachlichen Textes.

Darüber hinaus dient schulisches Schreiben außerhalb des Schreibunterrichts bzw. häusliches Schreiben für die Schule in Form von schriftlichen Hausaufgaben einer memorativen Funktion, allerdings ist diese etwas anders geartet als die alltäglichen Schreibens. In der Schule wird zwar auch geschrieben, um Lerninhalte zu erinnern und das Gedächtnis zu entlasten, gleichzeitig dient das Schreiben aber auch dazu, die Lerninhalte besser im Gedächtnis zu verankern und das Gedächtnis zu trainieren. Texte, die hierbei entstehen, erfüllen keine kommunikative Funktion, sondern dienen der inhaltlichen Reproduktion und werden daher meist auch vorwiegend inhaltlich besprochen. Schreiben als Mittel des Denkens und Lernens wird dagegen im Unterricht nicht bewusst gemacht und nicht bewusst eingesetzt, Schreibaufgaben, die „heuristische Aktivitäten, durch die themenbezogenes Wissen analysiert und erweitert werden kann, und die zur Entdeckung neuer Zusammenhänge führen können",[234] werden nur selten gestellt. Der Schreibunterricht führt zudem zu einer nur eingeschränkten Vorstellung

---

[232] Molitor-Lübbert: Schreiben und Kognition, in: Antos u. Krings (Hg.): Textproduktion. Ein interdisziplinärer Forschungsüberblick, S. 284.
[233] Bußmann: Lexikon der Sprachwissenschaft, Stichwort „Expositorischer Text", S. 134.
[234] Molitor-Lübbert: Schreiben und Kognition, in: Antos u. Krings (Hg.): Textproduktion. Ein interdisziplinärer Forschungsüberblick, S. 284 f.

dessen, was Schreiben ist, und verleitet die Schülerinnen und Schüler dazu, die Einhaltung von vorgegebenen Textnormen und -konventionen als höchstes Ziel einer gestellten Schreibaufgabe anzusehen, nicht aber das selbstständige Nachdenken über Inhalte. So versuchen „Wissen wiedergebende junge Schreiberinnen [...] in der Regel, eine Erinnerung an im Schreibunterricht Bearbeitetes zu konstruieren, ohne sich noch einmal mit den darin enthaltenen Aussagen und Schlüssen konkret auseinander zu setzen."[235]

Schließlich erfüllt schulisches Schreiben den Zweck, individuelle Lernleistungen aufzuzeigen und den Lernerfolg des einzelnen zu überprüfen und zu bewerten, es wird damit zur Lernkontrolle eingesetzt. Außerhalb des Schreibunterrichts ist dabei auf die Einhaltung inhaltlicher Standards zu achten, im Schreibunterricht – beim Verfassen von Aufsätzen – müssen zudem die formalen und kommunikativen Standards der jeweils zu verfassenden Textsorte erfüllt und die geforderte Schreibhaltung eingenommen werden. Während damit das Schreiben in anderen Fächern vor allem inhaltliche Anforderungen an die Schülerinnen und Schüler stellt, weil sie erworbenes Wissen wiedergeben müssen, stehen sie im Fach Deutsch zusätzlich vor der Aufgabe, ihr inhaltliches Wissen auch in der jeweils geforderten Textgestalt und Schreibhaltung zu präsentieren und dabei ihre thematischen Fähigkeiten, ihre Formulierungskompetenz, ihre allgemeine Sprachfähigkeit und ihre orthographische Fähigkeit gleichermaßen unter Beweis zu stellen.[236]

Häufig sehen sich die Schülerinnen und Schüler dabei einer weiteren nur schwer zu erfüllenden Anforderung gegenüber, weil die zu verfassenden Aufsätze oft zwei kommunikativen Situationen und zwei Zielen gleichzeitig genügen müssen, die unter Umständen nicht frei von Widersprüchen sind und die Schreibenden fast unweigerlich zu dysfunktionaler Sprachproduktion[237] zwingen. So erlaubt beispielsweise das Schreiben eines privaten Briefes an einen Freund oder eine Freundin einen umgangssprachlichen, alltäglichen Sprachstil, der in einem Schulaufsatz eigentlich zu vermeiden ist, weil der Adressat der Lehrende ist. Wohl wissend, dass sein Schreiben nicht privater Natur ist, muss der Schreibende bei der schulischen Schreibaufgabe „persönlicher Brief" dennoch so tun, als äußere er sich privat, was das Schreiben durchaus äußerst schwierig macht.

Echte Kommunikation über einen Sachinhalt findet jedoch beim Schreiben zu Lernkontrollzwecken in keinem Schulfach statt, weil die schreibenden Schülerinnen und Schüler den Rezipienten ihres Textes, den Lehrenden, nicht über einen Sachgegenstand aufklären oder von ihrer Ansicht über diesen überzeugen

---

[235] Brugger: Wissen schaffendes Schreiben, S. 86.
[236] Nach Fritzsche: Aufsatzdidaktik. Kritische und systematische Untersuchung zu den Funktionen schriftlicher Texte von Schülern, S. 67.
[237] Der Begriff findet sich bei Hoppe: Textschreiben und Aufsatzunterricht, in: Baurmann u. Hoppe (Hg.): Handbuch für Deutschlehrer, S. 286.

wollen oder müssen, obwohl sie über ihn schreiben, sondern nur über Ausmaß und Qualität ihres Wissens über den Gegenstand. Dies ist ein Grund dafür, dass viele Schülerinnen und Schüler in Schul- oder Stegreifaufgaben, insbesondere in den sogenannten „Sachfächern", dazu neigen, gelernte Fakten nur aufzuzählen und ohne besondere schriftsprachliche Ausgestaltung aneinander zu reihen, wollen oder müssen sie doch in kurzer Zeit möglichst viel von ihrem Wissen präsentieren, um eine gute Bewertung zu erhalten. Vorhandenes Wissen um Textsorten oder Schreibhaltungen, Textschemata und Schreibpläne, das durchaus im Schreibunterricht des Faches Deutsch erworben wurde, wird dabei oft nicht aktiviert und auf die aktuelle Schreibaufgabe übertragen, weil es in dieser Kommunikationssituation nicht wirklich von Bedeutung ist.

2.3.5 Dritte Konsequenz: Fächerübergreifender, zerlegender Schreibunterricht

a) Damit Schülerinnen und Schüler erkennen können, dass sie auch in anderen Fächern sehr viel und in außerschulischen Zusammenhängen oftmals auch sehr erfolgreich schreiben, und realisieren, dass ihnen im Schreibunterricht grundlegende Fähigkeiten für die Arbeit in allen Fächern vermittelt werden, müssen zu erlernende Schreibhaltungen und Textmuster auch an den Inhalten anderer Fächer bewusst erprobt werden.[238]

b) Da Schreiben verschiedene Funktionen erfüllen und dabei in unterschiedlichsten Formen realisiert werden kann, darf es nicht allein als die Verfertigung abgeschlossener Texte definiert werden. Dafür bedarf es eines den Schreibprozess „zerlegenden" Schreibunterrichts, der das Schreiben nicht in prozessorientierte, kognitive Einzelkomponenten auflöst,

> sondern [...] in mehrere (Schreib-)Handlungen zu einem Themenbereich; in Orientierungsphasen, die der Erweiterung und Veränderung des Wissens und der Perspektive dienen, und vor allem: in fundamentale, vor- und zwischengelagerte, möglichst viele Sinne berücksichtigende (kreative!), inhaltsbezogene Motivations- und Ausdifferenzierungsprozesse [...].[239]

Auf diese Weise können unterschiedliche Zugangswege zu einem (gedanklichen) Problem aufgezeigt und durch das Schreiben hilfreiche Methoden angeboten werden, die eigene, individuelle Lösungsstrategie zu finden.[240]

---

[238] Vgl. hierzu Hopf u. Steiner: Fächergrenzen überwinden – Gemeinsame Lehre für Geistes- und Naturwissenschaften, in: Nordmeier u. Oberländer (Hg.): Didaktik der Physik – Berlin 2005 (CD-ROM).
[239] Brugger: Wissen schaffendes Schreiben, S. 100f.
[240] Nach ebd., S. 56.

c) Wenn Schreibunterricht zerlegend und fächerübergreifend agiert, unterstützt er sowohl „die Entwicklung von Fähigkeiten, Fertigkeiten und Kenntnissen, die ein junger Mensch zum Schreiben braucht",[241] als auch die Ausbildung von Fähigkeiten, die beim und durch das Schreiben entstehen. So können Schülerinnen und Schüler erkennen, dass Schreiben mehr bedeutet als das Verfassen von Texten und dass es nicht immer schwierig sein muss, sondern ganz im Gegenteil auch dem Zweck dienen kann, Schwierigkeiten zu meistern.

> Es liegt [...] nicht eigentlich in der Natur des Schreibens, dass es schwierig und abstrakt sei, es liegt an dem, was man sich unter Schreiben oft ausschliesslich vorstellt, nämlich das Aufsetzen und Abfassen eines grösseren Textes, das mit vielen unzähligen mühsamen Planungsschritten verbunden ist, ehe das Resultat für gut befunden wird und realisiert werden kann. [...] Man schliesst von der Schwierigkeit, eine Rede zu halten, nicht auf das Alltagssprechen. Ebensowenig muss man von der Schwierigkeit, einen Aufsatz zu schreiben, auf das Alltagsschreiben schliessen.[242]

2.4 Das Wissen um den Schreibunterricht: Positionen der Aufsatz- und Schreibdidaktik

In den 1970er Jahren wurden (zum ersten Mal mit solcher Nachdrücklichkeit) der traditionelle Aufsatzunterricht durch die Fachdidaktik in Frage gestellt und „die **Normen und willkürlichen Setzungen** der traditionellen Aufsatzdidaktik entschieden abgelehnt".[243] Als Folge der damaligen Diskussionen bildeten sich in den nächsten Jahrzehnten drei Hauptkonzeptionen schulischen Schreibunterrichts heraus – die kommunikative Aufsatzdidaktik, das (personal-)kreative Schreiben und die prozessorientierte Schreibdidaktik, die mit Adressatenorientierung, Schreiberorientierung und Orientierung am Schreibprozess jeweils unterschiedliche Aspekte des Schreibens fokussieren und von diesen verschiedene Zielsetzungen und Methoden für den Unterricht ableiten.

Alle drei waren und sind recht wirksam und beeinflussen die Art der Schreibunterweisung im Deutschunterricht, wenngleich es ihnen trotz aller Anstrengungen bisher noch nicht gelungen ist, die gängige Praxis „produktfokussierter"[244] Schreiblehrgänge aus den Klassenzimmern zu verbannen und den Aufsatzunterricht zu einem Schreibunterricht werden zu lassen. Noch immer

---

[241] Ludwig: Vom Aufsatzunterricht zum Schreibunterricht. Zu einer notwendigen Veränderung des schulischen Schreibens, in: Baurmann u. Ludwig (Hg.): Schreiben – Schreiben in der Schule, S. 14.
[242] Häcki Buhofer: Schriftlichkeit im Alltag, S. 321 f.
[243] Schuster: Einführung in die Fachdidaktik Deutsch, S. 117.
[244] Merz-Grötsch: Schreiben als System, Bd. 1: Schreibforschung und Schreibdidaktik – ein Überblick, S. 188.

liegt „die Funktion schulischen Schreibens in erster Linie im Bewerten und Benoten schriftlicher Texte"[245] und noch immer bevorzugt die Praxis dafür abgeschlossene Textprodukte.

2.4.1 Kommunikative Aufsatzdidaktik

Eine erste Neuausrichtung des als unzureichend empfundenen Aufsatzunterrichts erfolgte in den 70er Jahren des letzten Jahrhunderts durch die kommunikative Aufsatzdidaktik.[246] Im Gegensatz zum bisherigen Aufsatzunterricht, der sich vor allem mit der Erarbeitung und Erfüllung formaler und stilistischer Normen zu beschäftigen schien und durch seine starre Einteilung der Aufsatzformen den Schreiblernenden nur in äußerst geringem Maße eigenständige Gestaltungsversuche zugestand, verfolgte sie deutlich eine sozial-aufklärerische, gesellschaftskritische Absicht. Schülerinnen und Schüler sollten (und sollen bis heute) durch Schreiberfahrungen in realen Sprachsituationen dazu befähigt werden, die (Macht-)Gesetze gesellschaftlich geprägter Kommunikation zu erkennen, zu verstehen und für ihre eigenen Zwecke zu gestalten.

Kommunikative Aufsatzdidaktik basiert auf dem Organon-Modell Bühlers und versteht Schreiben als interaktives und intentionales sprachliches Handeln zwischen mindestens zwei Kommunikationspartnern, das dem Ausdruck, der Darstellung oder dem Appell dienen kann und dessen Wirksamkeit sich in der konkreten Kommunikationssituation erweisen muss.[247] An den traditionellen schultypischen Schreibaufgaben Erzählung, Bericht, Beschreibung, Schilderung und Erörterung, die sie als willkürliche Setzungen empfindet, bemängelt kommunikative Aufsatzdidaktik die Lebensferne, den fehlenden Adressatenbezug und die Einseitigkeit der kommunikativen Funktionen, da die Appellfunktion in diesen nicht oder nur am Rande vorkommt. Deshalb versucht sie, die herkömmlichen Aufsatzarten, die sie als reine Schulformen versteht, weil sie in dieser Form im „realen" Leben nicht zu finden sind, hinter sich zu lassen, indem sie die kommunikative Intention des Schreibenden, die Situationsbedingungen und den Adressatenbezug in den Mittelpunkt stellt.

Daraus folgend sind nicht mehr Textsorten wie „Erzählung" oder „Bericht" und ihr jeweiliger sprachlicher Stil Gegenstand des Unterrichts, sondern Sprachhandlungen wie „Erzählen" oder „Berichten", die je nach Kommunikationssituation in unterschiedlichen Formen realisiert werden und daher zu verschiedensten Textprodukten führen können. Diese informierenden, appellierenden,

---
[245] Guber: Die Thema-Rhema-Struktur informativer Texte, S. 18.
[246] Nach Beisbart u. Marenbach: Einführung in die Didaktik der deutschen Sprache und Literatur, S. 158.
[247] Nach Spinner: Vom kommunikativen über den personalen Ansatz der Aufsatzdidaktik zum geselligen Schreiben, in: Paefgen u. Wolff (Hg.): Pragmatik in Sprache und Literatur, S. 78.

argumentierenden oder unterhaltenden Texte sollen möglichst nur in Realsituationen verfasst werden, in denen ein echter Schreibanlass gegeben ist.

> Schreiben kann nur eingesetzt und geübt werden in echten Situationen mit interessebesetzten Intentionen, konkreten Partnern gegenüber, bei denen Wirkungen erzielt werden sollen, von woher sich die Wahl eines bestimmten Soziolekts und einer Textsorte bestimmt.[248]

Echte Anlässe erfordern die Auseinandersetzung mit dem Adressaten, seinem Wissensstand und seinen Interessen und gleichzeitig die Entwicklung einer adäquaten Strategie, mit deren Hilfe das eigene Anliegen durchgesetzt werden kann. Dies gelingt jedoch nur, wenn der Schreibende über soziale Handlungsschemata verfügt und in der Lage ist, gedanklich einen Rollenwechsel vorzunehmen, sich seinen Leser bewusst zu machen, ihn richtig einzuschätzen und sich an dessen Erwartungen anzupassen. Aus der Erfahrung und dem Wissen heraus, „dass das Berücksichtigen der Sichtweise des Lesers notwendig bzw. hilfreich ist, um die eigenen kommunikativen Ziele zu erreichen",[249] muss der Textproduzent fähig sein,

> den Ergebnissen aus der Lesereinschätzung (Repräsentation des Lesers) durch eine geeignete Auswahl aus dem ihm zur Verfügung stehenden Repertoire an konventionalisierten Handlungsmustern (von dem Bereitstellen von Inhalten bis hin zur Formulierung) Rechnung zu tragen.[250]

Kommunikativ ausgerichteter Aufsatzunterricht kann zum Erwerb dieser sozialkognitiven Kompetenzen beitragen, er kann zudem die Abstraktionsfähigkeit fördern, weil die schriftliche, kontextunabhängige Kommunikation es erforderlich macht, auch die nicht-sprachlichen Elemente einer direkten Kommunikationssituation zu versprachlichen und den Kontext der Situation im schriftlichen Text überhaupt erst zu konstituieren. Darüber hinaus können die Reaktionen der Adressaten zu einer intensiven Auseinandersetzung mit den eigenen kommunikativen Fähigkeiten führen und die Reflexion über sprachliche Qualität und stilistische Angemessenheit des eigenen Textes anregen.

Dies alles kann jedoch nicht nur in realen Situationen erreicht werden, sondern verlangt auch nach simulierten, wie sich in den Folgejahren zeigte. Da sich nämlich die Forderung, Schreiben dürfe nur in realen Situationen zu konkreten Anlässen und mit echten Intentionen stattfinden, auf Dauer als nicht realisierbar erwies – weil dann beispielsweise Personen mit öffentlichen Aufgaben, Autorinnen und Autoren, Verlage, Zeitungen u. a. ständig auf Unmengen von Briefen, Anfragen, Bitten von Schülerinnen und Schülern hätten reagieren müssen – musste

---

[248] Boettcher u. a.: Schulaufsätze. Texte für Leser, S. 18.
[249] Jechle: Kommunikatives Schreiben. Prozess und Entwicklung aus Sicht kognitiver Schreibforschung, S. 55.
[250] Ebd.

das Konzept auch auf simulierte Schreibsituationen mit fiktiven Ansprechpartnern ausgeweitet werden. Auch in einem solchen Aufsatzunterricht, der nicht wirklich als kommunikativ, sondern „nur" als kommunikationsorientiert bezeichnet werden kann, konnte soziales Schriftsprachhandeln exemplarisch eingeübt werden, und dies zudem ohne die in einer realen Situation gegebene Gefahr des Scheiterns und dafür mit der umso größeren Möglichkeit systematischen Übens, sodass es nicht verwundert, dass nach diesem Konzept vielfach noch heute unterrichtet wird. Schulisches Schreiben erfährt dadurch eine realitätsnähere, vielleicht auch motivierendere Gestaltung, und die Schülerinnen und Schüler lernen Anhaltspunkte kennen, an denen sie die Ausgestaltung ihres Textproduktes sinnvoll orientieren können. Gleichzeitig birgt ein solcher Aufsatzunterricht aber auch die Gefahr der „Pseudo-Situation" und des „Pseudo-Adressaten", was demotivierend wirken und eine zwiespältige Schreibhaltung verursachen kann.

2.4.2 Personal-kreatives Schreiben

Da die Ausrichtung des Aufsatzunterrichtes allein auf Kommunikationssituationen aber ebenfalls einseitig ist, darüber hinaus auf Dauer wieder Gefahr läuft, die Schreiblernenden durch Formalismus und Normorientierung zu gängeln, und zudem wichtige Aspekte dessen, was Schreiben bedeuten kann, ausblendet, wurde eine neuerliche Korrektur des Aufsatzunterrichts notwendig. Diese setzte mit der verstärkten Aufnahme personal-kreativer Schreibformen[251] in den Unterricht ab den 1980er Jahren ein, die sowohl eine Wiederaufnahme und Weiterentwicklung der reformpädagogischen Konzeption des freien Schreibens bedeuten als auch den Versuch darstellen, neurochirurgische Forschungsergebnisse, die die unterschiedlichen Arbeits- und Denkweisen der beiden menschlichen Gehirnhälften beschreiben, für den Schreibunterricht und das Schreiben der Heranwachsenden fruchtbar zu machen.

Personal-kreatives Schreiben erweitert das Organon-Modell Bühlers um eine sprachspielerische, im weitesten Sinne rhetorische Funktion, und hebt den Beitrag des Schreibens zur Selbstreflexion und Identitätsbildung des schreibenden Subjekts hervor. Schreiben wird nicht mehr nur als funktionales Sprachhandeln in Kommunikationssituationen verstanden, sondern als spielerisches schriftliches Gestalten individueller Gedanken und Gefühle, als Ausdruck von Subjektivität und Individualität und als Möglichkeit für den Schreibenden, sich im Schreibakt seiner selbst und seiner Emotionen bewusst zu werden. Dies gelingt vor allem dann, wenn sich das „ganze" Subjekt in den Schreibakt einbringen kann, wenn es Zugang auch zu seinen Affekten und Emotionen findet und beide Gehirnhälften aktiviert. Schule und Schreibunterricht greifen traditionell vor

---

[251] Da personale und kreative Schreibformen sehr häufig eng miteinander verbunden sind und sich nicht deutlich voneinander trennen lassen, verwende ich in Anlehnung an Schuster die kombinierte Bezeichnung (vgl. Schuster: Einführung in die Fachdidaktik Deutsch, S. 127).

allem auf die linke Gehirnhälfte zu, die in erster Linie für begriffliches Denken zuständig ist, linear und regelgeleitet vorgeht und Informationen nacheinander verarbeitet, und vernachlässigen die für das bildhafte Denken zuständige rechte, obwohl der Mensch gerade den Zugriff auf die rechte Hemisphäre braucht, „um die anschaulicheren, vor allem die Vorstellungskraft anregenden bildlichen Qualitäten der Sprache – wie Wortbilder, Rhythmus, Metaphern und wiederkehrende Muster – wahrzunehmen und auszudrücken [...]."[252] Personal-kreative Schreibaufgaben versuchen daher, die unterschiedlichen Arbeits- und Denkweisen beider Gehirnhälften im Schreiben anzuregen und zu kombinieren, um durch ihr Zusammenspiel zu originellen Einfällen und ungewohnten, neuartigen Einsichten zu führen.

> Als „kreativ" kann man jedes Schreiben bezeichnen, das nicht in der Reproduktion von vorgegebenen Mustern besteht, sondern die eigene Gestaltungskraft der Schreibenden in Anspruch nimmt. [...] Man versteht darunter ein Schreiben, das primär auf den persönlichen Ausdruck und die Entfaltung der Phantasie zielt.[253]

Rein personales Schreiben dagegen stellt eine Schreibform dar, „in der das schreibende „Ich" selber im Mittelpunkt steht und *seine* Wahrnehmungen von sich selber, *seine* Wahrnehmungen von der Welt und *seine* Wahrnehmungen von den anderen im Schreibprozeß formuliert."[254] Es basiert auf der Beobachtung der außerschulischen Laienschreibbewegung, dass Schreiben oft auch ein Schreiben über sich selbst ist. „Die Schreibenden benutzen die Mittel der geschriebenen Sprache, um das, was sie innerlich bewegt, zu ihrer Entlastung und Entladung aus sich heraus zu schreiben und auch, um es gleichzeitig in sich einbeziehen zu können."[255] Eigene Erlebnisse, Gefühle und Gedanken, die „im Kopf" häufig nur diffus, nicht durchgängig sprachlich kodiert und oft in gegenseitiger Überlappung existieren, lassen sich im Schreibakt materialisieren und linearisieren; die schriftsprachliche Ausformung abstrahiert und präzisiert die vagen Vorstellungen. „Der Schreibvorgang dient der Objektivierung und Bewusstmachung innerer Zustände oder Vorgänge und ist ein Mittel der gedanklichen Verarbeitung."[256] Er ermöglicht es dem Schreibenden, zu sich selbst in Distanz zu gehen, quasi von außen auf das eigene Innere zu blicken und sich so selbst besser zu verstehen. „Im Prozeß der *Interpretation des eigenen Ich* leistet die Sprache die symbolische Repräsentation des Ich, das sich in diesem Vorgang

---

[252] Rico: Garantiert schreiben lernen. Sprachliche Kreativität methodisch entwickeln – auf der Grundlage der modernen Gehirnforschung, S. 17.
[253] Spinner: Kreatives Schreiben, in: Praxis Deutsch Sonderheft 1996: Schreiben: Konzepte und schulische Praxis, S. 82.
[254] Boueke u. Schülein: „Personales Schreiben". Bemerkungen zur neueren Entwicklung der Aufsatzdidaktik, in: Boueke u. Hopster (Hg.): Schreiben – Schreiben lernen, S. 283.
[255] Fröhling: Expressives Schreiben. Untersuchungen des Schreibprozesses und seiner Funktionen als Grundlage für eine Laienschreibdidaktik, S. 25.
[256] Ebd.

selbst gegenübertritt und so selbst auslegen kann."[257] Die Entäußerung im Schreibakt schafft Entlastung, die Reflexion über das materialisierte Schreibprodukt fördert die Selbsterkenntnis und trägt zur sozialen und persönlichen Identitätsgewinnung bei.[258] Schreibend kann sich das Individuum mit gesellschaftlichen und persönlichen Rollenerwartungen und -mustern auseinandersetzen, mit denen es konfrontiert wird und die zu übernehmen von ihm erwartet wird, schreibend kann es sich, ohne Sanktionen befürchten zu müssen, in verschiedenen Rollen erproben und auf diese Weise Einblick in eigene Wünsche, Ängste und Vorstellungen nehmen.

Kreative Schreibaufgaben geben den Schülerinnen und Schülern Gelegenheit, lustbetont, spielerisch und experimentierend mit Sprache umzugehen, personale Schreibaufgaben ermöglichen es ihnen, sich mit der eigenen Person auseinanderzusetzen. Ziel beider ist es, durch Überwindung eingefahrener Denk- und Wahrnehmungsmuster die Kreativität der Schülerinnen und Schüler zu fördern, d. h. die Fähigkeit, Neues hervorzubringen, Probleme auf ungewohnte Weise zu lösen und konvergentes und divergentes Denken zu verbinden.[259] Durch ungewöhnliche Schreibarrangements wollen sie zum Schreiben motivieren, dabei Schreibblockaden beheben und ein tieferes Selbst- und Fremdverstehen ermöglichen. Der Einsatz personal-kreativer Schreibformen im handlungs- und produktionsorientierten Literaturunterricht kann zudem dazu beitragen, ästhetische Kompetenz und literarisches Wissen und Verständnis zu erwerben.[260]

Dem spielerischen Charakter der meisten dieser personal-kreativen Schreibarrangements gelingt es, viele Schülerinnen und Schüler zum Schreiben zu motivieren, allerdings liegt genau darin auch die Problematik dieses Ansatzes. Allein als „Spielerei" verstanden und eingesetzt, läuft personal-kreatives Schreiben Gefahr, in seinem Eigenwert nicht ernst genommen und als weniger wichtig erfahren zu werden, denn „Schreibformen, die im schulischen Alltag nicht in die Note eingehen, werden [...] in der Regel von den Schülern als weniger bedeutsam erlebt."[261] Die didaktische Diskussion trägt nicht immer dazu bei, dieses Bild zu korrigieren, vor allem dann nicht, wenn die Frage erörtert wird, ob und in welcher Form personal-kreativ entstandene Schreibprodukte bewertet und personal-kreative Leistungen durch Schulnoten gewürdigt werden dürfen. „Ganz sicher ist eine außerordentliche Sensibilität auf Seiten des Lehrers und ein

---

[257] Schuster: Das personal-kreative Schreiben im Deutschunterricht, S. 33.
[258] S. hierzu Spinner: Identitätsgewinnung als Aspekt des Aufsatzunterrichts, in: ders. (Hg.): Identität und Deutschunterricht, S. 67ff.
[259] S. hierzu Schuster: Das personal-kreative Schreiben im Deutschunterricht, S. 31ff.
[260] Nach Fritzsche: Zur Didaktik und Methodik des Deutschunterrichts, Bd. 2: Schriftliches Arbeiten, S. 163f.
[261] Schuster: Das personal-kreative Schreiben im Deutschunterricht, S. 204. Vgl. hierzu auch die Ausführungen bei Schratz: Das retardierende Moment: Wie die Leistungsbeurteilung den pädagogischen Fortschritt hemmt, in: ide (Informationen zur Deutschdidaktik): Leistungsbeurteilung, H. 2 (1994), S. 23f.

von Konkurrenzdenken freies Klima unter den Schülern dafür ebenso unerlässlich wie z. B. der Verzicht auf jede Form einer Benotung."[262] Dies sei hier nur stellvertretend für eine gängige Argumentation vor allem im Hinblick auf personale Schreibprodukte angeführt, die leider meist auch in solch eine Folgerung mündet:

> Insofern ist personales Schreiben nach unserer Auffassung im „normalen" Unterricht tatsächlich nicht möglich. […] Was erforderlich ist, sind Freiräume, „Nischen", in denen die institutionellen Bedingungen der Schule wenigstens partiell aufgehoben sind – dabei kann es sich sowohl um Arbeitsgemeinschaften handeln wie auch um informelle Lese- und Besprechungsstunden für selbstverfasste Texte.[263]

Richtig ist, dass gerade die Produkte personalen Schreibens den Ausdruck subjektiver Befindlichkeit darstellen und daher im Unterricht sehr vorsichtig mit ihnen umgegangen werden muss. Richtig ist auch, dass „Kreativität" als Kompetenz nicht leicht zu fassen und als Leistung nur schwer zu messen und zu bewerten ist – was für einen Heranwachsenden eine individuelle kreative Sprachleistung ist, wirkt für einen Schreibexperten vielleicht nur wie die Kopie eines tradierten Klischees. Nicht richtig ist es dagegen, daraus den Schluss zu ziehen, personal-kreatives Schreiben insgesamt nur in schulischen Nischen stattfinden zu lassen, weil damit wertvolles Potenzial verschenkt würde. Viele der kreativen Schreibmethoden lassen sich als sinnvolle Schreibstrategien für jegliche Art des Schreibens – auch des Verfassens eher sachlich-informativer und vordergründig nicht personal-kreativer Textprodukte – nutzen und können die erfolgreiche Bewältigung einzelner Phasen des Schreibprozesses unterstützen.

2.4.3 Prozessorientierte Schreibdidaktik

Ein weiterer Richtungswechsel im Bereich des schulischen Schreibens wurde schließlich durch die prozessorientierte Schreibdidaktik vorgenommen, die sich auf wichtige Ergebnisse der kognitionspsychologischen Schreibforschung stützt, aus diesen didaktische und methodische Folgerungen zieht und mit eigenen Modellen und Untersuchungen wiederum auf die Schreibforschung Einfluss nimmt und diese weiterentwickelt.[264]

---

[262] Boueke u. Schülein: „Personales Schreiben". Bemerkungen zur neueren Entwicklung der Aufsatzdidaktik, in: Boueke u. Hopster (Hg.): Schreiben – Schreiben lernen, S. 297. Eine Gegenposition dazu findet sich bei Spinner: Kreatives Schreiben, in: Praxis Deutsch, H. 119 (1993), S. 17 ff.

[263] Boueke u. Schülein: „Personales Schreiben". Bemerkungen zur neueren Entwicklung der Aufsatzdidaktik, in: Boueke u. Hopster (Hg.): Schreiben – Schreiben lernen, S. 297.

[264] So hat prozessorientierte Schreibdidaktik die Bedeutung der motivationalen und der emotionalen Basis als wichtige Komponenten während des gesamten Schreibprozesses hervorgehoben, die Flower und Hayes in ihrem Modell noch nicht detailliert einbeziehen, bzw. nur zu Beginn der Textproduktion als steuernd ansehen. Vgl. hierzu beispielsweise Baurmann u. Ludwig: Texte überarbeiten. Zur Theorie und Praxis von Revisionen, in: Boueke u. Hopster (Hg.): Schreiben – Schreiben lernen, S. 255, und Kruse: Keine Angst vor dem leeren Blatt. Ohne Schreibblockaden durchs Studium, S. 58.

Grundlage der prozessorientierten Schreibdidaktik ist die aus den Schreibprozessmodellen stammende Vorstellung, dass Schreiben einen komplexen Problemlösevorgang darstellt, in dem Phasen der Ideensammlung, der Planung und Ordnung, des Schreibens und Formulierens und des Überarbeitens und Korrigierens unentwegt ineinandergreifen. Zwar muss der Schreibende diese Phasen während des Schreibprozesses nicht alle bewusst und in einer vorgegebenen Reihenfolge durchlaufen, aber es wird für den Erwerb von umfassender Schreibkompetenz als hilfreich angenommen, sich die einzelnen Phasen zu vergegenwärtigen und Strategien für deren erfolgreiche Durchführung zu trainieren. Die Phasen und Teilprozesse der Texterstellung, die in diesen vom Schreibenden durchzuführenden Tätigkeiten und die dabei zum Einsatz kommenden Strategien werden daher zum Gegenstand des Schreibunterrichts, sollte sich doch ein „Unterricht, der sich die Aufgabe stellt, junge Menschen in die Kunst des Schreibens einzuführen, […] v. a. den Aktivitäten zuwenden […], die das Texteschreiben eigentlich ausmachen."[265]

Das Erlernen und Üben der für das Schreiben konstitutiven Ideengenerierungs-, Planungs-, Formulierungs- und Revisionsstrategien fällt vielen Schreiblernenden leichter, wenn sie sich auf jeweils eine Phase konzentrieren können, sodass es didaktisch geboten ist, den Schreibprozess zu Lernzwecken zunächst zu zerlegen, die einzelnen Phasen durch geeignete Methoden bewusst zu machen und dabei durch möglichst vielseitige und unterschiedlich geartete Übungen allen Schülerinnen und Schülern die Aneignung von hilfreichen Schreibstrategien zu ermöglichen.

> Um den SchreiberInnen das Management ihres individuellen Schreibprozesses zu erleichtern, erscheint es sinnvoll, ihnen spezifische Schreibtechniken zur Verfügung zu stellen, um in den einzelnen Teilprozessen eine bewusste Wahl der sprachlichen Formulierungen zu ermöglichen. […] Schreibaufgaben werden segmentiert, bevor sie anschließend wieder in den umfassenden Schreibprozeß integriert werden.[266]

Denn gerade bei anspruchsvollen Schreibaufgaben kann es zum besseren Gelingen beitragen,

> die einzelnen Teilprozesse des Schreibvorgangs zu kennen und sie so weit wie möglich zeitlich zu entzerren – indem man beispielsweise das Korrigieren und Feilen an einem Text als gesonderten Arbeitsgang ganz an das Ende des Schreibprozesses stellt, anstatt sich von Anfang an mit Fragen des Ausdrucks und der Sprachästhetik zu belasten.[267]

Damit die komplexen Probleme, die im Schreibprozess insbesondere dann auftreten, wenn es gilt, bei der Einführung einer neuen Aufsatzart einen vollständi-

---
[265] Ludwig: Geschichte der Didaktik des Texteschreibens, S. 175.
[266] Pogner: Zum Stand der Dinge, in: ders. (Hg.): At skrive, schreiben, writing: Beiträge zur Schreibforschung und -didaktik, S. 6.
[267] Pyerin: Kreatives wissenschaftliches Schreiben. Tipps und Tricks gegen Schreibblockaden, S. 14.

Positionen der Aufsatz- und Schreibdidaktik

gen Text in Form einer vorher noch nicht verfassten Textsorte zu verfassen, auch von ungeübten Schreiberinnen und Schreibern bewältigt werden können, empfiehlt es sich also, „die heterogenen Anforderungen in überschaubare Phasen zu zerlegen, zunächst einige Schwierigkeiten einfach zu ignorieren und sie nacheinander zu überwinden."[268]

Besonderes Gewicht legt prozessorientierte Schreibdidaktik auf die Überarbeitungsphase. Während empirische Untersuchungen der Auswirkungen schulischen Schreibunterrichts deutlich zeigen, dass weder der traditionelle Aufsatzunterricht noch die etwas neueren Ansätze des kommunikativen und personalkreativen Schreibens Wert auf Überarbeitungen legen und nicht in ausreichendem Maße dazu führen, dass Schülerinnen und Schüler sinnvolle Revisionsstrategien einsetzen und ihre Texte durch intensive Überarbeitung qualitativ verbessern,[269] verweisen alle Modelle der Schreibprozessforschung auf die große Bedeutung, die das Überarbeiten für die Herstellung eines überzeugenden Textproduktes hat. Um dieses offensichtliche Defizit auszugleichen, untersucht und entwickelt prozessorientierte Schreibdidaktik unterrichtliche Methoden, die geeignet sein können, die „Revisionsunlust" der Lernenden zu überwinden. Als lohnend erweist sich beispielsweise das Konzept der Schreibkonferenz, das in den 1980er Jahren in England von Donald Graves entwickelt und erprobt und im deutschsprachigen Raum durch Gudrun Spitta verbreitet wurde.[270] Es kommt bisher zwar hauptsächlich in der Grundschule zum Einsatz, kann sich aber allmählich auch in der Sekundarstufe etablieren, weil es die kommunikative Funktion des Schreibens mit Prozessorientierung verbindet und so die Notwendigkeit und den Sinn von Überarbeitungen anschaulich erfahren lässt. Die bei Schreibexperten beobachtete Praxis, eigene Texte intensiven Revisionen zu unterziehen, um sie für die intendierten Adressaten adäquat zu verfassen, wird auf die Unterrichtssituation angewandt, weil zu erwarten ist, dass auch Schreibnovizen ihre Texte überarbeiten, wenn sie sich eines Adressaten bewusst sind.[271] Solange diese aber die Fähigkeit, den potentiellen Leser und seine Erwartungen zu antizipieren, noch nicht in ihre Schreibkompetenzen integriert haben, ihr Schreiben also – folgt man dem Modell Bereiters – von assoziativen und performativen Strategien dominiert wird, bedürfen sie einer realen Situation, die ihnen die Leserperspektive vor Augen führt und ihnen so die Bedeutung des Überarbeitens aufzeigt. In kleinen Gesprächsrunden, den Schreibkonferenzen, beraten daher Schülerinnen und Schüler ihre Texte mit anderen, sie erfahren, welche Stellen aus Leserperspektive gelungen wirken und welche verbesserungsbedürftig sind, und können anhand der Rückmeldungen entweder alleine oder in Kooperation

---
[268] Fix: Textrevisionen in der Schule, S. 12.
[269] Vgl. hierzu Winter: Traditioneller Aufsatzunterricht und kreatives Schreiben, S. 24.
[270] Vgl. hierzu Spitta: Schreibkonferenzen in Klasse 3 und 4. Ein Weg vom spontanen Schreiben zum bewussten Verfassen von Texten.
[271] Nach ebd., S. 21.

mit anderen Revisionen vornehmen, bevor der endgültige Text veröffentlicht oder präsentiert wird.[272] Die Arbeit in einer Schreibkonferenz schärft auf Dauer das Bewusstsein der Schülerinnen und Schüler für die Leserperspektive und trägt dazu bei, dass sie allmählich routinierter den intendierten Leser antizipieren. Gleichzeitig verdeutlicht sie die Prozesshaftigkeit des Schreibens, da Phasen des Entwerfens und Formulierens und Phasen des Überarbeitens und Revidierens deutlich voneinander getrennt durchlaufen werden.

Ziel dieses prozessorientierten Schreibunterrichts, der durch die Zerlegung quasi in „Zeitlupe"[273] abläuft, ist es, eine „möglichst vielseitige Entwicklung, Ausbildung und Entfaltung der Schreibpotentiale junger Menschen"[274] zu ermöglichen. Damit steht – ähnlich einer der Forderungen von kommunikativer Aufsatz- und personal-kreativer Schreibdidaktik – „nicht mehr die Einübung einiger Aufsatzformen, [...] nicht die Erfüllung vorgegebener Normen, sondern die Etablierung eines Vermögens"[275] eindeutig im Vordergrund, und zwar des Vermögens, sich selbst Schreibziele zu setzen und diese schreibend zu erfüllen.

2.4.4 Vierte Konsequenz: Verknüpfung und Ausweitung schreibdidaktischer Ansätze

a) Schülerinnen und Schüler müssen lernen, sowohl kommunikative als auch kreative und prozessorientierte Zugänge zum Schreiben gewinnbringend zu nutzen, da verschiedene Schreibaufgaben auf je individuelle Art und Weise gelöst werden können und sich dabei nicht immer dieselben Schreibstrategien und dieselbe Abfolge von (Teil-)Tätigkeiten als hilfreich erweist. Dies gelingt nur, wenn Schreibunterricht diese als gleichberechtigt und gleichwertig vermittelt.

b) Da schulische Schreibunterweisung das Ziel verfolgt, alle Schülerinnen und Schüler die für sie geeigneten Schreibstrategien finden zu lassen, muss sie viele verschiedene Zugangsweisen und Aneignungswege bieten, die möglichst alle Funktionen des Schreibens erfahrbar machen und lernen lassen.

c) Dafür müssen – ebenso wie die wissenschaftlichen Erkenntnisse aus Linguistik und Schreibforschung – auch die Methoden der vorgestellten schreibdidaktischen Ansätze, die jeweils nur auf Teilaspekte des Schreibens Bezug nehmen, miteinander kombiniert werden und als strategisches Handlungswissen für einzelne Phasen des Schreibprozesses vermittelt werden. Nur so kann adäquat auf die individuellen kognitiven und emotionalen Lernbedürf-

---

[272] Nach Fix: Textrevisionen in der Schule, S. 13f.
[273] So der treffende Titel eines Aufsatzes von Pogner (vgl. Pogner: Schreiben in Zeitlupe. Theorie und Praxis einer Didaktik des fremdsprachlichen Textens, in: ders. (Hg.): At skrive, S. 83–105).
[274] Baurmann u. Ludwig: Praxis Deutsch und der neuere Schreib- und Aufsatzunterricht, in: Praxis Deutsch Sonderheft 1996, S. 3.
[275] Ebd.

nisse und Schreibwege der Schreiblernenden und die unterschiedlichen Anforderungen einzelner Schreibaufgaben reagiert und der größtmögliche Lernzuwachs ermöglicht werden.[276]

d) Da Schreibunterricht die Aufgabe hat, alle Leistungen des Schreibens zu vermitteln, darf er sich nicht nur auf das kommunikative, personal-kreative oder prozessorientierte Verfassen abgeschlossener Texte beschränken, sondern muss auch das epistemische Schreiben, das schreibende Denken, trainieren.[277] Weil dieses auch und gerade durch personal-kreative Methoden angebahnt werden kann, sollten solche Verfahren im Schreibunterricht verstärkt zum Einsatz kommen und als hilfreiche Schreibstrategie zur Erkenntnisgewinnung bewusst gemacht werden.

2.5 Das Wissen der Schreiblernenden: Vorstellungen vom Schreiben

Für eine umfassende Klärung dessen, was Schreiben bedeutet, müssen neben den Vorstellungen sehr erfahrener Schreiberinnen und Schreiber, die als Schreiblehrende tätig sind, auch die Vorstellungen der Schreiblernenden untersucht werden, weil sich daraus Schlussfolgerungen über die Auswirkungen von Schreibunterricht ziehen lassen. Sie decken auf, wie wirksam Schreibunterricht ist, in welchem Maß es ihm gelingt, Lernenden den individuellen Nutzen des Schreibens zu vermitteln, und an welchen Stellen er sich verändern sollte.

2.5.1 Methodischer Ansatz und untersuchter Personenkreis

Im Rahmen der vorliegenden Untersuchung wurden dafür 49 Lehramtsstudierende für das Fach Deutsch in der Hauptschule, der Realschule oder dem Gymnasium schriftlich zu ihren Erfahrungen und Vorstellungen vom Schreiben befragt (2004). Dabei wurden die Studierenden jeweils um eine schriftliche Beantwortung zumeist offener Fragen gebeten, um ihre individuellen, von anderen unbeeinflussten Stellungnahmen zu erhalten, weil gerade solche persönlichen Aussagen aufzeigen können, ob und worin sich Erfahrungen mit schulischem Schreibunterricht ähneln und unterscheiden und ob bei Schreiblernenden mit ähnlichen Erfahrungen dieselben kognitiven Vorstellungen zum Schreiben ausgebildet werden. Vorgaben für die Bearbeitungsdauer erfolgten dabei nicht, damit alle in ihrem individuellen Tempo schreiben konnten.

---

[276] Für die Grundschule hat dies bereits Winter nachgewiesen (vgl. Winter: Traditioneller Aufsatzunterricht und kreatives Schreiben, v. a. S. 100, 132, 145 und 200).

[277] Dass dieses bisher in Schreibunterricht und Schreibdidaktik fast keine Rolle spielt, wird auch an der Rezeption des von Ingendahl 1972 vertretenen heuristischen Ansatzes deutlich (vgl. Ingendahl: Aufsatzerziehung als Hilfe zur Emanzipation, Didaktik und Methodik schriftlicher Sprachgestaltung). Dieser wurde in der didaktischen Forschung nur wenig diskutiert, sodass eine Weiterentwicklung seiner unterrichtlichen Überlegungen ausblieb, obwohl diese durchaus fruchtbar hätte sein können.

Die Studierenden wurden ausgewählt, weil ihre Aussagen Auskunft darüber geben können, welche Vorstellungen ein kompletter Durchlauf des schulischen Schreibcurriculums verursacht. Alle befragten Studierenden befinden sich mitten im Studium und sind damit als erfahrene Schreiberinnen und Schreiber anzusehen, die jedoch ihre Schreibentwicklung noch nicht vollständig abgeschlossen haben – vor allem in Bezug auf das wissenschaftliche Schreiben sind sie noch immer Schreiblernende. Ihre schulische Schreibausbildung liegt noch nicht lange zurück, sodass sie sich noch gut an den Schreibunterricht erinnern können, ihre Beschäftigung mit schreibdidaktischen Theorien regt sie an, eigene Schreiberfahrungen mit wissenschaftlichen Modellierungen zu vergleichen und sich den Schreibunterricht, den sie erlebt haben, bewusst zu machen und zu reflektieren.

Da die Befragten nicht nach statistisch validen Maßstäben, sondern nach rein qualitativen Kriterien für die Fragestellung der vorliegenden Arbeit ausgewählt wurden, dürfen ihre Aussagen und die Ergebnisse der Analyse nicht verallgemeinert werden. Sie können jedoch erste Hinweise darauf geben, wie Schreibunterricht von Betroffenen erlebt wird, sie erlauben durchaus vorsichtige Schlussfolgerungen und sind damit als eine weitere Grundlage für die Entwicklung eines anderen Schreibunterrichts geeignet.

2.5.2 Bedeutung des Schreibens für Schreiblernende

Für die Studierenden steht die kommunikative Funktion des Schreibens im Vordergrund („fördert Kommunikation"),[278] allerdings ist diese nicht nur privater, der sozialen Kontaktpflege dienender („Freunden Nachricht zukommen lassen"), sondern in gleichem Maße auch beruflich-alltäglicher („Anliegen auf Ämtern loswerden") und universitärer Natur („Studium erfordert das" – „andere überzeugen"). Daneben dient das Schreiben den befragten Studierenden in hohem Maße als Gedächtnisstütze, sie schreiben, um sich an bestimmte Dinge zu erinnern („Terminplaner", „Notizen", „Einkaufszettel schreiben"). Zahlreiche Studierende bedienen sich auch der epistemischen Funktion des Schreibens, sie setzen es bewusst ein, um private („Aufarbeiten von Problemen", „Dinge geistig ordnen") oder universitäre Fragestellungen zu klären und Aufgaben zu erledigen („Lösungen finden", „Mittel zum Zweck: Lernen durch Aufschreiben"). Ähnliches gilt für die Möglichkeiten, sich über das Schreiben seiner eigenen Gefühle und Gedanken, seiner persönlichen Identität zu versichern und die eigene Kreativität zu erproben, auch diese Möglichkeiten sind den angehenden Deutschlehrkräften wichtig und werden von ihnen vielfältig genutzt („Ausdruck des Innersten", „sich etwas von der Seele schreiben", „Spiel mit Sprache",

---

[278] Alle Zitate in diesem Kapitel entstammen den schriftlichen Antworten der Studierenden, der besseren Lesbarkeit halber wurden alle orthographischen und zusätzlich einige der grammatischen Fehler behoben. Eine zusammenfassende Übersicht der Fragen und Antworten findet sich in Anhang 1.

„sprachkünstlerisch tätig sein"). Nur für wenige Studierende bedeutet das Schreiben vordergründig Anstrengung und Pflichterfüllung („Stress", „dauert lange"), viele betonen dagegen eher den Spaß und die befreiende Wirkung, die das Schreiben ihren Erfahrungen nach besitzt („schreibe gerne", „Entspannung"). Insgesamt fällt bei den Studierenden auf, dass sie das Schreiben nicht in beruflich-universitäres und privates Schreiben trennen, kommunikative und memorative Funktion, Selbstausdruck und epistemisches Schreiben finden in beiden Bereichen gleichermaßen statt und haben in beiden ihre Berechtigung.

Weniger positiv fallen die Antworten der Studierenden zum schulischen Schreibunterricht aus. Sie deuten an, dass während der Schulzeit gedanklich stark zwischen dem schulischen, institutionellen und dem individuellen privaten Schreiben getrennt wird und nicht alle Schreibfunktionen in beiden Bereichen zum Einsatz kommen. Anders als das private Schreiben ist das schulische Schreiben bei vielen zudem oft sehr negativ besetzt und verfolgt in den Augen der Betroffenen vor allem das Ziel, vorhandene oder nicht vorhandene Leistungsfähigkeiten an stets vorgegebenen und gelegentlich nicht nachvollziehbaren Maßstäben zu messen und zu kontrollieren, wie die Erfahrungen aus der eigenen Schulzeit zeigen, von denen die Studierenden berichten („Zwang", „wenig Platz für eigene Gedanken", „Eintrichtern gewisser Formschemata", „Konvention, Konvention, Konvention", „wenig Kreatives", „Immer sehr abgehackt: Thema – Schulaufgabe – neues Thema", „Ich wusste nie, warum meine Aufsätze gut oder schlecht waren."). Dass sich selbst denjenigen Schreiblernenden, die eine eher positive Einstellung zum Deutschunterricht besitzen und seine Inhalte durchaus als sinnvoll empfinden,[279] der eigentlich intendierte Sinn schulischen Schreibunterrichts und Schreibens nicht zu erschließen scheint, stimmt bedenklich und ist ein deutliches Indiz dafür, dass Schreibunterricht nicht immer das bewirkt, was er bewirken soll: Er wird von den Schreiblernenden häufig nicht als Hilfe erfahren, führt nicht bei allen zu einer gleichmäßigen Ausbildung aller denkbaren Schreibfunktionen und kontinuierlichen Erweiterung individueller Schreibfähigkeiten und unterstützt die persönliche Schreibentwicklung nicht stetig. Er verhilft nicht allen Schreiblernenden dazu, ein realistisches Selbstbild und adäquate Beurteilungs- und Bewertungskriterien für die Qualität eigener Schreib- und Textgestaltungskompetenzen zu entwickeln.[280]

---

[279] Drei Viertel der Studierenden zählen das Fach Deutsch zu den Schulfächern, die ihnen in der Schule am besten gefielen. S. Anhang 1.

[280] Dies sei an einem Beispiel illustriert: So darf z. B. die eigene Schreibfähigkeit nicht in erster Linie am Rechtschreibkönnen abgelesen werden, da eine korrekte Orthographie für die Textqualität nur von untergeordneter Bedeutung ist. Gerade dieses wird jedoch in zahlreichen Antworten der Studierenden als ein wichtiges Kennzeichen von Schreibkompetenz genannt, sodass sie sich z. B. trotz wenig kreativer Ideen und Gedanken in ihren Texten wenigstens ein mittelmäßiges Schreibkönnen attestieren, wenn sie die Rechtschreibung perfekt beherrschen („Rechtschreibung und Grammatik gut, aber chaotische Denkmuster, keine kreativen Ideen"). S. Anhang 1.

Schulischer Schreibunterricht birgt vielmehr die Gefahr, dass sich gerade bei denjenigen Lernenden, die sich als eher erfolglose schulische Schreiberinnen und Schreiber empfinden, bereits gebildete Vorstellungen über das eigene Schreibkönnen verfestigen, sodass zu befürchten ist, dass ihnen weder die Notwendigkeit noch die positiven Folgen des Schreib-Arbeitens, -Erprobens und -Übens und die Aneignung von Schreibstrategien für die Ausbildung von Schreibkompetenz bewusst werden.

2.5.3 Fünfte Konsequenz: Vermittlung des Schreibens als hilfreicher Technik zur konstruktiven Auseinandersetzung mit Wirklichkeit

a) Damit sich die Vorstellung nicht verfestigt, Schreiben sei nur dann sinnvoll und gelungen, wenn es unter erheblichen kognitiven Anstrengungen zu einem abgeschlossenen Textprodukt führt, was gerade von wenig selbstbewussten Schreiberinnen und Schreibern oft mit einem Gefühl der Überforderung und des Scheiterns konnotiert wird, muss schulischer Schreibunterricht auch andere Formen des Schreibens zulassen. Nur wenn Schreibkompetenz und Textgestaltungskompetenz nicht gleichgesetzt werden, haben Lernende die Möglichkeit, vielfältige Vorstellungen vom Schreiben zu entwickeln und so das Schreiben als hilfreiche und bedeutsame Technik zur konstruktiven Auseinandersetzung mit Wirklichkeit zu erfahren.

b) Schreibunterricht muss verdeutlichen, dass jede Schreibfunktion sowohl im privaten als auch im schulischen Bereich bewusst eingesetzt und gewinnbringend für eigene Zielsetzungen genutzt werden kann. Dafür muss Schreibunterricht auch das private Schreiben der Lernenden zur Grundlage seiner Arbeit und gelegentlich auch zum konkreten Lerngegenstand machen.

c) Auf diese Weise kann er den Schülerinnen und Schülern helfen, sich selbst als Schreibende realistisch einzuschätzen. Erst auf der Basis eines solchen stimmigen Selbstbildes können Schreiblernende allmählich eine reflexive, entwickelte Schreibkompetenz ausbilden, die es ihnen ermöglicht, individuelle Zielsetzungen schreibend zu erreichen.

3. Schreibenlernen im gymnasialen Aufsatzunterricht – Situationsanalyse und weitere Handlungskonsequenzen

Dieses Kapitel untersucht exemplarisch den gegenwärtigen Schreibunterricht im bayerischen Gymnasium und die zugehörigen strukturellen Bedingungsfelder: Lehrplan, Unterrichtspraxis in Deutsch und anderen Fächern, Schulaufgaben. Dabei werden diejenigen Faktoren analysiert, denen alle staatlichen Gymnasien in Bayern aufgrund rechtlicher Vorgaben unterliegen und die daher für alle dieselben sind. Daneben sind aber auch die persönlichen Erfahrungen von Betroffenen von Bedeutung, weil nur sie konkrete Aussagen zu der von ihnen erlebten Unterrichtspraxis machen können. Gefragt wird also, was auf welche Weise zu welchen Zwecken unterrichtet wird und wie die wachsende Schreibkompetenz und die sich entwickelnde Textgestaltungskompetenz der Schülerinnen und Schüler überprüft und bewertet werden. Erst nach dieser Bestandsaufnahme können weitergehende Schlüsse für die Zukunft gezogen werden.

Ganz bewusst wird in diesem Kapitel auch der Begriff „Aufsatzunterricht" verwendet, der in Lehrplänen und Didaktik inzwischen eher vermieden wird, weil die schulische Praxis zeigt, dass das Hauptaugenmerk des Schreibunterrichts noch immer auf dem Verfassen von abgeschlossenen Texten in guter Gestalt – Aufsätzen – liegt.

3.1 Der Lehrplan für das bayerische Gymnasium

3.1.1 Wünsche und Erwartungen an einen überarbeiteten Lehrplan im Bereich „Schreiben"

In dem Bewusstsein, dass der Inhalt eines Lehrplans, das zu vermittelnde „Schulwissen [...] in zweifacher Hinsicht gesellschaftlich bestimmt"[1] ist, abhängig davon, „was überhaupt in einer Gesellschaft als Wissen gilt, wie davon, was für bestimmte Schülerpopulationen als wissenswert erachtet wird",[2] führte das Staatsinstitut für Schulpädagogik und Bildungsforschung (ISB)[3] im Jahr 2000 eine Befragung unter knapp 4000 bayerischen Gymnasiallehrerinnen und -lehrern, Schülerinnen und Schülern, Eltern, Vertreterinnen und Vertretern der Wirtschaft und der Wissenschaft durch,[4] um herauszufinden, welche Inhalte und Ziele ein neuer Gymnasiallehrplan beinhalten und verfolgen sollte. Alle gesellschaftlichen Gruppen hatten so die Möglichkeit, in ihrem Sinne Einfluss auf die durch die Staatsregierung beschlossene Überarbeitung des Lehrplans zu nehmen.

Da die Ergebnisse der Befragung wichtige Indizien über den Zustand des bayerischen Gymnasiums enthalten und seine Stärken und Schwächen aufzeigen, werden die interessantesten Resultate im Folgenden näher beschrieben. Neben

---
[1] Gaebe: Lehrplan im Wandel. Veränderungen in den Auffassungen und Begründungen von Schulwissen, S. 57.
[2] Ebd.
[3] Jetzt „Staatsinstitut für Schulqualität und Bildungsforschung".
[4] Insgesamt beteiligten sich 3818 nach dem Zufallsprinzip ausgewählte Personen an der Fragebogenaktion (vgl. Müller: Erwartungen an den Lehrplan des Gymnasiums, Bd. 1, S. 13).

Befragung v. bay. Deutschlehrern

den eher allgemeineren Aussagen aller Befragten über Stellenwert und Zielsetzung des Gymnasiums sind dabei im Zusammenhang mit der Fragestellung der vorliegenden Arbeit die Äußerungen der Deutschlehrerinnen und -lehrer[5] über ihr eigenes Fach besonders relevant – gilt doch Deutsch im allgemeinen als das Fach, das vor allen anderen die Aufgabe hat, mündliche und schriftliche Sprachkompetenz zu vermitteln. Die Aussagen der Fachlehrerinnen und -lehrer können somit Aufschluss über die gegenwärtige Situation des Schreibunterrichts am Gymnasium geben.

Die befragten Personen betrachten es als eine der wichtigsten Aufgaben des Gymnasiums, das „Denken in Zusammenhängen" zu lehren und die „Kommunikationskompetenz"[6] zu steigern, – allerdings unter der Voraussetzung, dass die Heranwachsenden, die in das Gymnasium aufgenommen werden, bereits über „Kommunikationsbereitschaft"[7] verfügen, was besonders auch aus den Reihen der befragten Deutschlehrerinnen und -lehrer angemerkt wird.[8] Nicht verwunderlich ist es daher, dass 89,6% aller Lehrkräfte in der Pflege der deutschen Sprache – und darunter ist der Sprachgebrauch in Wort und Schrift zu verstehen – eine unverzichtbare Bildungsaufgabe des Gymnasiums sehen, die auch weiterhin im Lehrplan verankert bleiben sollte.[9]

---

[5] „Für das Fach Deutsch wurden 200 Lehrkräfte angeschrieben, weiterhin 60 Seminarlehrkräfte und 11 weitere Personen. Für die Auswertung lagen insgesamt 216 Fragebogen vor […]." (Müller: Erwartungen an den Lehrplan des Gymnasiums, Bd. 2, S. 71), was einem Rücklauf von 79,7% entspricht. Die „Aussagen der Deutschlehrkräfte" beziehen sich im Folgenden immer auf die Antworten aller teilnehmenden Befragten dieser Gruppe. Da die Dokumentation nur die Ergebnisse aus den geschlossenen Fragen der Fragebögen enthält (s. hierzu Müller: Erwartungen an den Lehrplan des Gymnasiums, Bd. 2, S. 5), fließen die Antworten auf die offenen Fragen zum Fach Deutsch nicht in die Darstellung ein.

[6] Vgl. Müller: Erwartungen an den Lehrplan des Gymnasiums, Bd. 1, S. 48f.

[7] Vgl. ebd., S. 64.

[8] Vgl. ebd., S. 158.

[9] Vgl. ebd., S. 74f. Interessant sind in diesem Zusammenhang auch die Ergebnisse einer ähnlichen Befragung aus dem Jahr 1987, in der das ISB vor der Erstellung und Einführung der gymnasialen Fachlehrpläne (1992) ebenfalls die Erfahrungen der Gymnasiallehrkräfte mit den damals geltenden Lehrplänen erhob. Hier gaben die 2968 Lehrkräfte, die den Fragebogen ausgefüllt hatten, die sprachliche Bildung nicht als eines der wichtigsten Ziele an, in nur 6 von 1040 Nennungen wird sie als zusätzliches Bildungs- und Erziehungsziel erwähnt (vgl. Müller: Das Gymnasium und seine Lehrpläne – Bericht über eine Erhebung zu den zwischen 1974 und 1988 veröffentlichten Lehrplänen für das Gymnasium, Bd. 1, S. 27).
Ein ähnliches Bild zeigte sich bei den Mitgliedern der Landesarbeitsgemeinschaft Schülermitverantwortung, die im Oktober 1988 gemeinsam mit Fachreferenten des ISB zum Thema Lehrplanüberarbeitung tagten. Sie forderten zwar, bestimmte Arbeitstechniken, wie z. B. Mitschrift, Texterschließung, Exzerpieren, als Ziele im Lehrplan zu verankern, verstanden dies aber eher als eine Voraussetzung für ein späteres Studium und maßen dem Aspekt der Sprachpflege keine große Bedeutung bei (vgl. Müller: Das Gymnasium und seine Lehrpläne, Bd. 2, S. 521). Ein stärkeres Bewusstsein für die Aufgabe des Gymnasiums, die mündliche und schriftliche Sprachkompetenz der Heranwachsenden zu fördern, bildete sich offenbar erst im letzten Jahrzehnt heraus. Dies gründet in den im Unterricht inzwischen bemerkbaren Auswirkungen des gestiegenen und veränderten Medienangebots, mit dem Kinder und Jugendliche heute aufwachsen und das ihnen rund um die Uhr zur Verfügung steht. Viele Jugendliche rezipieren – anders als noch die Schülergeneration vor

Aufgefordert, die im Lehrplan bisher genannten Ziele des Deutschunterrichts zu gewichten, bewerten die Deutschlehrerinnen und -lehrer besonders den Bereich „Schriftlicher Sprachgebrauch" als sehr wichtig. Alle in ihm enthaltenen Lernziele rangieren unter den ersten zehn, die Lernziele „Befähigung zur sicheren, differenzierten, situationsgerechten und bewussten Verwendung der Muttersprache in Wort und Schrift" und „Befähigung zum eigenständigen Denken und zur Formulierung begründeter und ausgewogener Urteile" erreichen sogar Platz Eins und Zwei. Keiner der übrigen Lernbereiche („Mündlicher Sprachgebrauch, Sprachlehre, Sprachbetrachtung", „Literatur und Sachtexte", „Arbeitstechniken, Kompetenzen" und „Haltung") erreicht ein ähnliches Ergebnis, sie alle enthalten auch Lernziele, die nur als „wichtig" oder gar „weniger wichtig" eingestuft werden.[10] Aus Kindern und Jugendlichen kompetente Schreibende zu machen ist damit in den Augen der Deutschlehrerinnen und -lehrer herausragendes Ziel des gymnasialen Deutschunterrichts.

Die Antworten zu weiteren Fragenkomplexen deuten jedoch auf eine latente Unzufriedenheit mit dem Schreibunterricht hin, besonders die Aussagen zur Zufriedenheit mit dem Lehrplan, seiner Erfüllbarkeit und zum früheren oder späteren, stärkeren oder schwächeren Einsatz von Lerninhalten sind ein Indiz dafür.

Während die überwältigende Mehrheit – im Durchschnitt mehr als 90% – der befragten Deutschlehrkräfte mit dem Lehrplan für die Jahrgangsstufen 5 – 7 sehr bzw. eher zufrieden ist, liegt die Zustimmungsrate für die Fachlehrpläne der Jahrgangsstufen 8 – 13 deutlich niedriger.[11]

Eine erste Begründung für diese negative Einschätzung findet sich in der Beurteilung des Anspruchsniveaus des Lehrplans, das ab Jahrgangsstufe 9 von jeweils mindestens 15% der Deutschlehrkräfte als zu hoch eingeschätzt wird.[12] Eine weitere Erklärung bieten die Antworten auf die Frage nach der Erfüllbarkeit des Lehrplans. Während sich die Fachlehrpläne der Unter- und frühen Mittelstufe nach Ansicht von jeweils mehr als 80% der befragten Deutschlehrerinnen und -lehrer gut erfüllen lassen, sinkt dieser Wert in den Jahrgangsstufen 9–13 signifikant ab, zwischen 30 und 45% der Befragten, also jeweils mindestens ein Drittel, sehen diese Lehrpläne als kaum, bzw. nicht erfüllbar an.[13] Unzufriedenheit, zu hohes Anspruchsniveau und mangelnde Erfüllbarkeit gründen zum einen wohl in der knappen Stundenzahl, die dem Fach Deutsch zugestanden wird – so sind es

---

20 Jahren, als das Privatfernsehen sich erst allmählich etablierte – täglich eine Vielzahl von Fernsehsendungen oder besuchen Internetseiten, deren sprachliches Niveau oftmals nicht besonders hoch ist, an denen sie sich aber dennoch orientieren: Wie die täglichen Erfahrungen vieler Lehrkräfte sowohl mit mündlichen als auch schriftlichen Schülerbeiträgen zeigen, neigen viele Kinder und Jugendliche dazu, den Sprachgebrauch populärer Sendungen und Seiten unreflektiert zu übernehmen.

[10] Vgl. Müller: Erwartungen an den Lehrplan des Gymnasiums, Bd. 1, S. 72f.
[11] Vgl. Müller: Erwartungen an den Lehrplan des Gymnasiums, Bd. 2, S. 74.
[12] Vgl. ebd.
[13] Vgl. ebd., S. 75.

in Jahrgangsstufe 9 und 10 derzeit gerade einmal 3 Wochenstunden, im G8 erhöht sich die Wochenstundenzahl in Jahrgangsstufe 9 um eine, in Jahrgangsstufe 10 bleibt es bei 3 Deutschstunden in der Woche –, zum anderen in der großen Zahl unterschiedlichster Schulaufgaben, Hausaufsätze und Übungsaufsätze, die vorgeschrieben ist und deren Vorbereitung, Besprechung und Überarbeitung sehr viel Zeit bindet, die damit für andere Inhalte verloren ist. Schulischer Schreibunterricht mit seinen unterschiedlichen zu erstellenden Textsorten wird von allen befragten Deutschlehrkräften als äußerst wichtig angesehen, kann aber angesichts der oft geringen Wochenstundenzahl und der vorgeschriebenen Schulaufgaben und Übungsaufsätze offenbar nicht immer in befriedigender Weise realisiert werden.

Interessant sind in diesem Zusammenhang auch die Ergebnisse der Frage nach den Unterrichtsmethoden, die die befragten Deutschlehrkräfte gern häufiger, bzw. seltener verwenden würden. Ungefähr 80% gaben hier an, lieber seltener Lehrervorträge einsetzen zu wollen, sehr viele würden lieber öfter auf solche Unterrichtsformen und -methoden zurückgreifen, die soziale Kompetenzen, Eigeninitiative und individuelles Lernen fördern, wie z.B. Partnerarbeit (ca. 85%), Gruppenarbeit (ca. 80%), handlungsorientierter Unterricht (ca. 70%) oder Projektarbeit (ca. 72%).[14] Dass die meisten der befragten Deutschlehrkräfte gern in stärkerem Maße als bisher andere methodische Wege gehen würden, lässt vermuten, dass sie von der Wirksamkeit eines vor allem lehrerzentrierten Unterrichts nicht völlig überzeugt sind. Gleichzeitig ist es ein Indiz dafür, dass Deutschunterricht dennoch oft in dieser Form praktiziert wird – auch der schulische Schreibunterricht ist offenbar von der Lehrkraft dominiert.

Die Lehrplanbefragung zeigt damit deutlich: Schreibunterricht wird als äußerst wichtig angesehen, die Förderung der Schreibkompetenz (v.a. verstanden als Textgestaltungskompetenz) stellt in den Augen aller Beteiligten eine der Hauptaufgaben des Deutschunterrichts dar, die es auch in Zukunft zu erfüllen gilt. In seiner jetzigen Gestalt erweist sich der Schreibunterricht jedoch als nicht völlig zufriedenstellend und scheint nicht dazu angetan, alle Schülerinnen und Schüler zu kompetenten Schreibenden werden zu lassen. Dies liegt vor allem an der bisherigen Schulaufgabenpraxis, der mangelnden Zeit, der gelegentlich schlechten Verknüpfbarkeit verschiedener Lerninhalte[15] und den derzeit eingesetzten Lehr- und Lernmethoden. Ein sinnvoller Schreibunterricht bedarf demnach günstigerer zeitlicher und inhaltlicher Vorbedingungen und muss andere methodische Wege gehen – die Notwendigkeit eines „anderen" Schreibcurriculums ist offensichtlich.

---

[14] Vgl. ebd., S. 80.
[15] Ab Jahrgangsstufe 9 ist ein signifikanter Anstieg in der Zahl der Befragten bemerkbar, die der Ansicht sind, dass sich die verschiedenen Themen, die der Lehrplan für eine Jahrgangsstufe angibt, nicht gut miteinander verbinden lassen. Vgl. ebd., S. 76.

3.1.2 Lernbereich „Schreiben": Inhalte, Vorschriften und Zielsetzungen des gymnasialen Lehrplans

Der neue gymnasiale Lehrplan[16] enthält einige größere Veränderungen in Inhalt und Aufbau. Er versucht, Lehren aus den Ergebnissen der Studie PISA 2000 zu ziehen, beispielsweise indem nun in allen Jahrgangsstufen im Fach Deutsch der analysierende Umgang mit Sachtexten geübt wird. Darüber hinaus werden jetzt in den meisten sprachlichen Fächern Arbeitstechniken und methodisches Lernen als eigenständige Lernbereiche ausgewiesen, die die bisherigen Inhalte ergänzen.[17] Auf die sich wandelnde Lebensumwelt der Kinder und Jugendlichen und die veränderte berufliche Zukunft, die sie nach ihrer Schulzeit erwartet, reagiert der Lehrplan mit den beiden neuen Pflichtfächern „Informatik" und „Natur und Technik".

Darüber hinaus beinhaltet der neue Gymnasiallehrplan auf allen Ebenen zahlreiche kleinere, aber teilweise äußerst konsequenzenreiche Änderungen, die sowohl die übergeordneten Leitvorstellungen gymnasialer Bildung, als auch die jeweiligen jahrgangsstufenübergreifenden fachlichen Zielvorstellungen und die speziellen Jahrgangsstufenziele der einzelnen Fächer betreffen.[18] Diejenigen, die konkrete Auswirkungen auf den gymnasialen Schreibunterricht im Fach Deutsch haben, werden im Folgenden näher referiert und analysiert.

---

[16] Im Jahr 2003 wurde ein neuer Lehrplan für die Jahrgangsstufen 5–11 des bayerischen Gymnasiums erstellt, der sukzessive den bisher gültigen Lehrplan von 1990 (im Folgenden unter der Sigle „LP alt") ablösen sollte. Dieser neue Lehrplan musste jedoch im Zuge der Einführung des achtjährigen Gymnasiums zum Schuljahr 2004/05 wieder modifiziert werden, eine genehmigte Fassung liegt zum Zeitpunkt der Drucklegung dieser Arbeit nur für die Fachlehrpläne der Jahrgangsstufen 5–8 vor (s. Bayerisches Staatsministerium für Unterricht Kultus, Wissenschaft und Kunst: Lehrplan für das bayerische Gymnasium, München Juli 1990; dass.: Fachlehrplan für Deutsch, KWMBl I 1992, So-Nr. 7, S. 301–368; Bayerisches Staatsministerium für Unterricht und Kultus: Lehrplan für das Gymnasium in Bayern, München Juli 2003ff.).
Der besseren Verständlichkeit halber scheint es gerechtfertigt, sowohl den überarbeiteten G9-Lehrplan als auch die genehmigten G8-Jahrgangsstufenlehrpläne in der Bezeichnung „neuer Lehrplan" zusammenzufassen, wenn sich Formulierungen und Inhalte nur in kleinen Details unterscheiden. Zitate unter der Sigle „LP neu G9" beziehen sich dabei auf den G9-Lehrplan von 2003, Zitate unter „LP neu G8" auf den für das achtjährige Gymnasium modifizierten.

[17] S. z.B. LP neu G9, S. 105, LP neu G8, Jgst. 5, S. E3.

[18] Diese Einteilung des Lehrplans orientiert sich an den Kategorien, die Allan Ornstein und Francis Hunkins definieren: Aus übergeordneten, gesellschaftlich wünschenswerten Leitvorstellungen, abstrakten Werten und Fähigkeiten, den sog. „aims", entspringen die sog. „goals", unter denen Grobziele, inhaltlich klarer bestimmte Fähigkeiten und Fertigkeiten, verstanden werden, aus denen sich schließlich eindeutige, eng umrissene inhaltliche Zielvorgaben für einzelne Fächer und Jahrgangsstufen ableiten lassen, die sog. „objectives" (vgl. Ornstein u. Hunkins: Curriculum, S. 146ff.). Die Einteilung ähnelt damit der in Deutschland oft gebrauchten Lernzieltaxonomie mit der Unterscheidung von Richt-, Grob-, Feinzielen.

Bereits in dem dem überarbeiteten G9-Lehrplan vorangestellten Geleitwort der damaligen Kultusministerin findet sich solch ein übergeordnetes Ziel, die „Verstärkung der ästhetischen Bildung",[19] die u. a. durch „umfassende Beschäftigung mit der eigenen Kultur"[20] erreicht werden soll, die natürlich auch in vorherrschenden Schreibtraditionen aufzufinden ist. Eine intensive analytische und interpretatorische Auseinandersetzung mit ihnen kann bei den Heranwachsenden ein Bewusstsein für ästhetische Werte schaffen, im eigenen Schreiben können sie literarische Schreibmuster erproben, variieren und dadurch eigene ästhetische Maßstäbe entwickeln. Das Ziel einer intensiveren ästhetischen Bildung verstärkt damit auch die Bedeutung des Schreibens, insbesondere des gestalterischen oder kreativen Schreibens. Unklar bleibt allerdings, wie dieses Lernziel erfolgreich umgesetzt werden kann, da weder die musischen und künstlerischen Fächer noch das Fach Deutsch eine Erhöhung der Stundenzahl erfahren[21] und sich die Art der vorgeschriebenen Leistungserhebungen noch nicht grundlegend geändert hat, sodass der Großteil der zur Verfügung stehenden Schreibzeit weiterhin auf die traditionellen, nicht gestalterischen Schreibformen wird verwendet werden müssen.

Wenig Umgestaltung erfuhr vorläufig die zweite Ebene des Lehrplans.[22] Altes und neues Fachprofil Deutsch definieren gleichermaßen Sprache als Medium und Gegenstand des Denkens und der Erkenntnis,[23] als Instrumentarium für selbständiges, problemlösendes Arbeiten.[24] Zusätzlich nimmt das neue Fachprofil als zu erreichende Fähigkeit den „situations- und adressatengerechten Gebrauch der Sprache in Wort und Schrift"[25] auf, was Postulate aus kommunikativer Aufsatzdidaktik und Linguistik spiegelt: Für sprachliche Äußerungen, besonders solche in schriftlicher Textgestalt, gibt es nicht „die" einzige richtige Lösung, sondern viele unterschiedliche Realisierungsformen, die allerdings in unterschiedlichen Kommunikationssituationen als mehr oder weniger angemessen empfunden werden. Folgerichtig spricht der neue Lehrplan von informierendem, erörterndem, gestalterischem und interpretierendem Schreiben, die in verschiedenen Ausformungen auftreten können.[26]

---

[19] LP neu G9, S. 6.
[20] Ebd.
[21] Für Kunst bzw. Musik standen und stehen in den Jgst. 5–10 jeweils insgesamt 9 Wochenstunden zur Verfügung, für Deutsch 24 (vgl. Bayerisches Staatsministerium für Unterricht und Kultus: Schulordnung für die Gymnasien in Bayern (GSO), Anlage 1).
[22] Die Fachprofile für das G8 liegen bisher allerdings nur im Entwurf vor.
[23] Vgl. LP alt, S. 32, LP neu G9, S. 25.
[24] Vgl. ebd.
[25] LP neu G9, S. 25.
[26] Vgl. LP neu G9, S. 26.

Unterstützt wird dies durch die in den Lehrplan aufgenommene Erkenntnis, dass Schreiben einen Prozess darstellt, der „Planen, Formulieren, Korrigieren und gegebenenfalls mehrmaliges Überarbeiten umfasst",[27] was verdeutlicht, dass nicht länger das Schreibprodukt im Vordergrund steht, sondern vielmehr die individuellen Schreibabsichten, Schreibintentionen und Schreibtätigkeiten der Schülerinnen und Schüler.

Leider wird diese positive Erkenntnis schon im nächsten Abschnitt und schließlich auch durch den Schlusssatz eingeschränkt: „Besonderer Wert wird auf eine geschlossene, planvoll gegliederte sprachliche Darstellung und die Bewältigung formaler Anforderungen gelegt. [...] Die Schulaufgaben im Fach Deutsch überprüfen unter Beachtung des Prinzips der Progression die Beherrschung der wesentlichen Grundformen des Schreibens in der jeweiligen Jahrgangsstufe."[28] In Schulaufgaben wird damit wahrscheinlich auch weiterhin die Prozesshaftigkeit des Schreibens ignoriert werden, zudem wird auch weiterhin die Fähigkeit überprüft werden, in der Schule tradierte Textsorten musterhaft zu erfüllen, nicht jedoch die Kompetenz, bestimmte Schreibhaltungen und -intentionen adäquat in schriftliche Sprache umzusetzen. Im Unterricht dürfen die Lernenden zwar erfahren, dass Schreiben ein situationsabhängiger Prozess ist, dass es meist mehrmaliger Überarbeitungsphasen bedarf, um ein gelungenes Textganzes zu produzieren, aber in den Schulaufgaben, die über den schulischen Erfolg entscheiden, nützt ihnen dieses Wissen nicht viel, wenn sie dort weiterhin in einer eng bemessenen Arbeitszeit – also in nur einem Arbeitsgang – einen geschlossenen Text abliefern müssen. Wie unter diesen Voraussetzungen der individuelle Schreibprozess gefördert werden kann, bleibt unbeantwortet.

Die neuen Jahrgangsstufenlehrpläne für das Fach Deutsch schließlich enthalten die vier bereits bekannten Lernbereiche „Sprechen", „Schreiben", „Sprache untersuchen, verwenden und gestalten – Sprachbetrachtung" und „Sich mit Literatur und Sachtexten auseinander setzen" und weisen mit „Medien nutzen und reflektieren" einen neuen Lernbereich aus, der bisher in die anderen integriert war und nun eine stärkere Gewichtung erfährt.

Im Lernbereich Schreiben soll bewusstes selbstständiges Handeln zukünftig eine wichtige Rolle spielen, beispielsweise, indem Schreibende ihre eigenen Texte kritisch hinterfragen und gegebenenfalls mehrfach überarbeiten.[29] Damit setzt der Lehrplan wichtige Erkenntnisse aus Schreibforschung und Schreibdidaktik um, tut dies jedoch noch nicht immer konsequent genug und vergibt gelegentlich die Chance für einen zeitgemäßen Schreibunterricht. Dies liegt auch daran, dass

---

[27] Ebd.
[28] Ebd. Dieser Satz ersetzt die bisherige Formulierung „Als Schulaufgabe verpflichtend sind [...]", die in den Fachlehrplänen bisher am Ende des Absatzes zum schriftlichen Sprachgebrauch gesetzt war (z. B. LP alt, S. 306).
[29] Vgl. z. B. LP neu G9, S. 134, LP neu G8, Jgst. 5, S. D1.

er an einigen Stellen in aufsatzdidaktischen Positionen wie beispielsweise der Prämisse „vom Sprechen zum Schreiben"[30] verharrt, die in dieser Ausschließlichkeit heute nicht mehr als gültig anzusehen sind.

Anders als bisher soll bereits von Jahrgangsstufe 5 an auch die Methodik des Schreibens bewusst gemacht und eingeübt werden, indem Schreibpläne erstellt, eigene und fremde Texte überarbeitet und korrigiert werden und dies unter Umständen sogar mehrmals hintereinander, sodass beispielsweise das in der Grundschule schon seit längerem erfolgreich erprobte Konzept der Schreibkonferenzen nun auch in das Gymnasium Eingang finden kann.

Gleichzeitig behält der neue Lehrplan die traditionelle Abfolge der zu schreibenden Textsorten und einzunehmenden Schreibhaltungen bei und postuliert die nicht mehr zeitgemäße Stufung Erzählen/Informieren für die Jahrgangsstufen 5 und 6, Argumentieren/Analysieren ab Jahrgangsstufe 7, obwohl bereits Grundschulkinder argumentieren können, wollen und sollen,[31] sodass es also durchaus sinnvoll wäre, alle denkbaren Schreibhaltungen von der 5. Jahrgangsstufe an kontinuierlich zu fördern.

Das gestalterische Schreiben wird im neuen Lehrplan vor allem auf den Schwerpunkt Erzählen beschränkt und ist nur in den ersten beiden Jahren der Unterstufe verortet. Ab Jahrgangsstufe 7 ist das kreative, gestalterische Schreiben nicht mehr explizit Gegenstand des Lernbereichs Schreiben, es wird hier zwar noch als zu erwerbendes Grundwissen genannt, wird aber nur noch als eine Möglichkeit der Auseinandersetzung mit literarischen Texten und der Aneignung von literarischen Textmustern aufgeführt.[32] „Die Konzentration auf das Wesentliche im Schreiben schafft neue Möglichkeiten des Wiederholens und Übens durch [...] Beschränkung auf Argumentieren und Erschließen bzw. Analysieren ab Jahrgangsstufe 7"[33] – das ist durchaus richtig, geht aber auf Kosten einer ganzheitlichen (Schreib-)Ausbildung der Gymnasiastinnen und Gymnasiasten und übersieht, dass die Schreibkompetenz, die im zukünftigen Berufsleben gefordert ist, nicht nur über das Verfassen vermeintlich „sachlicher" Texte gefördert werden

---

[30] Vgl. LP neu G9, S. 25. Für den Lehrplan führt noch immer der ideale Lernweg über das Mündliche zum Schriftlichen: „Durch verschiedene Formen des Sprechens und Kommunizierens gewinnen die Schüler zunehmend Sicherheit beim Erzählen und Schildern, Berichten und Beschreiben, Informieren, Begründen von Meinungen, Argumentieren und Diskutieren, sowie beim Referieren und mündlichen Vortragen und verbessern so auch ihre Schreibfähigkeit." (Ebd.). Die neuropsychologische Schreibforschung hat jedoch aufgezeigt, dass Sprechen und Schreiben zwei verschiedene Fähigkeiten und Tätigkeiten sind, bei denen unterschiedliche Prozesse im Gehirn ablaufen.
[31] So ist z. B. in Jahrgangsstufe 4 das „Argumentieren" explizit im Lernbereich Schreiben angeführt (s. Bayerisches Staatsministerium für Unterricht und Kultus: Lehrplan für die bayerische Grundschule, S. 244).
[32] Vgl. LP neu G8, Jgst. 7, S. D2.
[33] Staatsinstitut für Schulqualität und Bildungsforschung: Lehrplanüberarbeitung für das achtjährige Gymnasium Deutsch, S. 1.

kann. Insgesamt zeigt sich: Von den Wünschen und Forderungen der befragten Schülerinnen, Schüler und Lehrkräfte haben zwar etliche Eingang in den neuen Lehrplan gefunden, aber dennoch bleibt der Lernbereich Schreiben problematisch.

3.2 Gymnasialer Schreibunterricht

„Der schriftliche Sprachgebrauch in den Jahrgangsstufen 5 und 6 des Gymnasiums knüpft eng an die verschiedenen Formen des Schreibens in der Grundschule an."[34]

Dies ist an sich eine sinnvolle Forderung, weil so gewährleistet werden kann, dass der Schreiblernprozess der Kinder nicht unterbrochen wird und sie ihre beginnende Schreib- und Textgestaltungskompetenz strukturiert ausbauen können. Ob sie auch erfüllt werden kann, untersucht die folgende Analyse der institutionellen Vorgaben und persönlichen Vorannahmen, die den gymnasialen Schreibunterricht prägen.

3.2.1 Der „heimliche" Lehrplan, die „praktischen" Theorien und andere Vorannahmen von Lehrkräften

Auf Seiten des Lehrplans wird tatsächlich eine Fortführung unternommen: „Die Schreiberziehung greift bekannte Grundformen auf und vertieft sie."[35] Allerdings werden dabei nicht alle bereits aus der Grundschule bekannten Schreibhaltungen wieder aufgenommen – während das Erzählen von Erlebnissen, das Beschreiben und das Berichten genannt sind, werden das argumentative und das appellative Schreiben nicht erwähnt. Sie werden im Gymnasium erst ab Jahrgangsstufe 7 gelehrt, obwohl sie bereits in der Grundschule neben den anderen Schreibhaltungen eingeübt wurden. Damit wird die inzwischen widerlegte Annahme weiter tradiert, dass umfassende Schreibkompetenz zunächst im subjektiven Schreiben angebahnt und sich erst im jugendlichen Alter hin zum objektiven Schreiben entwickeln kann. Ganz abgesehen davon, dass schon der Begriff des „Objektiven" für Schreibaufgaben verfehlt ist, weil jegliches Schreiben subjektiv ist, birgt dies zusätzlich die Gefahr, dass bereits vorhandene Kompetenzen der Kinder in einem wichtigen Bereich des Schreibens verkümmern, weil sie zwei Jahre lang nicht genutzt und ausgebaut werden.[36] Darüber hinaus ist es fraglich,

---

[34] Staatsinstitut für Schulpädagogik und Bildungsforschung (Hg.): Handreichungen „Schriftlicher Sprachgebrauch im Deutschunterricht am Gymnasium, Band I: Unter- und Mittelstufe, S. 13.
[35] LP neu G8, Jgst. 5, S. D1.
[36] Schreiben bedeutet auch, sich für oder gegen bestimmte Formulierungen, für oder gegen die Nennung bestimmter Inhalte zu entscheiden. Diese Entscheidungen sind nicht allein durch objektive Kriterien bestimmt, sondern spiegeln immer auch die persönlichen Vorlieben der Schreibenden oder sind Ausdruck von Vermeidungsstrategien. Es wäre daher wesentlich treffender, von „sachlichem" Schreiben zu sprechen.

ob ein Schreibunterricht, der nur einen Teil des bereits Gelernten fortführt, auf Dauer motivierend wirkt und die Schreibkompetenz umfassend fördern hilft.

Ähnliche Auswirkungen haben der „heimliche Lehrplan" und die „praktischen Theorien", deren Einfluss auf die unterrichtliche Arbeit der Lehrenden unbestritten sein dürfte. Sie speisen sich aus bestimmten Vorannahmen der Lehrkräfte über ihre Schülerinnen und Schüler, die gelegentlich auch auf nicht beweisbaren Vorurteilen, Vereinfachungen und Pauschalierungen beruhen und oftmals durch Lehrerhandreichungen und andere Sekundärliteratur tradiert werden:

> Wir beobachten, dass Kinder begeistert zu schreiben beginnen, sich aber spätestens nach der Grundschulzeit reichlich desillusioniert zurücknehmen. [...] Wir sehen, dass sich Kinder und Jugendliche mit großem Einsatz freien Texten zuwenden, Klassenaufsätze hingegen als bloße Pflichtaufgaben erledigen.[37]

Viele Lehrpersonen stecken in einem Dilemma – sie sollen angeblich unmotivierte Kinder zum Schreiben motivieren und müssen gleichzeitig angeblich wenig motivierende Schreibaufgaben in den Mittelpunkt der Schreiberziehung stellen. Dazu kommt, dass Lehrkräfte, die in der Sekundarstufe unterrichten, meist kein Wissen um die bisherige Schreibbiographie ihrer neuen Schülerinnen und Schüler haben, weil sie in den meisten Fällen weder deren in der Grundschulzeit verfasste Texte kennen, noch gezielt und detailliert nach bisherigen individuellen Schreiberfahrungen fragen (können). Ihr Wissen um den Schreibentwicklungsstand ihrer jeweiligen Lerngruppe basiert sehr häufig nur auf den – sehr groben und verallgemeinernden – Stufungen, die die Wissenschaft beschreibt. Diese Vereinfachung führt zu einem Schreibunterricht, der bereits vorhandene Kompetenzen einzelner Schülerinnen und Schüler nicht zielführend nutzen und ausbauen kann, weil sie nicht entsprechend ihrer individuellen Fähigkeiten, sondern entsprechend der für die jeweilige Jahrgangsstufe postulierten Entwicklungsstufe unterrichtet werden. Es fehlt zudem eine detaillierte Ursachenforschung, die der Frage nachgeht, ob junge Schreibende nur deshalb ein „vorführendes, reihendes Schreiben"[38] bevorzugen, weil ihre kognitiven Kompetenzen noch zu wenig ausgebildet sind, oder ob eine solche Art des Schreibens nicht auch an der Art des Schreibunterrichts liegt, den sie erhalten haben.

3.2.2 Inhalte und Ziele des Schreibunterrichts: Textsorten, Schreibhaltungen, Schreibstrategien

Im Mittelpunkt gymnasialen Schreibunterrichts stehen, wie die Lehrplanauswertung zeigt, die Vermittlung von Textsortenwissen und die Einübung von Schreibhaltungen, die in das Schreiben von Aufsätzen münden. Deutlich ist da-

---

[37] Baurmann u. Müller: Zum Schreiben motivieren – das Schreiben unterstützen. Ermutigung zu einem schreiber-differenzierten Unterricht, in: Praxis Deutsch, H. 149 (1998), S. 16.
[38] Kuhl: Ermutigung zum Schreiben, S. 50.

bei die „Favorisierung textsortenspezifischen Schreibens"[39] erkennbar. Schülerinnen und Schüler werden im Laufe ihrer Schulzeit mit einer Vielzahl unterschiedlicher Textsorten konfrontiert, damit sie deren Kennzeichen erkennen und lernen, diese in eigenen Texten gelungen anzuwenden. Dabei wird inzwischen auch die „Methodik" des Schreibens verstärkt thematisiert und vermittelt, deren Hauptzweck aber nicht darin liegt, verschiedene Arten des Schreibens als hilfreiche Arbeitstechnik und Medium des Denkens und Lernens kennen zu lernen und zu erproben, sondern vielmehr darin, den komplexen Prozess der Textverfertigung in handhabbare Teilprozesse zu zerlegen und geeignete Strategien zum Umgang mit den einzelnen Phasen des Schreibprozesses zu entwickeln.[40] Hauptziel auch des schreibmethodischen Lernens ist noch immer der abgeschlossene, gut gestaltete Text.[41] Zwar sollen die Schülerinnen und Schüler das Schreiben auch „verstärkt als Möglichkeit der Aneignung von Stoffen und deren Wiedergabe",[42] „als ein Medium der gedanklichen Durchdringung von Wirklichkeit"[43] erfahren, aber immer bleibt das Schreiben an die Anfertigung von Texten gebunden. Dies zeigt sich auch daran, dass ab Jahrgangsstufe 8 neben Schreibhaltungen auch wieder Textsorten im Lehrplan angeführt werden.[44] Es ist daher durchaus zu vermuten, dass auch bei anderen Texten, die geschrieben werden müssen, weiterhin nicht dafür mögliche und denkbare Schreibhaltungen, sondern wie bisher eher starre Textsortennormen gelehrt werden.

Die Schreibhaltungen, die als Lernziele im Lehrplan aufgeführt werden, gründen im Bühlerschen Organon-Modell: Schülerinnen und Schüler sollen im Laufe ihrer gymnasialen Schulzeit vor allem die Fähigkeit entwickeln und ausbauen, in schriftsprachlicher Kommunikation zu informieren (Darstellung) und zu argumentieren (Appell, Ausdruck). Darüber hinaus soll über das individuelle gestalterische Schreiben das aesthetische Empfinden der Heranwachsenden gestärkt und die Funktion des Schreibens als Entäußerung innerer Befindlichkeit (Ausdruck) erfahrbar werden.[45]

---

[39] Wildemann: Aufsatzunterricht – Texte schreiben, in: Lange u. Weinhold (Hg.): Grundlagen der Deutschdidaktik, S. 41.
[40] S. z. B. LP neu G8, Jgst. 5, S. D1.
[41] Dies gilt sicherlich nicht nur für Bayern, wie die Bildungsstandards der Kultusministerkonferenz im Kompetenzbereich Schreiben vermuten lassen: Schülerinnen und Schüler in allen Bundesländern sollen am Ende der Primarstufe „über Schreibfertigkeiten verfügen, richtig schreiben, Texte planen, Texte schreiben, Texte überarbeiten können" (Bildungsstandards im Fach Deutsch für den Primarbereich, zitiert nach Ruch: Vergleich KMK-Bildungsstandards und Lehrpläne – Impulse für Fächer: Deutsch, in: Staatsinstitut für Schulqualität und Bildungsforschung München (Hg): KMK-Bildungsstandards: Konsequenzen für die Arbeit an bayerischen Schulen, S. 24), mit dem Mittleren Schulabschluss sollen sie „reflektierend, kommunikativ und gestalterisch schreiben" (ebd.) können, was sie stets, wie die vorgeschlagenen Aufgabenbeispiele der KMK zeigen, durch das Verfassen eines Textes unter Beweis stellen müssen (vgl. ebd., S. 28ff.).
[42] LP neu G8, Jgst. 7, S. D1.
[43] LP neu G9, S. 275.
[44] S. LP neu G8, Jgst. 8, S. D1; auch LP neu G9, S. 275 (Jgst. 9), S. 357 (Jgst. 10), S. 435 (Jgst. 11).
[45] Vgl. z. B. LP G8, Jgst. 5, S. D1.

Neben diesen allgemein gefassten Grobzielen lassen sich zahlreiche Feinziele erkennen, die durch die unterrichtliche Beschäftigung mit einzelnen Schreibhaltungen und Textsorten erfüllt werden sollen. Ihnen allen gemeinsam ist, dass sie das Vermögen der Kinder und Jugendlichen ausbilden sollen, sich der kommunikativen Situation und dem erwarteten Adressaten angemessen schriftsprachlich korrekt ausdrücken zu können, sich dabei im Zugriff auf einen großen aktiven Wortschatz auf der jeweils angemessenen Sprach- und Stilebene flexibel und sicher zu bewegen und zudem die Normen und Kriterien bekannter Textmuster zu erfüllen bzw. bewusst zu verändern.

Die folgende Tabelle fasst im Überblick zusammen, was Schülerinnen und Schüler an den jeweiligen Aufsatzarten lernen können:[46]

---

[46] Die Tabelle stellt eine Verknüpfung der Erkenntnisse aus Kapitel 2 mit den schulischen Aufsatzarten dar.

Schreibenlernen im gymnasialen Aufsatzunterricht

Synopse Aufsatzarten

Aufsatzart	Textsorte	Kennzeichen/Schreibkonventionen	Adressat	Intention/kommunikative Funktion	Schreibhaltung	Thematische Entfaltung	Überwiegende Kohärenzelemente
Erlebniserzählung (5.–7. Jgst.)	(kurze) Erzählung	realistische Handlungsschritte mit Höhepunkt Spannung erzeugen sprachlich anschauliche und lebendige Darstellung (wörtliche Rede, Wiedergabe von Gefühlen und Gedanken, Ausrufe) Umgangssprache und Ellipsen in wörtlicher Rede erlaubt Überschrift	unterschiedlich, unbekannter Leser	Unterhaltung Kontakt	erzählend informierend gestaltend	narrativ deskriptiv	inhaltlich (Abfolge Handlungsschritte, Personen)
Phantasieerzählung (5./6. Jgst.)	w.o.	w.o. ein unrealistisches Element	w.o.	w.o.	w.o.	w.o.	w.o.
Parallelgeschichte (5./6. Jgst.)	(kurze) Erzählung Schwank Märchen	inhaltliche und sprachlich-stilistische Nachahmung literarischer Vorbilder	w.o.	w.o. Information	w.o.	w.o.	w.o. Textmusterschema
Persönlicher Brief (5./6. Jgst.)	Brief	teilweise standardisierte äußere Form standardisierte Anfangs- und Schluss-/Grußformeln direkte Leseranrede höfliche Sprache, aber umgangssprachliche, vertraute Floskeln möglich Bezugnahme	Freund/Freundin nahe stehende, persönlich bekannte Personen	Kontakt Unterhaltung Information Appell	erzählend informierend argumentierend gestaltend	deskriptiv narrativ explikativ argumentativ	Adressatenbezug Textmusterschema
Sachlicher Brief (5./6. Jgst.)	Formaler Brief	standardisierte äußere Form standardisierte Anfangs- und Schluss- bzw. Grußformeln direkte Leseranrede höflicher Stil sachliche Sprache Bezugnahme	meist persönlich nicht bekannte Person mit bestimmter bekannter Funktion (Autorin, Bürgermeister …)	Information Appell	informierend argumentierend	argumentativ explikativ deskriptiv narrativ	Adressatenbezug Inhalt (Themenbezug) Textmusterschema sprachliche Kohäsion

Aufsatzart	Textsorte	Kennzeichen/ Schreibkonventionen	Adressat	Intention/ kommunikative Funktion	Schreibhaltung	Thematische Entfaltung	Überwiegende Kohärenzelemente
Schilderung (7./8. Jgst.)	Erzählung Beschreibung	sprachlich anschauliche und lebendige Darstellung (Metaphern, Vergleiche, sprachliche Bilder, sprachliche Neuschöpfungen, Klischees) Versprachlichung von Sinneseindrücken subjektiv	unbekannter Leser	Unterhaltung Information	schildernd erzählend gestaltend	narrativ deskriptiv	inhaltlich (Ereignis)
Reportage (8. Jgst.)	Journalistische Reportage	w.o., im Wechsel mit sachlicher Sprache und Fachsprache	persönlich unbekannter, regelmäßiger (Zeitungs-)-Leser	Information Unterhaltung Appell	informierend schildernd erzählend argumentierend gestaltend	narrativ deskriptiv explikativ argumentativ	inhaltlich (Thema, Ereignis, Personen) Textmusterschema sprachliche Kohäsion
Inhaltsangabe/ Textzusammenfassung (ab 7. Jgst.)	Rezension Klappentext Sachtext	sachliche Sprache Reduktion auf das Wesentliche Ersetzen des Wortlauts der Vorlage durch eigene Formulierungen	persönlich unbekannter, regelmäßiger Leser persönlich bekannter Leser unbekannter Leser	Information Appell	informierend argumentierend epistemisch	narrativ	inhaltlich (lineare Wiedergabe) Textmusterschema Verweis auf Textgrundlage sprachliche Kohäsion
Bericht (5./6. Jgst.)	Unfallbericht Polizeibericht Nachricht Zeitungsbericht	sachliche Sprache anschauliche Sprache Fachbegriffe keine persönliche Wertung linearisierte Darstellung vorwiegend hypotaktischer Satzbau	persönlich nicht bekannter Person mit bestimmter Funktion unbekannter Leser mit bestimmten Interessen regelmäßiger (Zeitungs-)-Leser persönlich bekannte Person	Information Appell Unterhaltung	informierend argumentierend epistemisch	narrativ	inhaltlich (Ereignisabfolge) sprachliche Kohäsion

Schreibenlernen im gymnasialen Aufsatzunterricht

Aufsatzart	Textsorte	Kennzeichen/ Schreibkonventionen	Adressat	Intention/ kommunikative Funktion	Schreibhaltung	Thematische Entfaltung	Überwiegende Kohärenzelemente
Beschreibung (5./6. Jgst.)	Spielanleitung Kochrezept Packungsbeilage Aufbauanleitung Vermisstenanzeige	w.o.	unbekannter Leser mit bestimmten Interessen persönlich bekannte Person	Information Appell	informierend epistemisch	narrativ deskriptiv explikativ	inhaltlich (Thema, Abfolge Handlungsschritte) sprachliche Kohäsion
Literarische Charakteristik (10. Jgst.)	Sachtext	persönliche Wertung sachliche Sprache anschauliche Sprache Zitate aus der Vorlage	unbekannter Leser	Information	informierend argumentierend epistemisch	deskriptiv narrativ explikativ	inhaltlich (Verweis auf Textgrundlage) sprachl. Kohäsion
Protokoll (8./9. Jgst.)	Ergebnisprotokoll Verlaufsprotokoll Gesprächsprotokoll	standardisierte Form sachlicher, unpersönlicher Sprachstil Fachbegriffe linearisierte Darstellung manchmal Stichpunkte	bekannter Leser mit bestimmter Funktion	w.o.	informierend epistemisch	deskriptiv narrativ	inhaltlich (Ablauf, Ergebnis) ggf. sprachliche Kohäsion innerhalb einzelner Gliederungspunkte
Streitgespräch (7. Jgst.)	Dialog Szene	lebendige Sprache wertend Wiedergabe gesprochener Sprache Konventionen dramatischer Szenen	unbekannter Leser	Appell Unterhaltung Information	informierend argumentierend gestaltend epistemisch	argumentativ explikativ narrativ deskriptiv	inhaltlich (Abfolge der Argumente, Thema) sprachliche Kohäsion innerhalb der Einzel-Aussagen
Begründete Stellungnahme (7./8. Jgst.)	Brief Leserbrief	standardisierte äußere Form sachliche, wertende, aber höfliche Sprache Fachbegriffe direkte Leseranrede Bezugnahme, Zitate	persönlich unbekannter, regelmäßiger Leser persönlich bekannter Leser	Appell Information	argumentierend informierend epistemisch	argumentativ explikativ deskriptiv narrativ	w.o. sprachliche Kohäsion innerhalb der Argumente sprachliche Kohäsion in der Argumentation insgesamt

Aufsatzart	Textsorte	Kennzeichen/ Schreibkonventionen	Adressat	Intention/ kommunikative Funktion	Schreibhaltung	Thematische Entfaltung	Überwiegende Kohärenzelemente
(einfache) Erörterung (ab 8./9. Jgst.)	Sachtext	standardisierte äußere Form sachliche Sprache Wertung, Abwägung Fachbegriffe überwiegend hypotaktischer Satzbau Bezugnahme	unbekannter Leser	Appell Information	argumentierend informierend epistemisch	argumentativ explikativ deskriptiv narrativ	w.o.
Literarische Erörterung (ab 10. Jgst.)	w.o.	w.o. Zitate aus der Vorlage	w.o.	Information	w.o.	w.o.	w.o. Verweis auf Textgrundlage
Erschließung poetischer Texte (ab 9. Jgst.)	Sachtext	Wertung, Deutung sachlicher Sprachstil Fachbegriffe Zitate aus der Vorlage überwiegend hypotaktischer Satzbau	unbekannter Leser	Information	informierend argumentierend epistemisch	explikativ deskriptiv narrativ argumentativ	inhaltlich (Verweis auf Textgrundlage) Struktur/Abfolge der Analyseschritte sprachliche Kohäsion
Erschließung von Sachtexten (ab 9. Jgst.)	w.o.	w.o.	w.o.	w.o.	w.o.	w.o.	w.o.

Die Tabelle verdeutlicht, dass im Verlauf der schulischen Schreiberziehung die Anforderung an den Einsatz sprachlicher Kohäsionsmittel stetig zunimmt. Erst wenn die Kinder sicher darin sind, Inhalte kohärent wiederzugeben, werden verstärkt Textsorten gelehrt, deren Zusammenhang in hohem Maße vom Einsatz sprachlicher Kohäsionselemente abhängt und deren innere Logik sich nicht allein aus dem Inhalt erschließen lässt, sondern sich erst durch ein gelungenes Zusammenspiel von sprachlich-grammatischen und semantischen Verknüpfungselementen ergibt.

Daneben lässt sie klar erkennen, dass es schulische Aufsatzarten gibt, die außerschulische Entsprechungen haben, denen die Aufsätze aber in Form und Gestaltung nicht folgen dürfen. So muss beispielsweise in einer schulischen Vorgangsbeschreibung jeder Handgriff sprachlich ausformuliert werden, obwohl eine Zeichnung oder eine Abbildung, wie sie z. B. in Bastelanleitungen zu finden sind, viel eindeutiger, präziser und aussagekräftiger wären.

Zudem ist ihr zu entnehmen, dass für jede der Aufsatzarten mehr als eine mögliche Themenentfaltung denkbar ist, die jedoch nicht alle in gleichem Maße im Schreibunterricht zugelassen werden.

Schließlich zeigt die Tabelle, dass nicht für jede der Aufsatzarten ein deutlicher kommunikativer Anlass zu finden ist, er fehlt sowohl bei allen Arten von Erzählungen als auch bei etlichen derjenigen Aufsätze, die eine epistemische Schreibhaltung hervorrufen und dazu dienen könnten, sich einen eigenen Standpunkt zu erschreiben. Bei Erzählungen könnte dies eine Schwierigkeit darstellen, weil es leichter fällt, einen unterhaltenden Text für einen Adressaten zu schreiben, dessen Vorlieben und Abneigungen dem Schreibenden bekannt sind. Für das epistemische Schreiben könnte es dagegen befreiend wirken, weil sich der Schreibende wirklich auf sich konzentrieren und nur für sich schreiben könnte. Da die Erörterung jedoch erst ab dem 8./9. Schuljahr geschrieben wird, sind es die Schülerinnen und Schüler wahrscheinlich nicht mehr gewohnt, nur für sich zu schreiben. Dazu kommt, dass in der Erörterung auf eine sachliche Sprache und eine ausgewogene Argumentationsstruktur geachtet werden muss, was vielen Heranwachsenden zunächst schwer fällt und ihre kognitiven Kapazitäten stark auslastet, sodass die Chance, die diese Aufsatzart eigentlich bietet, unter Umständen von vielen aufgrund der hohen sprachlich-strukturellen Anforderungen nicht genutzt werden kann.

3.2.3 Methodik des Schreibunterrichts

Schreiben von Texten. Als Aufgabe der Schule unumstritten, wurde es in seinen Zielen ausschließlich analytisch von Textsorten und Textmusterregeln her konstruiert, dazu kam das isolierte Vermitteln von Rechtschreibregeln, eine isolierte Beachtung sauberer Schrift. Affektiver Umgang mit Schrift kam höchstens im Poesiealbum vor, anderes Schreiben vielleicht kurz vor den Ferien in einer Kreativ-Stunde.[47]

Ähnliche Vorstellungen finden sich in vielen Beschreibungen früheren, aber auch gegenwärtigen schulischen Schreibunterrichts. Als eine Standard-Strategie oder Schreibroutine der Schule wird dabei der folgende Ablauf beschrieben: Schulisches Schreiben beginnt meist mit der thematischen Festlegung, im Anschluss daran wird der Inhalt geklärt und eine gedankliche Linienführung für den zu erstellenden Text entwickelt, zusätzlich werden die textuellen Konventionen besprochen. Darauf folgen die eigentliche Verschriftlichung und die anschließende Verbesserung des entstandenen Textes.[48] Der Vorgang mündet schließlich darin, eine Schulaufgabe zu schreiben, in der die besprochenen textuellen Konventionen erfolgreich anzuwenden sind. In manchen Fällen wird dabei der Schreibunterricht eng an andere Lernbereiche angebunden, in anderen ist keine deutliche Verbindung zu erkennen, abhängig ist dies von Thema und Form der Aufsatzart, die geschrieben werden soll. Die Erarbeitung der eine Aufsatzform kennzeichnenden formalen, sprachlichen und inhaltlichen Kriterien erfolgt entweder über den Vergleich mit einer anderen, bereits bekannten Textsorte, die Analyse eines Mustertextes oder die Verbesserung eines fehlerhaften Textes.

In einem Schreibunterricht, der stets diesem Muster folgt, lernen Schülerinnen und Schüler meist nur eine der möglichen Textproduktionsstrategien kennen, kommen mit weiteren wichtigen Funktionen des Schreibens nur selten in Berührung und müssen daher den Sinn des Schreibunterrichts vor allem darin sehen, die in den Deutsch-Schulaufgaben geforderten Textsorten und Aufsatzmuster einzuüben. Eine solche Unterrichtspraxis führt auch dazu, dass an sich sinnvolle Aufsatzarten, deren Einübung durchaus einen Wissens- und Fähigkeitszuwachs ermöglichen könnten, nicht gewinnbringend genutzt werden, weil das Schreiben in der Vorstellung der Lernenden allein auf die Aneignung bestimmter Textmuster zum Zweck der Leistungskontrolle reduziert wird. Abgesehen davon, dass die in Prüfungsaufsätzen gezeigten sprachlichen Leistungen nicht zwingend mit den tatsächlichen Leistungsfähigkeiten des Schreibenden korrelieren müssen,[49] diese daher kaum Aussagekraft besitzen und nur wenig geeignet sind, ziel-

---

[47] Beisbart: Ganzheitliches Lehren und Lernen, in: Abraham u. a. (Hg.): Ganzheitlicher Deutschunterricht, S. 19.
[48] Nach Neuhaus: Förderung der Schreibkompetenz, S. 11.
[49] S. hierzu Hornung: Bedarfsanalysen: Stärken und Schwächen von jugendlichen Schreibenden, in: Mitteilungen des Deutschen Germanistenverbandes: Propädeutik des wissenschaftlichen Schreibens, hg. v. Hoppe u. Ehlich, H. 2–3 (2003), S. 261.

führende individuelle Hilfestellungen zum Ausbau von Schreibkompetenz zu geben, hat das Schreiben in einem solchen Schulaufgaben-Unterricht keinerlei Möglichkeit, seine epistemische Funktion zu entfalten, weil eine individuelle inhaltliche Klärung des Themas durch die Schreiblernenden gar nicht mehr erforderlich ist.

Dass Schreibunterricht jedoch tatsächlich dieser Methodik folgt, lässt sich nicht beweisen, da bisher keine detaillierte Studien darüber vorliegen, wie einzelne Deutschlehrkräfte die durch den Lehrplan bestimmten Inhalte methodisch in ihrem Unterricht umsetzen und auf welche Weise sie die genannten Lehr- und Lernziele verfolgen und anbahnen. Die Reaktionen von Jugendlichen auf die Übungen und Arbeitsweisen im Schreibkurs, die Äußerungen von Studierenden zur eigenen Schreibbiographie und zum Aufsatzunterricht[50] zeigen jedoch, dass die methodischen Schritte, an die sich diese Lernenden erinnern, der beschriebenen schulischen Schreibroutine entsprechen, in vielen Fällen nicht als hilfreich erfahren werden und nicht immer zu begrifflicher Eindeutigkeit und Klarheit führen.

3.2.4 Schulaufgabenpraxis

Dass viele, auch ehemalige, Schülerinnen und Schüler des Gymnasiums das Schreiben allein mit dem Verfassen von Aufsätzen für Deutsch-Schulaufgaben verbinden, liegt sicherlich auch an der derzeitigen Schulaufgabenpraxis. Innerhalb des Schreibunterrichts nimmt die Vorbereitung, Durchführung und Bewertung von Schulaufgaben einen sehr großen Raum ein, weil die Jahresfortgangsnote der Schülerinnen und Schüler im Fach Deutsch zu einem überwiegenden Teil aus den hier erreichten Ergebnissen gebildet wird, sodass andere mündliche und schriftliche Leistungen nur von untergeordneter Bedeutung sind. Das Vermögen, einen abgeschlossenen Text – einen Aufsatz – zu schreiben, entscheidet in allen Jahrgangsstufen der gymnasialen Sekundarstufe über den Erfolg im Fach Deutsch und wirkt sich auch auf das schulische Weiterkommen der Heranwachsenden insgesamt aus.

3.2.4.1 Formale und rechtliche Vorgaben

Den rechtlichen Rahmen für den Umgang mit Schulaufgaben bilden das Bayerische Gesetz über das Erziehungs- und Unterrichtswesen in der Änderungsfassung aus dem Jahr 2005[51] und die derzeit gültige Schulordnung für die Gymnasien in Bayern, die 2004/05 mit der Einführung des 8-jährigen Gymnasiums geändert wurde.[52]

---

[50] Vgl. hierzu auch Anhang 1.
[51] S. Bayerisches Staatsministerium für Unterricht und Kultus: Bayerisches Gesetz über das Erziehungs- und Bildungswesen (BayEUG), Änderungsfassung vom 26.07.2005.
[52] S. Bayerisches Staatsministerium für Unterricht und Kultus: Schulordnung für die Gymnasien in Bayern (GSO), zuletzt geändert am 29.04.2005.

„Zum Nachweis des Leistungsstands erbringen die Schüler in angemessenen Zeitabständen entsprechend der Art des Faches schriftliche, mündliche und praktische Leistungen"[53] setzt das BayEUG allgemein fest, was durch die GSO präzisiert wird: Die im Gymnasium zu erbringenden Leistungsnachweise „sind Schulaufgaben, diese gemäß § 44 Abs. 2 ersetzenden Leistungen, Kurzarbeiten, Facharbeiten, fachliche Leistungstests sowie mündliche und praktische Leistungen."[54] Schulaufgaben sind in allen Kernfächern, zu denen auch Deutsch gehört, zu halten, deren Anzahl ist jedoch unterschiedlich und orientiert sich an den Wochenstunden des Faches. Für die Schulaufgaben im Fach Deutsch bedeutet dies, dass in den Jahrgangsstufen 5, in der Deutsch 5 Wochenstunden belegt, und 6–8, in denen Deutsch sowohl nach der alten G9- als auch der neuen G8-Stundentafel jeweils vierstündig unterrichtet wird, vier Schulaufgaben im Schuljahr geschrieben werden. In den Jahrgangsstufen 9 und 10 ist Deutsch derzeit noch dreistündig, sodass hier jeweils drei Schulaufgaben geschrieben werden, mit Einführung der G8-Stundentafel erhält die 9. Jahrgangsstufe eine zusätzliche Deutschstunde und damit auch eine weitere Schulaufgabe.[55] Eine dieser drei bzw. vier jährlichen Deutsch-Schulaufgaben kann auf Beschluss der Lehrerkonferenz durch andere Formen von Leistungsnachweisen ersetzt werden, an ihrer Stelle können wahlweise „zwei Kurzarbeiten, [...] ein zentraler fachlicher Leistungstest in Verbindung mit einem schulinternen fachlichen Leistungstest, zwei schulinterne fachliche Leistungstests, der qualifizierte individuelle Beitrag eines Schülers zu einem fachbezogenen Projekt"[56] als Leistungsnachweis herangezogen werden, sofern diese in „den Anforderungen einer Schulaufgabe gleichwertig"[57] sind. In Jahrgangsstufe 5 können zudem „im ersten Halbjahr an die Stelle von Schulaufgaben kleinere angekündigte schriftliche Arbeiten in vermehrter Zahl treten."[58]

Eine Definition dessen, was eine Schulaufgabe ist, findet sich in der GSO nicht, sodass Deutsch-Schulaufgaben nicht zwingend mit Aufsätzen gleichgesetzt werden müssten. Dass dies aber dennoch erwartet wird, ist drei weiteren Stellen der Verordnung zu entnehmen: „Im Deutschen sind Diktate oder grammatische Übungen als Schulaufgaben nicht zulässig."[59] „Auf eine Schulaufgabe sind in den Jahrgangsstufen 5 mit 11 höchstens 60 Minuten zu verwenden. [...] Bei Schulaufgaben aus dem Deutschen kann die Arbeitszeit [...] ab Jahrgangsstufe 8 angemessen erhöht werden."[60] „Erläuterungen und Schlussbemerkungen können auf den Arbeiten angebracht werden. Bei Schulaufgaben im Fach Deutsch

---
[53] Artikel 52 (Abs. 1, Satz 1), BayEUG.
[54] GSO § 43, Satz 1.
[55] Nach: GSO, § 44, Abs. 1, Satz 1 u. 2, und Anlage 1 (Stundentafeln).
[56] GSO, § 44, Abs. 2, Satz 1.
[57] GSO, § 44, Abs. 2, Satz 2.
[58] GSO, § 44, Abs. 1, Satz 3, 2.
[59] GSO, § 44, Abs. 5, Satz 3.
[60] GSO, § 44, Abs. 6, Satz 1 u. 5.

und bei Facharbeiten muss dies geschehen."[61] Wenn festgelegt ist, dass Diktate und Grammatikübungen als Schulaufgaben im Fach Deutsch nicht zulässig sind, dass die Arbeitszeit für diese mehr als 60 Minuten betragen darf und dass eine Schlussbemerkung zu jeder Deutsch-Schulaufgabe zu verfassen ist, dann heißt das nichts anderes, als dass die überwiegende Mehrheit der Schulaufgaben im Fach Deutsch abgeschlossene, formale Anforderungen bewältigende und in planvoll gegliederter sprachlicher Darstellung gefasste[62] Texte – Aufsätze – sein müssen.[63]

Zusätzlich sollen bei Einführung einer neuen Aufsatzart mindestens zwei Übungsaufsätze von den Schülerinnen und Schülern geschrieben und von den Lehrkräften korrigiert werden.[64] So verfasst jedes Kind in der 5. Jahrgangsstufe im zweiten Schulhalbjahr 6 Aufsätze,[65] würden diese gleichmäßig über die gesamte Unterrichtszeit verteilt, dann schriebe es im Durchschnitt alle drei Wochen einen Aufsatz. Je nachdem, welche Aufsatzart als „neu" eingestuft wird, ergibt sich für die übrigen Jahrgangsstufen ein ähnliches Bild. Das hat mehrere Konsequenzen: Einerseits schreibt das einzelne Kind auf den ersten Blick relativ wenige Aufsätze, sodass es sich eigentlich mit seinen entstandenen Texten intensiv auseinandersetzen und diese so auch gelungen überarbeiten könnte, andererseits werden die Aufsätze gerade nicht gleichmäßig verteilt, weil sie ja als Vorbereitung für die Schulaufgabe gedacht sind, sodass sie meist in einem engeren zeitlichen Rahmen entstehen, in dem für eine intensive Überarbeitung wohl nur selten Raum ist.

Ein ähnliches Bild ergibt sich, wenn die Wochenstundenzahlen der einzelnen Schulfächer mit berücksichtigt werden. In der 5. Jahrgangsstufe, um bei diesem Beispiel zu bleiben, ist das Fach Deutsch 5-stündig zu unterrichten, sodass im zweiten Schulhalbjahr, sofern keine Wandertage, Exkursionen, Schullandheimaufenthalte o.ä. stattfinden, ca. 95 Unterrichtsstunden zur Verfügung stehen,

---

[61] GSO, § 49, Abs. 2, Satz 1 u. 2.
[62] Attribute entnommen dem Fachprofil Deutsch, LP neu G9, S. 26.
[63] Die KMK-Bildungsstandards lassen annehmen, dass auch in anderen Bundesländern in Deutsch-Schulaufgaben Aufsätze verfasst werden, weil in den Aufgabenbeispielen zum Kompetenzbereich Schreiben immer das Verfassen von Texten vorgesehen ist. Allerdings werden Schulaufgaben nicht in allen Bundesländern gleich gewichtet, nicht immer ist zudem eine bestimmte Anzahl verbindlich festgelegt.
[64] Nach Bayerisches Staatsministerium für Unterricht Kultus, Wissenschaft und Kunst: KMS Nr. VI/4-S4402/5-8/185152/91 vom 12.02.1992 (abgedruckt in: Staatsinstitut für Schulpädagogik und Bildungsforschung (Hg.): Handreichungen „Schriftlicher Sprachgebrauch im Deutschunterricht am Gymnasium, Band II: Oberstufe, S. 255ff.).
[65] Ganz gleich, ob die oben genannten Ersatzmöglichkeiten im ersten Schulhalbjahr gewählt werden oder nicht. Diejenigen Kinder, die nur „normale" Schulaufgaben schreiben, verfassen zusätzlich auch im ersten Schulhalbjahr der 5. Jahrgangsstufe bis zu 6 Aufsätze.

davon 19 für jeden der fünf im Lehrplan genannten Lernbereiche.[66] Für die Beschäftigung mit dem einzelnen Aufsatz bleiben rein rechnerisch ungefähr 3,1 Stunden, in denen die Kennzeichen der zu schreibenden Textsorte erarbeitet und eingeübt und die erstellten Texte besprochen und überarbeitet werden können. Es ist nur schwer vorstellbar, dass in einem solch engen zeitlichen Korsett eine intensive Schreibförderung und Auseinandersetzung mit eigenen Texten, beispielsweise über die Arbeit in Schreibkonferenzen, möglich ist.

Verstärkt wird diese Problematik durch die Auswirkungen dieser Vorgaben auf die Lehrkräfte. Weil diese in relativ kurzer Zeit eine große Menge von Korrekturarbeiten leisten müssen, kann es ihnen oft nicht gelingen, sich detailliert mit der Schreibentwicklung, den Fortschritten und vorhandenen Schwächen einzelner Schülerinnen und Schüler zu beschäftigen. Und die wenigen Unterrichtsstunden, die für das Schreiben genutzt werden können, sind bei weitem nicht ausreichend, um allen Kindern individuelle Hilfestellungen zu geben.[67]

3.2.4.2 Aufgabenformen und Themenstellungen

Einen interessanten Einblick in die Themen, zu denen Aufsätze verfasst werden, und die dazu formulierten Aufgabenstellungen und Schreibanweisungen gewährt die umfangreiche Datenbank des Staatsinstituts für Schulqualität und Bildungsforschung, die im Internet eingesehen werden kann.[68] Hier finden sich ältere und aktuelle Themenbeispiele zu den meisten der im alten und im neuen Lehrplan geforderten Schreibformen. Da sie alle aus der unterrichtlichen Praxis der Klassen 5–11, den Abituraufgaben der Grund- und Leistungskurse Deutsch oder der Besonderen Prüfung nach Jahrgangsstufe 10 entstammen, kann aus ihnen abgelesen werden, mit welchen Anforderungen Schülerinnen und Schüler derzeit in Deutsch-Schulaufgaben konfrontiert werden.

In allen Jahrgangsstufen finden sich vor allem solche Themen, die der lebensweltlichen Erfahrung der Kinder und Jugendlichen tatsächlich entstammen oder entstammen könnten. Freunde, Familie, Tiere, Urlaub, Sport, Schule, Drogen und Medien sind am häufigsten Ausgangspunkt der Schreibaufgabe, ganz gleich,

---

[66] Dies ist natürlich nur eine rein hypothetische Rechnung, weil die einzelnen Lernbereiche auf keinen Fall in jeweils einzelnen Stunden getrennt voneinander unterrichtet werden dürfen und die jeweiligen Lerninhalte durch ein integratives Vorgehen stets sinnvoll miteinander zu verbinden sind, sie kann aber deutlich vor Augen führen, wie wenig Zeit in einem auf Aufsätze gerichteten Schreibunterricht für die Schreiberziehung und -entwicklung bleibt.

[67] Eine weitere hypothetische Rechnung kann dies verdeutlichen: Selbst bei einer Klassenstärke von nur 20 Kindern, die zwar pädagogisch äußerst wünschenswert wäre, aber auch auf lange Sicht nicht realisiert werden wird, könnte mit jedem Kind nur ein 7-minütiges Gespräch über seinen Aufsatz stattfinden – vorausgesetzt, dass in den dem Schreiben gewidmeten Stunden nicht geschrieben wird, sondern bereits verfasste Aufsätze überarbeitet werden.

[68] S. Staatsinstitut für Schulqualität und Bildungsforschung: Aufsatzthemen-Datenbank für das Fach Deutsch am Gymnasium, http://projekte.isb.bayern.de/aufsatzdb/.

ob es sich um erzählende („Mein Haustier ist weg!")[69], informierende („Wie ich mein Haustier pflege")[70] oder argumentative („Der dreizehnjährige Jonas möchte einen Hund als Haustier. Seine Mutter ist von dieser Idee nicht gerade begeistert.")[71] handelt. Das ist einerseits sinnvoll und hilfreich, weil dadurch für den Schreibprozess auf vorhandenes Weltwissen zurückgegriffen werden kann, birgt aber andererseits durch die Wiederholung die Gefahr, dass stets dieselben Schemata aktiviert werden und dadurch Schreibblockaden entstehen, weil der Schreibende möglicherweise den Eindruck hat, keine neuen Ideen und originellen Einfälle zu haben.

Einen zweiten thematischen Schwerpunkt bildet die Auseinandersetzung mit literarischen, journalistischen und anderen nicht-poetischen Sachtexten, die entweder schreibend nachgeahmt werden („Schreibe […] eine Erzählung im Stil der Eulenspiegel-/Münchhausengeschichten!"),[72] zusammengefasst („Verfasse eine Inhaltsangabe zu nachfolgendem Text!")[73] oder analysiert und interpretiert werden („Erschließen und interpretieren Sie die folgende Erzählung!").[74] Diese Themenstellungen lösen die Forderung nach integrativem Vorgehen im Deutschunterricht ein, weil die gestellten Aufgaben nur dann erfolgreich bearbeitet werden können, wenn im vorangehenden Unterricht eine enge Verzahnung der Lernbereiche „Literatur" und „Schreiben" stattgefunden hat. Fächerübergreifende Aspekte werden dagegen nur sehr selten einbezogen, Themenstellungen, die auf detaillierte Kenntnisse zurückgreifen, die die Schülerinnen und Schüler in anderen Fächern erwerben, kommen bislang fast nie in den Schulaufgaben vor. Gerade diese könnten jedoch den Heranwachsenden die Möglichkeit geben, vorhandenes Fachwissen in ungewohnten Zusammenhängen zu aktivieren, gewinnbringend einzusetzen und fester im Gedächtnis zu verankern, es könnte sie die Brauchbarkeit und Angemessenheit der einzelnen Schreibhaltungen für die Darstellung unterschiedlicher Sachverhalte aus verschiedenen Fachgebieten erproben und erfahren lassen und könnte ihnen durch den Bezug auf einen konkreten Sachverhalt, mit dem sie sich gerade beschäftigen, den Sinn der Einübung bestimmter Schreibhaltungen und Textsorten vielleicht besser verdeutlichen.[75]

---

[69] Schreiben nach Themen als Erlebniserzählung (ebd.).
[70] Beschreibung: Handlungsanweisung (ebd.).
[71] Streitgespräch – Themenkreis Familie (ebd.).
[72] Parallelgeschichte als Genregeschichte (ebd.).
[73] Inhaltsangabe poetischer Texte (ebd.).
[74] Abituraufgabe Leistungskurs (ebd.).
[75] Es könnte jedoch sein, dass sich fächerübergreifende Aspekte bald häufiger in den Themenstellungen finden werden, da nun auch das ISB in seinen im Internet veröffentlichten Erläuterungen und Hinweisen zum neuen G8-Lehrplan darauf hinweist, so z. B.: „Vorgänge beschreiben […] Besonders zu empfehlen sind einfache Experimente, wie sie in dieser Jahrgangsstufe im Fach Natur und Technik von den Schülern selbst durchgeführt werden." (http://www.isb-gym8-lehrplan.de/contentserv/3.1/g8.de/index.php?StoryID=26669).

Die Aufgabenstellungen selbst lassen sich in drei Gruppen zusammenfassen:
Die erste besteht aus sehr allgemein gefassten wie „Schreibe zu einem der folgenden Themen eine Erlebniserzählung!"[76] oder „Beschreibe eine der nachfolgenden Personen genau und anschaulich!",[77] die selbst keine Einbettung in eine kommunikative Situation vornehmen und das Wissen um das jeweilige Textschema voraussetzen.

Eine zweite Gruppe bilden solche Aufgabenstellungen, die so detailliert ausfallen und Adressat, kommunikative Situation, Schreibanlass und -intention so genau angeben wie die folgende:

> Bearbeite eines der folgenden Themen/einen der folgenden Briefanlässe! Der Adressat deines Briefes kann – nach deiner Wahl – männlich oder weiblich sein! Beschrifte den Briefumschlag ordnungsgemäß einseitig! [...]: Schreibe einen Brief an deine Cousine, in dem du ihr vorschlägst, die Sommerferien bei deiner Familie zu verbringen![78]

Aufgaben, die zu einigen Faktoren und Kennzeichen der Aufsatzart genauere Angaben machen, andere dagegen stillschweigend voraussetzen, bilden schließlich die dritte Gruppe. Zu dieser ist z. B. folgende Aufgabe zu zählen, die zwar genau angibt, welche Textstelle zu untersuchen ist und in welcher Reihenfolge die Untersuchungsergebnisse dargestellt werden sollen, aber nichts über das anzulegende Textschema an sich aussagt: „Verdeutlichen Sie den Unterschied von Wissen und Erkenntnis, wie er im Gespräch zwischen Faust und Wagner in der Szene *Nacht* thematisiert wird, und zeigen Sie auf, warum sich Faust mit Wissen allein nicht zufrieden geben will."[79]

Bei den Aufgaben der ersten und dritten Gruppe sind die Schülerinnen und Schüler gefordert, selbst einen Adressaten zu wählen, an den sie ihren Text richten, selbstständig auf ein geeignetes Textschema zurückzugreifen und eine passende Schreibhaltung zu finden, bei der zweiten besteht die Anforderung vor allem darin, die gesetzten Vorgaben einzuhalten und sprachlich angemessen zu erfüllen. Dennoch sind auch diese nicht unproblematisch, weil sie einander widersprechende Schreibanweisungen enthalten können, die nicht immer aufzulösen sind: Die Aufgabe, der eigenen Cousine einen persönlichen Brief zu schreiben, verlangt, sich inhaltlich und sprachlich an eben diese zu wenden, was z. B. durchaus den Einsatz umgangssprachlicher Wendungen bedeuten kann, während der Rahmen der Prüfungssituation die Lehrkraft als Adressaten impliziert, die sprachlich distanzierter und durchwegs schriftsprachlich korrekt angesprochen werden muss.

---

[76] Schreiben nach Themen als Erlebniserzählung (ISB: Aufsatzthemen-Datenbank).
[77] Personenbeschreibung (ebd.).
[78] Persönlicher Brief (ebd.).
[79] Literarische Erörterung – Literatur der Klassik (ebd.).

Nicht nur die Doppelung der sprachlichen Codierung und des Adressaten stellt eine Schwierigkeit dar, auch die eingesetzten Operatoren erweisen sich oftmals als äußerst problematisch. Aufgabenstellungen wie „Fassen Sie die Informationen zum Thema [...] in Form von Thesen zusammen",[80] sind im Grunde nicht erfüllbar, weil jeder Aufsatz eine sprachlich und inhaltlich zusammenhängende Einheit bilden soll, sodass die schlichte Reihung von unverbundenen Thesen nicht erlaubt ist. Arbeitsanweisungen wie „In deinem Antwortbrief erzählst du, wie es dir an deinem Wohnort und deiner Schule ergeht"[81] schränken die zu wählende Schreibhaltung unangemessen stark ein, die Aufforderung, zu einem Unfallbericht für die Versicherung eine passende Überschrift zu finden,[82] führt in die Irre, weil ein Unfallbericht, wenn überhaupt, nur mit der Überschrift „Unfallbericht" versehen wird, nicht aber mit einer auf den Inhalt neugierig machenden Überschrift wie sie für Erzählungen individuell und „passend" formuliert werden muss. Auch die Aufforderung, anschaulich zu schreiben, findet sich sowohl bei Beschreibungen („Beschreibe eine der nachfolgenden Personen genau und anschaulich")[83] als auch bei Erzählungen („Führe den Erzählanfang anschaulich, spannend und folgerichtig fort!"),[84] obwohl der sprachliche Stil und die Schreibhaltung dieser beiden Aufsatzarten völlig verschieden sind und mit dem Begriff „anschaulich" jeweils unterschiedliche Ebenen gemeint sind. Im Zusammenhang mit der Erzählung bezeichnet er vor allem den Inhalt, die Wiedergabe von Gedanken und Gefühlen der Handelnden, während er bei der Beschreibung die sprachliche Codierung durch Metaphern und Vergleiche bedeutet. In sich widersprüchlich sind schließlich auch Handlungsanweisungen wie „Versuchen Sie den Text [...] zu interpretieren!",[85] die in Schulaufgaben stets dazu auffordern, eine abgeschlossene, vollständige Interpretation zu verfassen und gerade nicht nur versuchsweise „ein wenig" zu interpretieren. Solcherart formulierte Aufgaben verlangen von den Schülerinnen und Schülern, alle Bedeutungsebenen der eingesetzten Operatoren genau zu kennen und flexibel und souverän auf sie zu reagieren, sodass sie das gewünschte schriftsprachliche Verhalten selbst dann zeigen können, wenn es nicht explizit eingefordert wird.

---

[80] Analyse nichtpoetischer Texte (ebd.).
[81] Persönlicher Brief (ebd.).
[82] S. Bericht (ebd.).
[83] Personenbeschreibung (ebd.).
[84] Fortsetzung eines Erzählbeginns (ebd.).
[85] Besondere Prüfung (ebd.).

3.2.4.3 Korrektur und Bewertung[86]

Die didaktische Theorie hat zwar im Laufe ihrer Geschichte eine beachtliche Anzahl von Verfahren entwickelt, mit deren Hilfe die Korrektur und die Bewertung von Aufsätzen erleichtert und objektiviert werden sollen,[87] aber in der Praxis scheint sich bisher keines dieser Verfahren wirklich durchsetzen zu können, was meist daran liegt, dass sie sehr zeitaufwändig sind oder im Schulalltag, in dem es in der Schulaufgabe die individuelle Leistung einzelner Schülerinnen und Schüler zu beurteilen und zu benoten gilt, als unpraktikabel empfunden werden.

Die Reaktion von Deutschlehrkräften auf die schriftlichen Textprodukte der Lernenden erfolgt meist in Form von Markierungen im Aufsatztext und kurzen Kommentaren am Textrand und am Ende des Aufsatzes. Markiert werden diejenigen Stellen im Text, die von der Lehrerin oder dem Lehrer als fehlerhaft empfunden werden oder zumindest diskussionswürdig erscheinen. Gelegentlich wählen Lehrende zwei unterschiedliche Arten von Markierungen und unterringeln die fehlerhaften Stellen, die sie als weniger gravierenden Verstoß empfinden, während sie grobe Fehler unterstreichen. Diese Fehler können sowohl inhaltlicher als auch sprachlich-stilistischer, grammatischer oder orthographischer Art sein, es kann sich bei ihnen um ein einzelnes falsch gebrauchtes oder geschriebenes Wort handeln, aber auch um ganze Absätze und Textpassagen, denen es beispielsweise an Kohärenz mangelt oder deren Inhalt unlogisch oder nicht korrekt ist. Daneben werden auch diejenigen Stellen im Text als fehlerhaft bewertet, die den Konventionen und Kennzeichen der jeweiligen Textsorte nicht entsprechen, aber in sich durchaus korrekt sein können, wie beispielsweise die Wahl der Tempusform Perfekt in einer Inhaltsangabe. Schülertexte werden damit nach Form und Aufbau, Inhalt, Ausdruck und Sprachrichtigkeit beurteilt, was als Fehler bewertet wird, hängt von den im Unterricht gesetzten Normen und Kennzeichen der Textsorte, den Regeln und Konventionen der Schriftsprache und den stilistischen Vorstellungen der Lehrkraft ab.

---

[86] Zwischen Bewerten, Beurteilen und Benoten bestehen kleine semantische Unterschiede (vgl. Fritzsche: Zur Didaktik und Methodik des Deutschunterrichts, Bd. 2: Schriftliches Arbeiten, S. 208). Dennoch werden die Begriffe in diesem Abschnitt weitgehend deckungsgleich verwendet, da den Heranwachsenden der Unterschied vielfach nicht bewusst werden kann. Angesichts der zeitlichen, inhaltlichen und strukturellen Vorgaben des gymnasialen Schreibunterrichts erfahren sie beinahe jede Reaktion des Lehrenden auf ihre Aufsätze als Korrektur und Beurteilung, die vor allem auf die abschließende Benotung zielen, nicht jedoch auf die Förderung ihrer persönlichen Schreibentwicklung und die Unterstützung ihres individuellen Lernprozesses.

[87] S. hierzu z. B. Baurmann: Schreibprozesse beurteilen – ist das nötig und möglich?, in: Der Deutschunterricht, H. 3 (2003), S. 48–57; Beck: Kriterien zur Aufsatzbeurteilung. Grundlagen, kritisch-vergleichende Betrachtung, Verfahren zur Objektivierung; Beck u. Payrhuber (Hg.): Aufsatzbeurteilung heute: Problematik – Diagnose – Therapievorschläge; Fritzsche: Schriftlicher Sprachgebrauch, in: Lange, Neumann u. Ziesenis (Hg.): Taschenbuch des Deutschunterrichts, Bd. 1, S. 201–225; ide, H. 2 (1994): Thema „Leistungsbeurteilung"; Ivo: Lehrer korrigieren Aufsätze: Beschreibung eines Zustands und Überlegungen zu Alternativen.

Das innerhalb des Textes als fehlerhaft Markierte wird zusätzlich am Rand mit einer Bezeichnung versehen, meist in Form eines Korrekturzeichens oder eines kurzen wertenden oder fragenden Kommentars. Diese ordnet den Fehler einer bestimmten Kategorie zu und soll sicherstellen, dass der Lernende nachvollziehen kann, gegen welche Norm oder Konvention er verstoßen hat, sodass die Überarbeitung der entsprechenden Stelle leichter zu einer qualitativen Verbesserung führen kann. Eine ausführlichere Schlussbemerkung dokumentiert überblicksartig den Gesamteindruck, den sich die korrigierende Lehrkraft vom Aufsatz gebildet hat, und kommentiert zusammenfassend dessen inhaltliche, formale und sprachliche Stärken und Schwächen. Dieser Kommentar informiert den Lernenden sowohl über die Elemente der Schreibaufgabe, die er schon gut und sicher beherrscht, als auch über diejenigen, bei denen er noch Unsicherheit zeigt; er ist, ebenso wie Randbemerkungen, Korrekturzeichen und Unterstreichungen, als Hilfestellung für sein weiteres Schreib-Lernen gedacht.

Dass sie allerdings auch als solche wahrgenommen werden und in diesem intendierten Sinne wirken können, ist angesichts der strukturellen Bedingungen eher zu bezweifeln. So sind etliche der verwendeten Korrekturzeichen in sich nicht immer eindeutig, weil ihnen nicht klar zu entnehmen ist, auf welche Ebene des Aufsatzes sie zu beziehen sind – ein am Rand vermerktes „T" kann beispielsweise darauf hinweisen, dass die gewählte Zeitform nicht korrekt gebildet wurde, es kann aber auch bedeuten, dass die Form zwar korrekt gebildet, aber innerhalb des übergeordneten grammatischen Zusammenhangs, beispielsweise der Markierung von Vorzeitigkeit, falsch ist. Darüber hinaus kann das „T" auch anzeigen, dass die Zeitform zwar korrekt gebildet, aber innerhalb der Textsorte unangemessen ist und nicht den Konventionen entspricht, wie beispielsweise der Gebrauch des Präteritums in einer Inhaltsangabe. Denkbar ist schließlich auch, dass das „T" einen Fehler anzeigt, der mehrere der genannten Verstöße in sich vereint. Da aus der Bezeichnung allein in einigen Fällen nicht eindeutig zu ersehen ist, welche der beurteilten Ebenen fehlerhaft ist, fällt eine Verbesserung nicht immer leicht und führt nicht immer zu einem Lernzuwachs, weil der Fehler zwar ausgebessert werden kann, dem Lernenden dabei aber unter Umständen nicht klar wird, warum er diese Veränderung hat vornehmen müssen. Er ist also z. B. durchaus in der Lage, die bemängelte Präteritumform in eine korrekte Präsensform umzuwandeln, ohne sich dabei bewusst werden zu müssen, dass diese Zeitform für die Inhaltsangabe konstitutiv ist.

Da in der Regel alle Ebenen gleichermaßen beurteilt und korrigiert werden, enthalten die Aufsätze oft sehr viele Markierungen, Korrekturzeichen und Anmerkungen, was den Blick auf die Hauptmängel des Textes verstellt. Dies kann zum einen dazu führen, dass die Verbesserung linear vom ersten zum letzten Satz erfolgt, nicht aber in irgendeiner Weise geordnet nach Textebenen oder Schreibphasen. Eine solche lineare Vorgehensweise bei der Überarbeitung führt durchaus auch zu qualitativ besseren Texten, erlaubt dem Schreibenden aber nicht, diese Phase des Schreibprozesses in für ihn sinnvolle Teile zu zerlegen und mit unterschiedlichen, sinnvoll auf die einzelnen Textebenen abgestimmten Überarbeitungsstrategien zu durchlaufen. Die Chance, strategisches Handlungswissen zu erwerben und zu festigen, die eine nach Fehlerklassen und Textebenen geordnete Verbesserung den Schreiblernenden bietet, wird unnötig vergeben, wenn Fehler, die zwar zufällig aufeinander folgen, kategorial aber völlig unverbunden sind, nacheinander in der Reihenfolge ihres Auftretens linear verbessert werden. Zum anderen besteht die Gefahr, dass Anstreichungen und Kommentare, die eigentlich als Hilfestellung gedacht sind, der Schreibentwicklung eher hinderlich sind, wenn sie in großer Zahl auftreten, weil sie den Schreiblernenden so frustrieren, dass er eine Überarbeitung seines Textes gar nicht erst in Angriff nimmt. Beobachtungen aus den USA zum Überarbeitungsverhalten von College-Studierenden unterstreichen diese Annahme – „students frequently attend to nothing at all when paper corrections are overwhelming [...], students cannot cope with more than four or five error notations in a single composition."[88] Angesichts der Tatsache, dass das Arbeitsgedächtnis nur mit einer begrenzten Anzahl an „chunks" gleichzeitig operieren kann, erstaunt diese Beobachtung nicht.

Ein weiteres Problem stellen die begrenzten zeitlichen Ressourcen dar, die für den Schreibunterricht zur Verfügung stehen. Sie sind Ursache dafür, dass (fast) alle Aufsätze vornehmlich im Hinblick auf eine zu absolvierende Schulaufgabe geschrieben und beurteilt werden. Korrekturen, die stets an vorgegebenen Normen orientiert sind und immer mit demselben Satz an Korrekturzeichen und kommentierenden Formulierungen versehen werden, müssen die Lernenden zwangsläufig als Hinweis auf ihr Leistungsvermögen wahrnehmen, nicht aber als helfende Anstöße zur Entwicklung von Schreibfähigkeiten. Auch die Aufforderung, Markiertes zu überarbeiten, wird daher eher als Strafe für begangene Schreibfehler verstanden,[89] nicht aber als sinnvolle Übungsmöglichkeit. Dass Korrekturen in Übungsaufsätzen und Korrekturen in Schulaufgaben völlig verschiedene Funktionen haben, dass das Schreiben von Übungsaufsätzen den Zweck hat, die eigenen Schreibfähigkeiten auch und gerade über Fehler kontinuierlich zu entwickeln, während das Schreiben von Schulaufgaben das individuelle Leistungsvermögen feststellen soll, dass also Übungsaufsätze der Förderung und Schulaufgaben der Selektion dienen, erschließt sich den Schülerinnen und Schülern so nicht.[90]

---

[88] MacAllister: Responding to Student Writing, in: Griffin (Hg.): Teaching Writing in All Disciplines, S. 61.
[89] Nach Blatt: Schreibprozeß und Computer, S. 41.
[90] Vgl. hierzu Weidenmann: Fördern oder Festlegen? Pädagogische Situationen unterscheiden, in: Bambach u. a. (Hg.): Prüfen und Beurteilen. Zwischen Fördern und Zensieren, Friedrich Jahresheft XIV (1996), v. a. die Ausführungen auf S. 64.

Wird zusätzlich die Überarbeitung eines korrigierten Aufsatzes als Hausaufgabe gestellt, was aufgrund der knappen zeitlichen Möglichkeiten wohl vielfach geschieht, dann sind die Heranwachsenden in einer für den Lernprozess so wichtigen Phase auf sich allein gestellt und haben nicht die Möglichkeit, über uneindeutige Korrekturen, unklare Korrekturzeichen und ihnen unverständliche Schlussbemerkungen mit der Lehrkraft Rücksprache zu halten. Sie erhalten keine Unterstützung für den Aufbau strategischen Wissens, sie verbessern um des Verbesserns, nicht aber des Lernens willen.

3.2.5 Schreiben in anderen Fächern

Auch in anderen Fächern schreiben Schülerinnen und Schüler, sie nehmen in den dort gestellten Schreibaufgaben ebenfalls verschiedenste Schreibhaltungen ein und realisieren unterschiedlichste Arten von Textsorten – gymnasialer Schreibunterricht ist nicht auf den muttersprachlichen Unterricht beschränkt. So sind in fast allen Fächern schriftliche Leistungskontrollen vorgesehen, in denen Wissens-Fragen beantwortet, Standpunkte geklärt oder Aussagen bewertet werden müssen. Vor allem jedoch sind beinahe täglich schriftliche Hausaufgaben zu verfassen, in denen in der Schule Erarbeitetes verarbeitet wird.

Den überarbeiteten Fachprofilen und Fachlehrplänen der einzelnen Jahrgangsstufen lassen sich indirekt die vielfältigen Schreibaufgaben entnehmen, die bewältigt werden müssen. Im Fach Physik sollen beispielsweise, so deutet es das Fachprofil an, Schülerinnen und Schüler lernen, Naturphänomene modellhaft und präzise zu beschreiben,[91] und damit ihnen dies gelingt, ist „der sichere Umgang mit der deutschen Sprache und der Fachterminologie unabdingbar."[92] Daneben lernen sie, Experimente selbstständig zu planen, durchzuführen und auszuwerten, die erzielten Ergebnisse zu bewerten und dabei erkannte physikalische Gesetze zu formulieren,[93] sie entwickeln so „eigene Vorstellungen zu Fragestellungen aus Natur und Technik"[94] und werden befähigt zur Teilnahme am physikalischen Diskurs.[95] Im Fachlehrplan Physik wird dies noch präzisiert, so sollen die Schülerinnen und Schüler in der 8. Jahrgangsstufe z. B. „den Aufbau der Materie in ihren Aggregatzuständen sowie zugehörige Zustandsänderungen im Teilchenmodell beschreiben",[96] sie müssen „natürliche Phänomene und technische Abläufe [...] selbstständig untersuchen"[97] und lernen, diese zu „erklären".[98] Für das Schreiben ergibt sich damit folgendes Bild: In der 8. Jahrgangsstufe

---
[91] Nach Fachprofil Physik, LP neu G9, S. 51.
[92] Ebd., S. 52.
[93] Nach ebd.
[94] Ebd.
[95] Nach ebd.
[96] LP neu G8, Jgst. 8, S. Ph 1.
[97] Ebd.
[98] Ebd.

schreiben die Lernenden Sachtexte, in denen sie die Fachsprache korrekt anwenden, sie verfassen Vorgangs- und Gegenstandsbeschreibungen und nehmen darin eine informierende Schreibhaltung ein.

Im Fach Geschichte gewinnen die Heranwachsenden „aus der reflektierten Betrachtung der Vergangenheit Prämissen für das eigene Denken und Handeln",[99] und erwerben die „Fähigkeit zum reflektierten Sammeln, Gliedern und Auswerten von Datenmaterial sowie zum rationalen Argumentieren."[100] Konkretere Lernziele formulieren auch hier die Fachlehrpläne. In der 8. Jahrgangsstufe, um bei diesem Beispiel zu bleiben, lernen die Schülerinnen und Schüler das „Exzerpieren darstellender Texte",[101] sie interpretieren die Darstellung historischer Ereignisse in Gemälden, Karikaturen und Plakaten und werten Internet-Quellen und fachspezifische Software, Graphiken, Statistiken und Karten kritisch aus,[102] darüber hinaus trainieren sie das „Präsentieren selbst erarbeiteter Ergebnisse in unterschiedlicher Form".[103] Das bedeutet, dass die Lernenden auch im Fach Geschichte informierende Sachtexte verfassen, in denen sie die Schreibhaltungen des Beschreibens, Interpretierens und Argumentierens einnehmen müssen. Weitere Schreibaufgaben, die fakultativ möglich sind, finden sich in anderen Jahrgangsstufen, so sind beispielsweise in Jahrgangsstufe 7 ein „Streitgespräch zwischen Kaiser und Kurfürsten, König und Parlamentariern"[104] und „kreatives Schreiben, z. B. Tagebuch einer Entdeckungsreise"[105], explizit aufgeführt.

Die genannten Schreibaufgaben in den Fächern Physik und Geschichte korrespondieren fast alle mit Schreibformen, die entweder in der jeweiligen Jahrgangsstufe im Fach Deutsch vorgesehen sind oder bereits in früheren Jahrgangsstufen Gegenstand des Schreibunterrichts waren und als Grundwissen vorausgesetzt werden. Inhaltsangabe, begründete Stellungnahme, Reportage werden in Jahrgangsstufe 8 behandelt,[106] Beschreiben und Berichten sind aus der Unterstufe bekannt.[107] Allein das Streitgespräch ist ohne Entsprechung.[108]

Es ergeben sich damit über das Schreiben vielfältige Anknüpfungspunkte zwischen den Fächern, auch außerhalb des Schreibunterrichts bestehen zahlreiche Verwendungs- und Übungssituationen. Leider ist dies den Heranwachsenden in den seltensten Fällen bewusst, was vor allem daran liegt, dass die Schreibaufgaben in anderen Fächern meist nicht unter dem Aspekt des Schreibens, sondern

---
[99] Fachprofil Geschichte, LP neu G9, S. 62f.
[100] Ebd., S. 62.
[101] LP neu G8, Jgst. 8, S. G1.
[102] Nach ebd.
[103] Ebd.
[104] LP neu G8, Jgst. 7, S. G2.
[105] Ebd.
[106] S. LP neu G8, Jgst. 8, S. D1f.
[107] S. z. B. LP neu G8, Jgst. 5, S. D1.
[108] Es war bisher in Jahrgangsstufe 7 vorgesehen, fiel allerdings im Zuge der durch die Einführung des G8 notwendigen Überarbeitung des Lehrplans heraus.

nur rein inhaltlich thematisiert werden. „In vielen (nicht nur naturwissenschaftlichen) Fächern steht das Sachinteresse so im Vordergrund, daß Fragen der sprachlichen Vermittlung nur am Rande vorkommen."[109] Zwar wird in fast allen Fächern geschrieben und werden schriftliche Hausaufgaben erledigt, aber die unterrichtliche Besprechung dieser Schreibaufgaben erfolgt meist nur inhaltlich, während eine Auseinandersetzung mit sprachlichen Aspekten meist nicht stattfindet. Die Aufgaben werden zwar schreibend gelöst, aber in den seltensten Fällen reflektieren Lehrkräfte und Lernende im Anschluss auch den Schreibprozess. Textsortenschemata und Skripts werden so nur unbewusst aktiviert, die Möglichkeit, deren Tauglichkeit und Nutzen zu überprüfen, verstreicht meist ungenutzt. Das, was im Aufsatzunterricht gelehrt und gelernt wird, wird in den anderen Fächern nicht bewusst gebraucht, ein aktiver Transfer des im Deutschunterricht erworbenen schreibsprachlichen Wissens und Könnens findet nicht statt.

Erschwerend kommt hinzu, dass bei Schreibaufgaben in anderen Fächern die eingesetzten Operatoren nicht immer in der Bedeutung gebraucht werden, die ihnen der Schreibunterricht zuweist. Verstehen Schülerinnen und Schüler beispielsweise den im Fach Geschichte durchaus üblichen Arbeitsauftrag: „Schildere, wodurch der Adel in Frankreich vom absoluten König zurückgedrängt wurde [...]"[110] so, wie er im muttersprachlichen Schreibunterricht verwendet wird, dann können sie ihn nicht erfüllen – die anschauliche, bildhafte Wiedergabe momentaner Sinneseindrücke kann historische Zusammenhänge wohl kaum erklären. Um den Arbeitsauftrag so auszuführen, wie er eigentlich gemeint ist, nämlich als sachliche Beschreibung von geschichtlichen Tatsachen, müssen sie einen kognitiven Umweg gehen und das im ersten Moment durch den Begriff aktivierte Textschema „Schilderung" durch das sehr viel geeignetere „Beschreibung" ersetzen. Wird die semantische Diskrepanz nicht thematisiert, wird im Schreibunterricht Gelerntes wahrscheinlich eher als Barriere denn als Hilfestellung erfahren.[111]

Muttersprachlicher Schreibunterricht kann zwar die „wesentliche Grundlage für den Unterricht in allen Fächern"[112] schaffen, aber diese muss in den anderen Fächern auch bewusst aufgenommen und erweitert werden. „Sprachschulung muss daher auch bedeuten, dass nicht nur Deutsch „**das** für Sprache zuständige"

---

[109] Herold: Kontinuierliche Schreiberziehung im Deutschunterricht der gymnasialen Oberstufe, in: Gössmann (Hg.): Theorie und Praxis des Schreibens: Wege zu einer neuen Schriftkultur, S. 31.
[110] Busley u. a.: Geschichtliche Weltkunde (Diesterweg Geschichtsbuch), S. 5.
[111] Interessant ist, dass die Aufforderung „Schildere [...]" im Geschichtsunterricht bewusst eingesetzt wird, um die Schülerinnen und Schüler zu eigenständigen Verbalisierungen und ausführlichen Formulierungen in vollständigen Sätzen anzuregen, um einem bloßen Aufzählen von Stichpunkten, das durch die „W"-Fragen provoziert wird, entgegenzuwirken. An einem so kleinen Beispiel zeigt sich, wie wichtig es wäre, in der didaktischen Theorie stärker als bisher auch fächerübergreifend zu denken.
[112] Fachprofil Deutsch, LP neu G9, S. 27.

Fach ist, sondern dass gezielte Spracherziehung (d. h. nicht nur unbewusste Sprachnutzung!) in allen Fächern stattfindet."[113]

3.3 Weitere Handlungskonsequenzen

3.3.1 Sechste Konsequenz: Erhöhung der „echten" schulischen Schreibzeit

a) Damit hilfreiche Schreibstrategien bewusst thematisiert und verfügbar gemacht werden können, müssen Schülerinnen und Schüler mehr als bisher die Gelegenheit bekommen, das Schreiben intensiv und mit Hilfe der Lehrkräfte zu üben. Dafür bedarf Schreibunterricht einer Erhöhung der echten schulischen Schreibzeit, in der Schreibentwicklung durch direkten Austausch angeregt wird.

b) Diese Erhöhung schulischer Schreibzeit kann nicht nur durch eine insgesamt bessere zeitliche Ausstattung des Schreibunterrichts erfolgen, sondern muss sich auch in einer gelungeneren Nutzung der vorhandenen zeitlichen Ressourcen zeigen. Da wesentliche Zielsetzungen des Schreibunterrichts, wie z. B. der Erwerb schreibstrategischen Wissens[114] oder das Erfahren von Schreiben als einer Möglichkeit der gedanklichen Durchdringung und Aneignung von Wirklichkeit,[115] nicht an das Verfassen vollständiger, abgeschlossener Texte gebunden sind, können sie auch durch Schreibaufgaben geringeren Umfangs erreicht werden, die vollständig im Unterricht bearbeitet werden können.

3.3.2 Siebte Konsequenz: Beschäftigung mit „echten" Themen

a) Da sich die Funktionen, die verschiedene Schreibhaltungen und Textsorten erfüllen, und ihre Angemessenheit und Zielgerichtetheit in unterschiedlichen Kommunikationssituationen besser ergründen lassen, wenn das Schreiben von einem „echten", den Schreibenden interessierenden Thema ausgeht, darf Schreibunterricht nicht allein in normierten Textsorten und vorgegebenen Schreibhaltungen zu Inhalten des Deutschunterrichts gründen.

b) Nur ein „echtes" Thema, über das es sich in den Augen des Schreiblernenden zu schreiben lohnt, also ein individuelles Anliegen oder eine inhaltliche Frage, die er klären möchte oder muss, bietet genügend Anreiz, selbst die geeignete Darstellungsform zu finden und dafür verschiedene Schreibhaltungen auszuprobieren.

---

[113] Thinnes: Textverständnis und Sprachschulung nicht nur im Fach Deutsch. Anregungen zur Förderung des Sprachverständnisses in Biologie, Geografie, Geschichte, Mathematik und Physik/Chemie in der Sekundarstufe I, hgg. v. Pädagogischen Zentrum Rheinland-Pfalz (PZ), S. 2.
[114] Nach LP neu G9, Jgst. 8, S. 227.
[115] Nach LP neu G9, Jgst. 9, S. 275.

c) Schreibunterricht muss daher auch die Inhalte anderer Fächer aufnehmen, die schreibend angeeignet werden können und für die es sich lohnt, die passende Schreibhaltung zu finden. Er muss daher in allen Fächern stattfinden. Es gilt also „die Sachfächer für die sprachliche Bildung etwas stärker in die Pflicht zu nehmen",[116] sodass schließlich alle Fächer für das Schreiben und gleichermaßen das Schreiben für alle Fächer sinnvoll genutzt werden können. So muss ein

> solches Prinzip der Schriftlichkeit aller Fächer [...] zur Folge haben, daß eine kontinuierliche Schreiberziehung auch von allen Fächern wahrgenommen wird. Der Geographielehrer, der Religionslehrer, der Biologielehrer, sie alle müßten in ihrem Fachunterricht also auch Aufsatzlehre [oder besser: Scheiberziehung; Anm. d. Verf.] betreiben und die fachspezifischen Darstellungsverfahren mit den fachsprachlichen Besonderheiten immer wieder einmal zum Thema ihres Unterrichts machen.[117]

3.3.3 Achte Konsequenz: Individualisierung des Schreibunterrichts

a) Da Schreiben und Schreibenlernen höchst individuelle Prozesse sind, müssen die individuellen Schreibtätigkeiten der Lernenden verstärkt in den Fokus der unterrichtlichen Bemühungen rücken und individualisierende Zugänge zum Schreiben ermöglicht werden, die das Schreiben nicht auf den Zweck der Leistungskontrolle reduzieren, sondern den Wert erfahren lassen, den eine einzunehmende Schreibhaltung oder eine zu verfassende Textsorte für die individuelle geistige Entwicklung haben kann.

b) Damit eine individuelle Förderung tatsächlich möglich ist, müssen sowohl die Heranwachsenden ein Wissen um ihre eigene Schreibentwicklung als auch die Deutschlehrkräfte ein Wissen um die individuellen Schreibbiographien ihrer Schülerinnen und Schüler besitzen, „auch in der Sekundarstufe gilt es, die bisherigen Erfahrungen der Schüler im Umgang mit Geschriebenem für das eigene Schreiben nutzbar zu machen."[118]

c) Eine Individualisierung des Schreibunterrichts muss auch eine Individualisierung der Korrekturpraxis zur Folge haben, da nur solche Korrekturen, die nicht zu einer rein linearen Überarbeitung eines Textes führen, Schreiblernenden eine Einsicht in die Funktion sprachlicher und inhaltlicher Elemente für die Kohärenz eines Textes ermöglichen und sie zur Anwendung textlinguistischen Schemawissens in Form schreibhandlungsleitender Skripts anregen.

---

[116] Marenbach: Lernbereichs- und fächerübergreifende Schreibförderung, in: Abraham u. a. (Hg.): Schreibförderung und Schreiberziehung, S. 141.
[117] Herold: Kontinuierliche Schreiberziehung im Deutschunterricht der gymnasialen Oberstufe, in: Gössmann (Hg.): Theorie und Praxis des Schreibens: Wege zu einer neuen Schriftkultur, S. 30f.
[118] Wildemann: Aufsatzunterricht – Texte schreiben, in: Lange u. Weinhold (Hg.): Grundlagen der Deutschdidaktik, S. 45.

4. Der Schreibkurs – Entwicklung und Erprobung von konkreten Handlungsstrategien für den Schreibunterricht der Sekundarstufe

Dieses Kapitel führt die Ergebnisse der Analyse aller Komponenten des Schreibunterrichts in der Sekundarstufe zusammen und konkretisiert die bereits aufgezeigten Konsequenzen. Auf ihrer Grundlage wird zunächst ein Konzept zur strukturellen, inhaltlichen und methodischen Gestaltung eines Schreibunterrichts entwickelt, der schreibstrategisches Wissen anbahnt und fördert, und in Form eines Schreibkurses erprobt. In einem weiteren Schritt werden wesentliche Erfahrungen mit dem Kursdesign reflektiert, um die Wirksamkeit des Konzeptes und der in diesem enthaltenen konkreten Handlungsstrategien zu bestimmen.

4.1 Erste Konkretisierung der acht Konsequenzen

In den acht bereits aufgezeigten Konsequenzen aus der Analyse aller Komponenten des Schreibunterrichts lassen sich drei übergeordnete Bereiche erkennen, die sich bisher als problematisch für die Unterstützung der Schreibentwicklung der Heranwachsenden erweisen: die institutionellen bzw. organisatorischen Rahmenbedingungen des Schreibunterrichts, die Konzentration auf die Verfertigung von abgeschlossenen Texten und die ungenügende Integration sowohl der vielfältigen wissenschaftlichen und schulpraktischen Kenntnisse und Erfahrungen auf Seiten der Deutschlehrerinnen und -lehrer als auch des methodischen und inhaltlichen Vorwissens durch die Schülerinnen und Schüler.

Damit Schreibunterricht zu einem Unterricht werden kann, der unter Berücksichtigung von individuellen Schreibbiographien grundlegende Schreibstrategien für die Bewältigung aller erdenklichen Schreibaufgaben vermittelt, müssen sich diese Bereiche verändern – und die Art und Weise ihrer Veränderung ergibt sich aus der Zusammenfassung und Konkretisierung der acht Konsequenzen.

4.1.1 Institutionelle und organisatorische Rahmenbedingungen

Der Erwerb schriftsprachlicher Kompetenz vollzieht sich in einem lang andauernden Prozess, für die Entwicklung und Ausbildung umfassender Schreibfähigkeiten bedürfen Schreiblernende sehr viel Zeit. Dennoch findet gymnasialer Schreibunterricht derzeit unter hohem Zeitdruck statt, weil eine nicht unbeträchtliche Zahl von Schulaufgaben in Form unterschiedlichster Schreibformen bzw. Textsorten in relativ wenigen zur Verfügung stehenden Deutschstunden für eine große Anzahl von Schülerinnen und Schülern vorbereitet und durchgeführt werden müssen. Dies hat zum einen zur Folge, dass die Lernenden im Unterricht selbst relativ wenig selbstständig schreiben können und komplexere Schreibaufgaben wie das Verfassen eines längeren, abgeschlossenen Textes oft aus der Schule herausgenommen und in die häusliche Umgebung verlagert werden müssen, in der den Heranwachsenden keine Hilfe bei sich stellenden Problemen gegeben werden kann. Zum anderen führt dies dazu, dass Sinn und Nutzen vieler Schreibaufgaben oft nicht in befriedigender Weise vermittelt werden können, weil der Fokus der meisten Schülerinnen und Schüler stets auf der Schulaufgabe liegt, die als nächstes zu bestehen ist und nach erfolgreicher Absolvierung geistig „abgehakt" werden kann. Die enge zeitliche und inhaltliche Anbindung an die weiteren Lernbereiche des Faches Deutsch ist zudem Ursache dafür, dass Schreibhaltungen, die hier erlernt werden, nicht bewusst für andere Fächer und deren Inhalte und Aufgaben nutzbar gemacht werden.

Zwei Lösungen erscheinen für das Problem der institutionellen und organisatorischen Rahmenbedingungen möglich: Entweder der Deutschunterricht selbst wird bei Beibehaltung der bisherigen Lerninhalte mit einer höheren Wochenstundenzahl ausgestattet, sodass im Fach Deutsch mehr Zeit für das Schreiben und die einzelnen Schreiblernenden zur Verfügung steht, oder der Schreibunterricht wird aus der engen Verzahnung mit dem Fach Deutsch gelöst und in Stunden verlagert, die sich auch „offiziell" allein dem Schreiben widmen, wofür sich im bayerischen Gymnasium beispielsweise die neu eingerichteten Intensivierungsstunden mit ihren kleineren Lerngruppen nutzen ließen. Außerhalb der tradierten Zusammenhänge des Deutschunterrichts ist die Chance größer, dass Schreibaufgaben anderer Fächer aufgegriffen und unter dem Aspekt des Schreibens betrachtet werden. Herausgelöst aus dem Deutschunterricht kann Schreibunterricht zum Strategieunterricht werden, weil er nicht mehr nur Bezug auf die germanistischen Fachinhalte nehmen muss, sondern Gegenstände und Fragestellungen aus jedem beliebigen Fachgebiet aufnehmen und an ihnen Schreibstrategien vermitteln kann, die immer einsetzbar sind. Entfällt die enge Anbindung an den muttersprachlichen Literatur- und Sprachunterricht, wird Raum geschaffen, die Schreibaufgaben aller Fächer zu thematisieren, vergleichend zu untersuchen und mögliche Schreib-Lösungen zu erproben, sodass Schülerinnen und Schüler die Möglichkeit haben, ihre Vorstellung vom Schreiben zu erweitern und das Schreiben nicht mehr nur mit dem Verfassen von Aufsätzen gleichzusetzen, sondern als wesentliches Hilfsmittel für alle inner- und außerschulischen Themengebiete zu erkennen. Als eine Zwischenlösung zur Erprobung eines solchen „ausgelagerten" Schreibunterrichts bietet sich ein zeitlich begrenzter Schreibkurs an, den Schülerinnen und Schüler freiwillig und zusätzlich zu ihrem übrigen Unterricht besuchen und in dem die Zahl der Teilnehmerinnen und Teilnehmer beschränkt ist.

4.1.2 Schreiben und Textgestaltung

Fast alle Beiträge aus Linguistik, Didaktik und Schulpraxis beschäftigen sich mit der Frage, auf welchen Wegen ein Schreibender zu einem abgeschlossenen, gut gestalteten Text gelangt, welche Kriterien es sind, die eine schriftliche Äußerung als Text wahrnehmen lassen und wie diese den Schreiblernenden am besten zu vermitteln sind. Diese Konzentration auf den Text, so wichtig und wertvoll sie auch zweifellos ist, führt dazu, dass Schreibunterricht in der Sekundarstufe, insbesondere der des Gymnasiums, fast ausschließlich der Ausbildung und Überprüfung von Textgestaltungskompetenzen gewidmet ist, und lässt in Vergessenheit geraten, dass Schreiben nicht nur dann sinnvoll und gewinnbringend ist, wenn es zu einem abgeschlossenen, gut gestalteten Text führt. Schreibunterricht hat die Aufgabe, die Schreibkompetenz der Schülerinnen und Schüler insgesamt zu erhöhen, und deshalb muss er den Lernenden auch Gelegenheit bieten, das Schreiben als Medium des Denkens und Lernens und als Möglichkeit, die eigene Individualität zu verstehen, für sich zu entdecken.

Schreibunterricht sollte daher nicht allein Textgestaltungsunterricht sein, er sollte sich vielmehr allen Schreibfunktionen gleichberechtigt widmen und verstärkt auf die Vermittlung schreibstrategischen Wissens achten. Schreibstrategien und Schreibfunktionen lassen sich nicht nur beim Verfassen eines Textes einüben, sie sind auch an kürzeren schriftsprachlichen Äußerungen trainierbar, die leichter in den Unterricht integriert werden können und damit ein stetes, regelmäßiges Schreiben ermöglichen. Gerade für junge oder unsichere, unerfahrenere Schreiberinnen und Schreiber könnte dies eine Erleichterung und Lernhilfe bedeuten – müssen sie ihre Aufmerksamkeit nicht auf einen größeren inhaltlichen Zusammenhang richten, wie das beim Aufsatzschreiben der Fall ist, können sie frei werdende kognitive Kapazitäten dazu nutzen, einzelne Schreibhaltungen und Schreibstrategien bewusst einzusetzen und zu trainieren, sie können leichter auf Formulierungen achten und verschiedene Ausdrucksvarianten erproben, sodass sie auch auf diese Weise allmählich ihren eigenen schriftsprachlichen Stil entwickeln und ihren „Monitor" stärken können. Davon abgesehen, dass sich auf diese Weise auch so sinnvolle Strategien wie das ansonsten oft vernachlässigte Mehrversionenschreiben leichter realisieren lassen, führt ein solches stetes Schreiben kurzer Schriftstücke eher dazu, Strategien zu routinisieren, als ein gelegentliches Produzieren langer, vollständiger Texte.

Auch epistemisches Schreiben bedarf keines abgeschlossenen Textganzen – wird schreibend gedacht, so entstehen sehr häufig nur Textfragmente, die oft in sich unzusammenhängend und sprachlich unausgefeilt sind. Diese müssen im Schreibunterricht ebenfalls zugelassen und als wichtige Arbeitsergebnisse gewürdigt werden, damit Schülerinnen und Schüler sich überhaupt trauen, dieses synkretistische oder produktzerlegende Schreiben, dessen Hauptfunktion nicht darin liegt, einen Text zu produzieren, sondern das Denken des Schreibenden zu unterstützen, als Strategie zu nutzen.

Damit sich Schreibunterricht von seiner Fixierung auf vollständige Textprodukte lösen und auch zu Strategieunterricht werden kann, muss er stärker von der Vorbereitung auf Deutsch-Schulaufgaben abgekoppelt werden, in denen ja (fast) immer abgeschlossene Texte – Aufsätze – zu verfassen sind. Auch für diesen zweiten Problembereich könnte damit die Lösung entweder in der Erhöhung der Wochenstundenzahl des Faches Deutsch oder in einer Auslagerung des Schreibunterrichts liegen, wie sie hier mit dem Konzept des Schreibkurses vorgeschlagen wird.

4.1.3 Integrative Vorgehensweise

Ein letzter wesentlicher Schritt zur Verbesserung des Schreibunterrichts in der Sekundarstufe könnte in einer Vorgehensweise liegen, die alle wesentlichen Funktionen des Schreibens und sämtliche Ziele, die sich mit ihm verfolgen lassen, aufgreift und für alle Fächer nutzbar macht – einer Vorgehensweise, die sowohl fachintegrative als auch fächerübergreifende/fächerverbindende, fachunabhängige und cross-curriculare Aspekte beinhaltet.

Dabei bedeutet „fachintegrativ", dass die einzelnen Lern- und Arbeitsbereiche des Faches Deutsch in enger Verzahnung unterrichtet werden, sodass die Schülerinnen und Schüler deren Zusammenhang erkennen können, „fächerübergreifend/fächerverbindend" dagegen bezeichnet einen Unterricht, der die Inhalte „mehrerer Fächer […] derart zusammenführt, dass dabei ein neues Ganzes entsteht, ohne dass sich dabei aber die zuvor vereinzelten Bereiche oder Fächer völlig auflösten."[1]

Während sich fächerübergreifendes Arbeiten damit meist auf inhaltliche Themenstellungen bezieht, beschreibt der Begriff „fachunabhängig" die methodischen Zugänge, die nicht in nur einem Fach allein gewählt werden können, wie beispielsweise bestimmte Schreibanweisungen oder Arbeitsaufträge. Mit „cross-curricular" schließlich lässt sich eine Sonderform fachunabhängigen Arbeitens fassen, mit dem Begriff bezeichne ich das denkende Schreiben oder schreibende Denken, das als Arbeitstechnik in allen Fächern bewusst eingesetzt werden kann.[2]

---

[1] Kunze u. Krejci: Deutschunterricht – integrativ, in: Czech u. Volmert (Hg.): Schreiben im integrativen Deutschunterricht, S. 31. Gelegentlich wird zusätzlich zwischen „fächerübergreifendem" und „fächerverbindendem" Unterricht differenziert, s. z.B. Peterßen: Kleines Methoden-Lexikon, S. 84. Zur Diskussion der Begriffe vgl. auch Czech u. Volmert: Editorial: Schreiben im integrativen Deutschunterricht, in: dies. (Hg.): Schreiben im integrativen Deutschunterricht, S. 9f.

[2] Der Begriff hat seinen Ursprung in der „Writing across the curriculum"-Bewegung, die in den 1970er Jahren an US-amerikanischen Colleges und Universitäten ihren Anfang nahm. Ihre Mitglieder setzten sich dafür ein, Schreiben auch außerhalb des Literatur- oder Sprachunterrichts gezielt, aber ohne Zwang und Zensur zu nutzen, um fachliche Inhalte bzw. die eigene Einstellung diesen Inhalten gegenüber zu klären: „Teachers across the curriculum can provide more classroom opportunities for students to know and understand all subjects through writing. Such writing can be personal and promote self-awareness within the context of a specific discipline, or it can be speculative and exploratory regarding a certain subject matter […]. Because such writing is meant to be speculative and because it is written for the benefit of the student, it is not important for the teacher to see it. Indeed, it could damage free speculation if the teacher were to grade it." (Fulwiler: Writing: An Act of Cognition, in: Griffin (Hg.): Teaching Writing in All Disciplines, S. 22).

Eine integrative Vorgehensweise im Fachunterricht zeichnet sich im allgemeinen dadurch aus, dass „Binnengrenzen und/oder Außengrenzen des Fachs [...] zu anderen Fächern hin überschritten werden",[3] sie ermöglicht zudem „Lehren und Lernen in Verbindung von schulisch-unterrichtlicher und außerschulischer Wirklichkeit."[4] Für den Schreibunterricht bedeutet dies, auf verschiedenen Ebenen thematische und methodische Bezüge zu allen Fächern herzustellen, um den Schülerinnen und Schülern zu der Erkenntnis zu verhelfen, dass Schreiben in jedem Fach von Bedeutung ist und sinnvoll genutzt werden kann, um Einsichten zu gewinnen, diese zu kommunizieren und auch zu hinterfragen.

4.1.3.1 Fächerübergreifende Verknüpfung von Themen und Inhalten, Textsorten und Schreibhaltungen

Ausgehend von der inhaltlichen Ebene bedeutet eine integrative Vorgehensweise im Schreibunterricht zunächst die Beschäftigung mit Themen aus verschiedenen Fächern, die (auch) schreibend erarbeitet werden bzw. zu ganz bestimmten Schreibhaltungen herausfordern und in bestimmten Textsorten mit speziellen thematischen Entfaltungen realisiert werden. So ist beispielsweise im Physik- und Chemieunterricht über Vorbereitung, Durchführung und Ergebnis physikalischer Versuche oder chemischer Experimente zu schreiben, so wird in Biologie über die Merkmale bestimmter Pflanzenarten und Lebewesen und im Fach Geschichte über den Verlauf historischer Ereignisse geschrieben. All diese Themen werden inhaltlich in den einzelnen Fächern erarbeitet, sie sollten aber zusätzlich unter einem anderen Blickwinkel im Schreibunterricht aufgegriffen werden. Hier ließe sich dann, beispielsweise über die Auseinandersetzung mit fachspezifischen Sachtexten, die sich in den Lehrwerken finden, untersuchen, welche Schreibhaltung und welche thematische Entfaltung für welche Themenstellung und Intention geeignet ist und welche eher nicht, es könnten für ein Thema verschiedene Schreibhaltungen und Themenentfaltungen erprobt und auf ihre Tauglichkeit geprüft werden. Dabei könnten auch die jeweils verwendeten Operatoren und die durch sie gestellten Anforderungen verglichen und die unterschiedlichen Textgestaltungsmöglichkeiten sowohl in verschiedenen Fächern als auch außerschulischen Zusammenhängen reflektiert werden.

Durch diesen Vergleich der Schreibanforderungen aller Fächer könnte das Wissen der Schülerinnen und Schüler um deren jeweils spezifische Schreibkonventionen geschärft werden. Darüber hinaus wird die Einsicht in die Notwendigkeit und den Sinn des Einübens einer bestimmten Schreibhaltung auf diese Weise wesentlich besser befördert werden als in einem allein auf das Fach Deutsch konzentrierten Unterricht – den Aufbau und die Organisation eines Ameisenstaates zu beschreiben, der gerade im Biologieunterricht thematisiert wird, ist für die

---
[3] Kunze u. Krejci: Deutschunterricht – integrativ, S. 30.
[4] Ebd.

Heranwachsenden sicherlich nachvollziehbarer als die schriftliche Beschreibung des Knopfannähens.[5]

Werden die jeweils aktuellen Unterrichtsinhalte einzelner Fächer in den Schreibunterricht einbezogen, könnte dies auch Anreiz bieten, sich schreibend Klärung zu verschaffen und sich dadurch des Schreibens als Denkhilfe zu bedienen, beispielsweise indem die Schülerinnen und Schüler schriftlich reflektieren, was sie im Fachunterricht gelernt haben, welche Details sie noch nicht verstehen, welchen Nutzen es für sie hat, sich mit diesem spezifischen Lerngegenstand zu beschäftigen, oder welche Fragen sich ihnen über das bisher Besprochene hinaus noch stellen. Epistemisches Schreiben hätte sich darin aber noch nicht erschöpft, vielmehr könnte eine solche schriftliche Auseinandersetzung Anstoß sein, schreibend weiter zu denken und die Erkenntniswege und Problemlösestrategien eines Faches auf offene Fragen in einem anderen anzuwenden. Durch ihr eigenes Schreiben können sich die Heranwachsenden nämlich bewusst machen, wie sie bei bestimmten Fragestellungen eines Faches vorgehen, um zu einer Antwort zu gelangen, und sie könnten die hier erkannten Strategien dann versuchsweise auch auf anderen Gebieten einsetzen. So könnte sich der Wirkungsgrad fachspezifischer Denkwege, die oft isoliert und ohne Verknüpfung zu anderen kognitiven Inhalten gespeichert sind, allmählich erhöhen und es könnte auf die Anforderungen der Umwelt mit zunehmender Flexibilität reagiert werden.[6]

---

[5] Das Thema findet sich in der Aufsatzdatenbank des ISB (s. http://projekte.isb.bayern.de/aufsatzdb/handlungsanweisung.htm). Dass tatsächlich solche Themen gewählt werden, wenn im Deutschunterricht die Vorgangsbeschreibung zu vermitteln ist, führt deutlich vor Augen, dass die literarischen und sprachlich-kommunikativen Inhalte des Faches die geforderten Schreibhaltungen allein gar nicht inhaltlich sinnvoll füllen können.

[6] Gerd Antos sieht ebenfalls die Notwendigkeit eines fächerübergreifenden Schreib-Curriculums (vgl. Antos: Textproduktion: Überlegungen zu einem fächerübergreifenden Schreib-Curriculum, in: Feilke u. Portmann (Hg.): Schreiben im Umbruch: Schreibforschung und schulisches Schreiben, S. 186–196). Er plädiert jedoch für eine Dezentralisierung des schulisch gesteuerten Schreibunterrichts, im Sinne einer Zerlegung der komplexen Schreibanforderung in Schreibprozeduren, die in den jeweiligen Fächern eingeübt werden, in denen sie zum Einsatz kommen. „Dort, wo man in den Sachfächern schreibt, sollte daher auch das Schreibenlernen gelernt werden. Denn nur dort haben wir es mit funktionsgerechten Schreibkontexten zu tun." (Ebd., S. 196). Der Deutschunterricht dagegen „sollte jene Fähigkeiten fördern, die in diesen Fächern nicht förderbar sind. Insbesondere hat er es mit der Einübung der *Integration und Koordination* der Teilfähigkeiten zu tun" (ebd., S. 192), ihm kommt zudem die Aufgabe der Habitualisierung der Schreibfähigkeiten zu. „Er sollte gerade nicht der Versuchung erliegen, das, was die Spezialfächer an schreiblichen Fähigkeiten vermitteln können und daher auch *besser* vermitteln können, in sein Aufgabengebiet zu ziehen." (Ebd.) Dies vergibt jedoch die Chance des vergleichenden Lernens, das spezielle Schreibanforderungen einzelner Fachgebiete bewusster machen kann. Ich bezweifle zudem, dass die Vermittlung spezieller Schreibfähigkeiten durch die jeweilige Fachlehrkraft wirklich „besser" ist, da diese ja meist nur Wissen über die Schreibanforderungen des eigenen Faches besitzt und deshalb oft gar nicht einschätzen kann, welche Schwierigkeiten sich den Lernenden dabei im Vergleich (oder der Konkurrenz) zu den Schreibanforderungen anderer Fächer stellen (– Antos selbst führt hierfür auf S. 195 ein Beispiel aus der Schulpraxis an). Eine erfolgreiche Schreibunterweisung außerhalb des Deutschunterrichts ist erst dann möglich, wenn die Lehrkräfte aller Fächer auch als Schreiblehrerinnen und -lehrer ausgebildet werden.

4.1.3.2 Verknüpfung wissenschaftlicher Erkenntnisse und Methoden

Die vielfältigen Erkenntnisse der Wissenschaft müssen gebündelt, sinnvoll zusammengeführt und als strategische Entscheidungshilfen für das Handeln im Schreibunterricht nutzbar gemacht werden, dürfen doch die zahlreichen Begrifflichkeiten und Erklärungsmuster, die aus der wissenschaftlichen Multiperspektivität resultieren, nicht dazu führen, dass angesichts der Unüberschaubarkeit all dessen, was Schreiben ist und sein kann, ein Aufsatzunterricht mit normierten Textsorten und Schreibaufgaben und in der immer gleichen Art und Reihenfolge der Vermittlung tradiert wird, der von äußerst zweifelhaftem Erfolg ist. Auch aus der Beobachtung, dass es einem Unterricht, der sich ausschließlich auf eine der wissenschaftlichen Theorien stützt und nur die Ergebnisse eines Ansatzes berücksichtigt, ebenso wenig gelingt, die Schreibkompetenz aller Schülerinnen und Schüler erfolgreich zu befördern, ist die Konsequenz einer integrativen Methodik zu ziehen, die sich die Ergebnisse der Wissenschaft souverän zunutze macht.

Das bedeutet zunächst, dass in den Schreibunterricht die vielfältigen Übungen und Methoden aus kommunikativer, kreativer und prozessorientierter Aufsatz- und Schreibdidaktik Eingang finden und als gleichberechtigt und gleichwertig vermittelt werden, weil sie sowohl als übergeordnete Zielsetzungen als auch als kleinere Strategien in einzelnen Schreibphasen auftreten können. So kann beispielsweise die Orientierung am Adressaten in einem argumentativen Text den gesamten Schreibprozess steuern, während sie in einem personal-kreativen Text als Revisionsstrategie angewandt wird, so lassen sich, um weitere Beispiele anzuführen, kreative Methoden wie das automatische Schreiben oder der Bau von Wortfeldpyramiden sowohl zur Ideengenerierung vor dem Schreibakt als auch zur Überwindung von Schreibblockaden in der Phase der Übersetzung oder als Revisionsstrategie in der Überarbeitungsphase einsetzen.

Die Verknüpfung unterschiedlichster wissenschaftlicher Ansätze und Methoden führt zudem dazu, dass auch solche Erkenntnisse und Beobachtungen aus Textlinguistik, Schreibforschung und Sprachpsychologie in den Schreibunterricht integriert und dort als Schreibstrategien für Schreiblernende verfügbar gemacht werden, die bisher noch nicht als Strategie wahrgenommen wurden. Die in der Schreibforschung eingesetzten „Thinking-Aloud-Protocols" zeigen zum Beispiel, dass Schreibende immer wieder gedanklich abschweifen, vor allem dann, wenn sie im Schreibprozess auf erhebliche Schwierigkeiten treffen und das Gefühl haben, diese momentan nicht überwinden zu können. Diese Beobachtung muss der Schreibunterricht einerseits als Gefahr für den erfolgreichen Abschluss des Schreibprozesses zur Kenntnis nehmen, andererseits kann er sie sich auch zunutze machen und als wirkungsvolle Entlastungsstrategie trainieren. Je weiter und länger sich ein Schreibender gedanklich ungewollt von seinem Text entfernt, desto schwerer kann es ihm fallen, sich wieder auf seine Schreibaufgabe zu konzentrieren. Hat er es jedoch gelernt, souverän und gelassen damit umzugehen und einen solchen gedanklichen „Ausflug" für eine kurze Zeitspanne willentlich zuzulassen, dann hilft ihm dieses Vorgehen, dieses „bewusste Abschweifen" möglicherweise, neue Ideen zu generieren und gedankliche Verknüpfungen herzustellen, die seinen entstehenden Text positiv beeinflussen.

Auch die Beobachtung, dass Menschen mit sich selbst sprechen, wenn sie eine schwierige Aufgabe zu bewältigen haben, und, der Erklärung Vygotskijs zufolge, in dieser lautlichen Äußerung ihre individuellen, in innerer Sprache ablaufenden Denkprozesse linearisieren, besser fassbar und leichter zugänglich machen, lässt sich zu einer Schreibstrategie umformen, die vor allem in schriftlichen Prüfungen sehr hilfreich sein kann. In dieser Situation, die es zeitlich nicht erlaubt, Abstand vom eigenen Textprodukt zu nehmen, lässt sich die für die eigene Beurteilung dennoch erforderliche Distanz nur durch lautes Lesen herstellen. Da dies in Schulaufgaben jedoch nicht möglich ist, weil lautes Lesen die anderen Schreibenden behindern würde, kann nur ein bewusstes „inneres lautes Lesen", das den Text durch das „geistige Ohr" hören lässt, Abstand gewinnen lassen, und dieses kann bewusst als Strategie trainiert werden.

In ähnlicher Weise kann textlinguistisches Wissen zur Grundlage von Schreibstrategien gemacht werden.[7] So lässt sich beispielsweise das ontologische Wissen um kohärenzstiftende Elemente auf Dauer zu einer gewinnbringenden empirisch-prozeduralen Überarbeitungsstrategie entwickeln, und so können auch die unterschiedlichen Möglichkeiten der Themenentfaltung nicht nur als funktionale Organisationsformen von Texten, sondern langfristig auch als handlungsleitende Skripts begriffen werden, die den Schreibprozess vor allem in den Phasen der Gliederung und der Umsetzung sinnvoll steuern.

Ein weiteres wesentliches Kennzeichen integrativen methodischen Vorgehens zeigt sich schließlich im Umgang des Lehrenden mit den Schreibprodukten der Lernenden. So sollte die Schreibberatung eng an den Schreibprozess angebunden werden und in einer Weise gestaltet sein, dass Schülerinnen und Schüler nicht zu unreflektierter Verbesserung als fehlerhaft bezeichneter Stellen verleitet werden, sondern vielmehr Anstöße zur eigenaktiven geistigen Auseinandersetzung mit von außen kommenden Vorschlägen erhalten. Den „Erkenntnissen der kognitiven Lernpsychologie, daß die Handlung aktiv im Gedächtnis sein muß, damit Feedback eine lernfördernde Wirkung hat",[8] zufolge sind zeitnahe Rückmeldungen im allgemeinen wirkungsvoller als nachträgliches Feedback, sodass es auch für das Schreiblernen als gewinnbringender und förderlicher angenommen werden kann, wenn die Lehrperson den gerade entstehenden Text

---
[7] Vgl. hierzu Schoenke: Schriftliche Textbildung in der Sekundarstufe I, in: Diskussion Deutsch, H. 94 (1987), S. 149–166, und Koss: Textlinguistische Arbeitsweisen im Lernbereich „Schriftlicher Sprachgebrauch", in: Krejci (Hg.): Literatur – Sprache – Unterricht, S. 171–178.
[8] Blatt: Schreibprozess und Computer, S. 40.

des Lernenden bereits während des Schreibprozesses kommentiert und nicht erst auf das endgültige Schreibprodukt reagiert. Erfolgt die Rückmeldung zudem nicht als eine an vorgegebenen, starren Normen orientierte Markierung und Kategorisierung von Fehlern, sondern in Form von echten Fragen,[9] dann signalisiert die Lehrkraft, dass sie tatsächlich als Leserin oder Leser am Text interessiert ist und ihr Augenmerk nicht allein darauf richtet, den erreichten Lernstand, der sich im Textprodukt manifestiert, an vorher festgelegten Maßstäben zu messen. Eine solche „fragende Korrektur" regt Schülerinnen und Schüler an, sich intensiv mit dem eigenen Text auseinanderzusetzen und selbstständig zu entscheiden, in welcher Form er überarbeitet werden soll, weil die Fragen des Rezipienten zwar aufzeigen, an welchen Stellen das Textprodukt für Leserinnen und Leser noch nicht überzeugend funktioniert, aber nicht suggerieren, es gebe für diese jeweils nur eine einzig denkbare Lösung. Auf diese Weise lernen die Heranwachsenden allmählich, die Leserperspektive mitzubedenken, sie entwickeln ein Bewusstsein für die Konventionen verschiedener Textmuster und konstruieren so im Laufe der Zeit selbstständig eigene Vorstellungen davon, was einen gelungenen Text ausmacht, die in Form handlungsleitender Skripts den gesamten Schreibprozess unterstützen und leiten können.

Übergeordnetes Ziel dieser Methodik im Schreibunterricht ist es somit, handlungsleitende und -entlastende Schreibstrategien zu vermitteln, die sich bei allen Schreibaufgaben als hilfreich erweisen, und diese durch häufige Anwendung und Übung allmählich so weit zu routinisieren, dass sie zu einem großen Teil automatisch ablaufen können. Abgesehen davon, dass sich auf diese Weise die Anstrengungen des Schreibens reduzieren lassen, die gerade Schreiblernende verspüren, stehen so die verfügbaren kognitiven Kapazitäten vor allem für diejenigen Schreibentscheidungen zur Verfügung, die in einer aktuellen Schreibsituation auch ganz bewusst getroffen werden müssen.

4.1.3.3 Orientierung an den individuellen Schreibbiographien der Lernenden

Neben den bereits beschriebenen veränderten zeitlichen Rahmenbedingungen und methodischen Herangehensweisen bedarf es einer erfolgreichen Integration der bisherigen Schreiberfahrungen der Heranwachsenden in den Schreibunterricht der Sekundarstufe, damit in diesem auf die individuellen Schreibvoraussetzungen und -bedürfnisse der Lernenden differenziert eingegangen und reagiert werden kann. Da der Erwerb entfalteter Schreibkompetenz sich nicht linear, gleichmäßig und für alle Lernenden auf dieselbe Weise vollzieht, reicht es für eine adäquate Förderung aller Schülerinnen und Schüler nicht aus, als Lehrkraft nur generalisierende wissenschaftliche Theoriekenntnisse über das Schreiben

---

[9] Vgl. hierzu Weidenmann: Fördern oder Festlegen? Pädagogische Situationen unterscheiden, in: Bambach u. a. (Hg.): Prüfen und Beurteilen. Zwischen Fördern und Zensieren, Friedrich Jahresheft XIV (1996), S. 64.

Der Schreibkurs – Entwicklung und Erprobung von Handlungsstrategien

und den Verlauf der Aneignung von Schriftsprache zu besitzen und diese mit eigenen praktischen Theorien anzureichern. Schreibunterricht ist vielmehr als ein Unterricht zu konzipieren, der die individuellen Schreibbiographien der Schreiblernenden zum Ausgangspunkt seiner Arbeit macht, weil er sich bewusst ist, dass jeder, der schreibt, dies mit individuellen Vorerfahrungen tut, mit einem bestimmten Kenntnisstand und persönlichen Gefühlen hinsichtlich der eigenen Kompetenz. Da die Summe der Vorerfahrungen den Umgang mit neuen Aufgaben prägt, beeinflussen diese das weitere Schreiblernen in nicht unerheblichem Maße. Es gilt sie daher von Seiten der Lehrenden unbedingt zu berücksichtigen, will man Schreibfortschritte ermöglichen und die unterschiedlichen Funktionen des Schreibens erfolgreich nutzbar machen, sie müssen darüber hinaus aber auch den Schreiblernenden selbst bewusst gemacht werden, damit diese ihr eigenes Schreibhandeln einschätzen, hinterfragen und gegebenenfalls korrigieren können.

Individuelle Schreibbiographien setzen sich unter anderem zusammen aus dem Schreibalter, dem Ausmaß der entwickelten Schreibkompetenz, dem bevorzugten Schreibweg und der Selbsteinschätzung oder dem Selbstbild des Schreibenden. Diese sind auf vielfältige Weise miteinander verwoben und interagieren bei jedem Schreibenden in individueller Weise: Nicht alle Lernenden ein- und desselben Schreibalters weisen auch dieselben Kompetenzen auf, ähnlich ist allein die Summe ihrer Schreiberfahrungen, nicht aber deren Qualität, weil diese vor allem von Selbstbewusstsein und Selbstbild des Schreibenden bestimmt wird. Darüber hinaus wählen unterschiedliche Schreiberinnen und Schreiber auch verschiedenartige Herangehensweisen an eine Schreibaufgabe, so wie unterschiedliche Lernerinnen und Lerner bestimmte unterschiedliche Lernpräferenzen zeigen,[10] und bevorzugen aufgrund positiv oder negativ gedeuteter Schreiberlebnisse oft einen bestimmten Schreibweg und gewisse Schreibstrategien, die zwar nicht zwingend erfolgreich sind, aber stets die Qualität der Schreiberfahrung beeinflussen.

Werden die Schreibbiographien der Schülerinnen und Schüler zur Grundlage des Schreibunterrichts gemacht, dann hat dies einige Konsequenzen für die Unterrichtsplanung und -praxis. So muss die Deutschlehrkraft zunächst die individuellen Schreibbiographien erkennen, sie muss die bisherigen Schreiberfahrungen der Heranwachsenden nachvollziehen und den Stand ihrer Schreibentwicklung deuten können, was jedoch nur möglich ist, wenn die Schreibentwicklung der Kinder und Jugendlichen in geeigneter Form kontinuierlich dokumentiert

---

[10] S. Willenberg: Lernpräferenzen im Deutschunterricht, in: Diskussion Deutsch, H. 129 (1993), S. 45 ff.

wird.¹¹ Auf diese Weise kann sich die Lehrkraft zudem einen Einblick in die kognitiven Schemata, Pläne und Skripts verschaffen, auf die die Schreiblernenden zurückgreifen, führt doch gerade die Tatsache, dass sich diese in einzelnen Altersstufen oft erheblich unterscheiden und das Weltwissen von erwachsenen Lehrpersonen und Schülerinnen und Schülern quantitativ und qualitativ¹² voneinander abweichen, gelegentlich dazu, dass die als Hilfe gedachten Korrekturen der Lehrenden nicht unterstützend wirken.¹³ Gleichzeitig sollten sich aber auch die Lernenden selbst immer wieder bewusst machen, wie es um ihr Schreiben steht, beispielsweise, indem sie eine Art Schreibtagebuch führen, denn ab

> einem bestimmten niveau können schreibfähigkeiten nur dadurch weiterentwickelt werden, daß jugendlichen und jungen erwachsenen das schreiben als tätigkeit selbst zunehmend bewußter wird. Das schließt dann ein nachdenken über (eigene) vorgehensweisen, die orientierung an vorstellungen zum schreiben oder die auseinandersetzung mit alltagstheorien zur textproduktion ein [...].¹⁴

Auf der Grundlage des Wissens um individuelle Schreibbiographien können dann vielfältige, variierende und dabei so oft wie möglich auch individuelle Schreibaufgaben gestellt werden, die auf die Interessen der Lernenden eingehen, ihre Bedürfnisse berücksichtigen und sie unterschiedliche Schreibwege erproben und reflektieren lassen. Es sind also Schreibaufgaben zu finden, die nicht

---

¹¹ Die Schreibdidaktik schlägt dafür gelegentlich die Arbeit mit Portfolios vor, in denen Schülerinnen und Schüler alle verfassten Texte eines Schuljahres sammeln, mit denen sie zufrieden sind oder an denen sie ihre Schreibprozesse ablesen können, die zu bestimmten Textprodukten führten (vgl. z.B. Bräuer: Schreibend Lernen. Grundlagen einer theoretischen und praktischen Schreibpädagogik, S. 178ff.). Diese greifen aber zu kurz, weil sie längerfristige Entwicklungen nicht dokumentieren und vorhandene Schreibschwierigkeiten nicht deutlich genug aufdecken.

¹² Die Einflüsse der multimedialen Umwelt, in der Kinder und Jugendliche heutzutage aufwachsen, führen wahrscheinlich zu kognitiven Verknüpfungen, die sich von denen Erwachsener unterscheiden. So sind heutzutage beispielsweise sehr schnelle Schnitte, rasche Bildfolgen und häufige Perspektivenwechsel für viele zeitgenössische Filme und TV-Sendungen charakteristisch, vor allem für diejenigen, die sich an eine jugendliche Zielgruppe richten. Ähnliches gilt für das Internet, hier führt die Verbindung einzelner Seiten durch Hyperlinks zu diskontinuierlichem Lesen und raschem Springen zwischen einer Vielzahl von Seiten. Dies hat sicherlich Auswirkungen auf die Kognition und beeinflusst die Arbeitsweise des den Schreibprozess steuernden „Monitors".

¹³ So kann es z.B. vorkommen, dass Schreiblernende bei der Aufgabe, den Inhalt eines Textes zusammenzufassen und dabei nur die wesentlichen Informationen zu nennen, andere auch im Text genannte Details anführen, weil diese für sie neu und damit wichtig und wesentlich sind, während der Lehrende diese aufgrund seines größeren Weltwissens als für das aufgerufene Schema selbstverständlich annimmt und sie deshalb in den Texten der Schülerinnen und Schüler als Fehler markiert. Ähnliches lässt sich bei Schilderungen bemerken, hier empfinden Lehrkräfte manche der von den Lernenden verwendeten sprachlichen Wendungen als Klischees und markieren sie als Fehler, während die Schülerinnen und Schüler diese gerade zum ersten Mal gebrauchen und sie für sie neu und überraschend sind. Erst wenn Schülerinnen und Schüler diesen Formulierungen immer wieder begegnen, können sie diese auch als Klischees erkennen und überwinden, und erst dann können sie die Korrektur nachvollziehen.

¹⁴ Baumann: Schreibforschung und aufsatzunterricht: ein nicht-verhältnis oder ...?, in: Krings u. Antos (Hg.): Textproduktion: neue Wege der Forschung, S. 121.

vordergründig an den noch fehlenden Fähigkeiten der Lernenden als vielmehr an ihrem bereits erworbenen Können anknüpfen, lernen wir doch

> dort, und [...] dort weiter, wo wir die Erfahrung gemacht haben, dass wir schon etwas können. Das Vertrauen in die eigenen Fähigkeiten ist eine wichtige und notwendige Voraussetzung dafür, dass Lernprozesse gelingen. Den Lernenden die Gewissheit zu vermitteln, dass sie bereits etwas können, ist deshalb für die Weiterentwicklung vorhandener Fähigkeiten wichtiger als die Arbeit an Fehlern und Orientierung an Defiziten.[15]

Geht Schreibunterricht in diesem Sinne individualisierend vor, dann könnte er dem Anspruch gerecht werden, dass das Schreiben von allen Lernenden als wertvolles Hilfsmittel zum Erreichen individueller Ziele erkannt und genutzt wird.

4.2 Zweite Konkretisierung: Entwurf eines Schreibkurses

4.2.1 Zielsetzung

Die Planung des Schreibunterrichts in Form eines Schreibkurses setzt die beschriebenen Konsequenzen aus der Situationsanalyse um: Der Schreibunterricht der Sekundarstufe I wird bewusst aus dem schulischen Deutschunterricht verlagert und zusätzlich zu dessen Aufsatzunterricht angeboten, es wird damit zusätzliche Unterrichtszeit zur Verfügung gestellt, die nur dem Schreiben gewidmet ist. Er steht einer auf max. 20 begrenzten Zahl an Teilnehmerinnen und Teilnehmern aus unterschiedlichen Jahrgangsstufen offen, um in einer kleineren Lerngruppe Zeit für individuelle Förderung zu gewinnen und durch die jahrgangsstufenübergreifende Zusammensetzung von vornherein eine Konzentration auf die jeweiligen schulischen Aufsatzarten zu verhindern.

Der Unterricht im Schreibkurs erfolgt unter fächerübergreifender Perspektive, sein Schwerpunkt liegt in cross-curricularem Schreiben und nicht in der Produktion von abgeschlossenen längeren Texten, er dient in dieser zerlegenden Form nicht der Wiederholung und Einübung der in den einzelnen Klassenstufen verlangten Aufsatzarten oder Textsorten, sondern der Aufarbeitung genereller Schreibschwierigkeiten, die bei allen zu verfassenden Textsorten auftreten können, und vor allem dem Erlernen und Einüben vielfältiger grundlegender Schreibstrategien, deren Anwendung bei vielen unterschiedlichen Schreibaufgaben von Nutzen sein können. Damit erprobt er eine andere Herangehensweise an das Schreiben.

Ziel des Kurses ist es, durch die Vermittlung schreibstrategischen Wissens und Könnens die Schreibkompetenz von Schülerinnen und Schülern zu verbessern, Schreibblockaden abzubauen und Schreibroutine zu erhöhen. Um dieses zu er-

---
[15] Sieber: Schreiben lernen. Von der Defizit- zur Entwicklungsorientierung, in: Hollenweger u. Studer (Hg.): Lesen und Schreiben in der Schule, Beiträge zu einem interdisziplinären Verständnis des Schriftspracherwerbs, S. 53.

reichen, muss jede Kurssitzung in stetigem Wechsel zwischen Schreibübung und Reflexion stattfinden – sowohl über das Schreiben in verschiedenen Formen und Ausprägungen als auch über das Nachdenken und den Gedankenaustausch darüber soll Schreibwissen erworben und vertieft werden. Darüber hinaus müssen stets zusätzliche Aufgaben gestellt werden, die außerhalb des Kurses zu erledigen sind, um ein regelmäßiges, stetes Schreiben und Reflektieren zu ermöglichen.

Auf diese Weise können die einzelnen Phasen des Schreibprozesses thematisiert, viele verschiedenartige Schreibstrategien vorgestellt und eingeübt und die Schreibbiographien der Teilnehmerinnen und Teilnehmer zumindest in Ansätzen untersucht und ihnen selbst bewusst gemacht werden, damit sie die eigenen Schreibstärken und -schwächen erkennen können und einen souveräneren Umgang mit ihnen erlernen. Darüber hinaus können die verschiedenen Funktionen des Schreibens erprobt und die Bedeutung des Schreibens für verschiedene Schulfächer analysiert werden, sodass für die Heranwachsenden erkennbar wird, in welcher Form das Schreiben in den einzelnen Fächern von Bedeutung ist, und sie lernen können, erfolgreich auf die unterschiedlichen Schreibanforderungen zu reagieren.

4.2.2 Programm

Das Programm des Schreibkurses setzt sich aus den verschiedenen Bereichen zusammen, die schreibstrategisches Wissen und Können ausmachen: die biographische Reflexion, die Anwendung übergeordneter Schreibstrategien, die bewusste Wortschatzarbeit, der Einsatz von Strategien zur Ideenfindung und zur Gestaltung von Texten.

Es basiert auf vielfältigen Einzel-Übungen, die jeweils bestimmte Schreibstrategien fokussieren und trainieren. Die angebotenen Übungen sind alle relativ geringen Umfangs, um ein stetes Schreiben zu ermöglichen, sie beziehen kommunikative, kreative und prozessorientierte Methoden gleichermaßen ein. Ihre regelmäßige Wiederholung dient der allmählichen Routinisierung, ihre bewusste Analyse dient der Einsicht in ihren Nutzen für bestimmte Phasen des Schreibprozesses, beides gemeinsam führt dazu, dass sie den Schreibenden schließlich als über- oder untergeordnete Schreibstrategien zur Verfügung stehen.

Für die einzelnen Sitzungen des Schreibkurses können die Übungen entsprechend den Voraussetzungen und Bedürfnissen der jeweils teilnehmenden Jugendlichen und unter Berücksichtigung des jeweiligen thematischen Schwerpunkts ausgewählt und miteinander kombiniert werden. Da zudem fast alle Übungen mit unterschiedlichen Schreibmedien realisierbar sind, lassen sich je nach Bedarf auch die verschiedenen Motoriken des gebundenen und ungebundenen Hand- und Fingerschreibens schulen.

Die folgende Tabelle gibt einen systematisierenden Überblick über die Übungen, ihre Zielsetzungen und – soweit kategorisierbar – ihren jeweiligen wissenschaftlichen Hintergrund. Viele von ihnen entstammen den unterschiedlichen Schreibdidaktiken, sie stellen bereits bewährte Verfahren dar, die im Sinne eines strategiegeleiteten Vorgehens jedoch gelegentlich leicht verändert werden. Zusätzlich wurden weitere Übungen von mir neu entwickelt, um alle der geforderten acht Konsequenzen realisieren zu können.[16]

Der besseren Übersichtlichkeit halber sind in der Tabelle die einzelnen Übungen demjenigen Bereich zugeordnet, für den sie die größte Bedeutung haben, wenngleich sie durchaus auch Lernzuwächse für die anderen Gebiete ermöglichen.[17]

---

[16] Diese sind in der Tabelle durch Fettdruck hervorgehoben.
[17] Dies wird in der Verlaufsplanung für die praktische Eprobung des Kurses erkennbar, die aufzeigt, dass einzelne Übungen mit jeweils unterschiedlicher Zielsetzung eingesetzt werden können.

Übersicht Übungsformen

Bereich I: Reflexion über die eigene Schreibbiographie

Übung	Inhalt	Arbeitsform	(Schreib-)Funktion	theoretischer Hintergrund	Lernziel
Assoziationen	Vorstellungen vom Schreiben, Schreibhilfen	schriftliche Einzelarbeit stilles Lesen Gespräch Plenum	cross-curricular informierend	kreatives, prozessorientiertes Schreiben	Erkennen der Prozesshaftigkeit des Schreibens, Bewusstmachen eigener und fremder Schreibstrategien Erkennen der Bedeutung von Schreibumfeld, Schreibzeit, Schreibsituation, Schreibaufgabe
Brainstorming	eigene Schreiberfahrungen	schriftliche Einzelarbeit Gespräch Plenum	cross-curricular reflektierend	kreatives, prozessorientiertes Schreiben	Bewusstwerden eigenen Schreibkönnens Feststellen der Ähnlichkeiten und Unterschiede der Erfahrungen
Definieren	individueller Schreibbegriff	schriftliche Einzelarbeit Gespräch Partner/Plenum	epistemisch reflektierend		Bewusstmachen eigener Vorstellungen Vergleich der Vorstellungen: Feststellen der Gemeinsamkeiten und Unterschiede
Fragebogen zum Schreiben	schulische und private Schreiberfahrungen	schriftliche Einzelaufgabe	epistemisch reflektierend		Bewusstmachen eigener Erfahrungen, Erkennen eigenen Schreibkönnens und eigener Schreibblockaden
Karteikartenabfrage	Schreibhaltungen Aufsatzkriterien Textkriterien	schriftliche Einzelarbeit Gespräch Plenum	informierend cross-curricular reflektierend		Bewusstmachen eigener und fremder Vorstellungen und Begriffe Bewusster Umgang mit verschiedenen Schreibaufgaben
Schreibtagebuch	Nachdenken über tägliche Schreibaufgaben	schriftliche Einzelaufgabe Gespräch Plenum	epistemisch reflektierend		Entwicklung von Bewusstsein für eigenes Schreiben, Vergleich von Erfahrungen
„verrücktes" Schreiben	Schreibort, Arbeitsplatz, Schreibpausen, Sitzhaltung	schriftliche Einzelarbeit Gespräch Plenum	informierend unterhaltend reflektierend	kreatives Schreiben	Finden des besten Arbeitsplatzes für das eigene Schreiben Erkennen der Bedeutung der Schreibumgebung Kennenlernen und Erproben einer Schreibstrategie

Der Schreibkurs – Entwicklung und Erprobung von Handlungsstrategien

Bereich II: Schreibstrategien

Übung	Inhalt	Arbeitsform	(Schreib-)Funktion	theoretischer Hintergrund	Lernziel
bewusstes Abschweifen	eigene Kurztexte	schriftliche Einzelarbeit	epistemisch cross-curricular	prozessorientiertes Schreiben	Kennenlernen und Erproben einer Schreibstrategie
Checkliste	Herangehensweise an Schreibaufgaben, Vorgehen beim Schreiben	Gespräch Plenum, schriftliches Sammeln	informierend, memorierend		Erkennen verschiedener Möglichkeiten, bewusste Systematisierung von Arbeitsschritten
Fachvergleich	Vergleich der Aufgaben aller Fächer	Gespräch Plenum Sammlung und Systematisierung von Arbeitsschritten	informierend memorierend epistemisch cross-curricular		Bewusstmachen von Problemlösungsstrategien Erkennen, dass sehr viele Aufgaben in einem Prozess gelöst werden Nutzen erfolgreicher Denkstrategien und Arbeitsschritte für das Schreiben
fragende Korrektur	eigene und fremde Texte	schriftliche Einzelarbeit	informierend kommunikativ cross-curricular epistemisch	kommunikatives, prozessorientiertes Schreiben Lernpsychologie	Fähigkeit zur Auseinandersetzung mit fremden Texten, Kritikfähigkeit Erwerb von Revisionsstrategien
inneres lautes Lesen	eigene Kurztexte	„stumme" Einzelarbeit	informierend	prozessorientiertes Schreiben	Kennenlernen und Erproben einer Schreibstrategie Distanzierung vom eigenen Text
Perspektivenwechsel	Beschreibung Schreibort	schriftliche Einzelarbeit Gespräch Plenum	informierend epistemisch reflektierend	kommunikatives, prozessorientiertes Schreiben	Erkennen der Perspektivität des Schreibens und des Schreibprodukts
schriftliches Lernen	Lernhausaufgaben aller Fächer	schriftliche Einzelarbeit	epistemisch memorierend cross-curricular		Bewusstmachen eigenen Lernverhaltens Kennenlernen und Erproben des Schreibens als Lernstrategie und als Problemlösungsstrategie

schriftliches Rätseln	Denksportaufgaben	schriftliche Einzelarbeit	unterhaltend epistemisch	Kennenlernen und Erproben des Schreibens als Problemlösungsstrategie Bewusstmachen des schreibenden Denkens
stumme Schreibkonferenz	Free-Writing-Texte	schriftliche Einzelarbeit	informierend epistemisch cross-curricular	prozessorientiertes Schreiben
				Fähigkeit zur Auseinandersetzung mit fremden Texten, Kritikfähigkeit, Kennen und Anwenden von Qualitätsmerkmalen, Erwerb von Revisionsstrategien
Textballon/ Satzballon	eigene Kurztexte fremde Textentwürfe	schriftliche Einzel- oder Partnerarbeit	informierend cross-curricular	Linguistik
				Kennenlernen und Erproben einer Revisionsstrategie Fähigkeit, die Wirkung von Texten zu beurteilen bewusstes „Aufblähen" und Kürzen von Sätzen oder Texten

Der Schreibkurs – Entwicklung und Erprobung von Handlungsstrategien

Bereich III: Übungen zur Wortschatzaktivierung und zum Formulieren

Übung	Inhalt	Arbeitsform	(Schreib-)Funktion	theoretischer Hintergrund	Lernziel
ABC-Geschichte	momentan bedeutsame Themen	schriftliche Einzelarbeit	unterhaltend informierend cross-curricular	kreatives Schreiben	Kennenlernen und Erproben einer Schreibstrategie Wortschatzaktivierung
Buchstaben verlieren	eigene und fremde Texte	schriftliche Einzelarbeit	unterhaltend informierend cross-curricular	kreatives Schreiben	Kennenlernen und Erproben einer Schreibstrategie Wortschatzaktivierung
Clusterideen ausformulieren	Lieblingswörter momentan bedeutsame Themen eigene und fremde Cluster frei oder mit Vorgabe der Schreibhaltung	schriftliche Einzelarbeit mündliche Partnerarbeit	Selbstausdruck informierend cross-curricular kommunikativ unterhaltend	kreatives, prozessorientiertes Schreiben	Kennenlernen und Erproben einer Schreibstrategie
Imitation und Verfremdung	Mustertext, Lieblingstext, Schulbuchtexte, Schreibhaltungen	schriftliche Einzelarbeit	informierend kommunikativ unterhaltend cross-curricular	kreatives Schreiben	Erprobung von Schreibhaltungen Erkennen und Anwenden von Textsortenkriterien
Satz-Ersatz	Stilebenen: von vulgär bis „Fachchinesisch" Kurztexte	schriftliche Einzel- oder Gruppenarbeit	unterhaltend informierend cross-curricular epistemisch Selbst-Ausdruck	kreatives Schreiben	Aktivierung von Wortschatz Fähigkeit, die Wirkung von Stilebenen zu beurteilen Kennenlernen und Erproben einer Schreibstrategie
Satzumbau	grammatische Proben, Schreibhaltungen	schriftliche Einzel- oder Gruppenarbeit	informierend	Linguistik	Erkennen der Wirkung unterschiedlichen Satzbaus Kennenlernen und Erproben einer Schreibstrategie

Wort-Ersatz	Stilebenen: von vulgär bis „Fachchinesisch" Ober-/Unterbegriffe Gegenteil u. a.	schriftliche Einzel- oder Gruppenarbeit	unterhaltend informierend Selbstausdruck cross-curricular	kreatives Schreiben	Aktivierung von passivem Wortschatz Kennenlernen und Erproben einer Schreibstrategie
Wortpyramide	momentan bedeutsame Themen	schriftliche Einzelarbeit	unterhaltend informierend cross-curricular	kreatives Schreiben	Kennenlernen und Erproben einer Schreibstrategie Wortschatzaktivierung
Worttreppe	momentan bedeutsame Themen	schriftliche Einzelarbeit	unterhaltend informierend cross-curricular	kreatives Schreiben	Kennenlernen und Erproben einer Schreibstrategie Wortschatzaktivierung

Der Schreibkurs – Entwicklung und Erprobung von Handlungsstrategien

Bereich IV: Übungen zur Ideenfindung

Übung	Inhalt	Arbeitsform	(Schreib-)Funktion	theoretischer Hintergrund	Lernziel
automatisches Schreiben	völlig frei	schriftliche Einzelarbeit	Selbstausdruck cross-curricular epistemisch	personal-kreatives Schreiben	Kennenlernen und Erproben einer Schreibstrategie
Cluster	Lieblingswörter momentan bedeutsame Themen u. a.	schriftliche Einzelarbeit schriftliche Gruppenarbeit	Selbstausdruck informierend cross-curricular	kreatives Schreiben	Kennenlernen und Erproben einer Schreibstrategie
Free-Writing*	bedeutsame Orte, Personen, Musikstücke, Bücher, Sport u. a.	schriftliche Einzelarbeit	Selbstausdruck cross-curricular	kreatives Schreiben	Kennenlernen und Erproben einer Schreibstrategie

* Ich ziehe bewusst den eher unschön klingenden Begriff „Free-Writing" dem deutschen Begriff „freies Schreiben" vor, weil die Begriffe nicht dekkungsgleich sind und „Free-Writing" treffender die hier intendierte Vorgehensweise und Zielsetzung beschreibt. Während das „freie Schreiben" in der Reformpädagogik wurzelt und ursprünglich impliziert, das zu einem frei gewählten Zeitpunkt über ein frei gewähltes Thema in einer frei gewählten Form und Schreibhaltung geschrieben wird, bezeichnet „Free-Writing" eine Schreibmethode der (personal-kreativen) Schreibbewegung, in der zwar ohne Vorplanung, aber durchaus unter Vorgabe von Thema, Schreibhaltung oder Zeitdauer „frei geschrieben" wird mit dem Ziel, sich von belastenden kognitiven Inhalten „schreibend zu befreien". Ganz abgesehen davon, dass die Forderung, „das Schreiben zu befreien", genau dem Anliegen meiner Arbeit entspricht.

Bereich V: Übungen zur Textgestaltung

Übung	Inhalt	Arbeitsform	(Schreib-)Funktion	theoretischer Hintergrund	Lernziel
Absurdes Schreiben*	Textsortenkriterien Schreibhaltungen Definitionen zu „absurden" Themen	schriftliche Einzel- oder Gruppenarbeit	unterhaltend informierend cross-curricular epistemisch	kreatives Schreiben	Erproben von Schreibhaltungen Bewusstmachen und Anwenden von Textsortenkriterien Wortschatzaktivierung
Analysebogen	Kriteriensammlung eigene Texte, Aufsätze, Schulbuchtexte, „Lieblingstext", „Mustertexte"	Gespräch Plenum schriftliches Sammeln schriftliche Einzelarbeit	informierend memorierend reflektierend heuristisch cross-curricular	Textlinguistik prozessorientiertes Schreiben	Kennen von Textualitäts-Kriterien Fähigkeit zur Beurteilung und Überarbeitung eigener Texte Erkennen von Schreibschwierigkeiten und Schreibkönnen
Ergänzungsliste	fortlaufende Kriterienansammlung „gelungener Text"	Gespräch Plenum schriftliches Sammeln	informierend memorierend reflektierend	Textlinguistik	Kennen von Textualitäts-Kriterien aus Sicht des Rezipienten und des Produzenten
Free-Writing mit Überarbeitung	eigener/fremder Kurztext mit frei gewähltem Thema, mit vorgegebener Textsorte	schriftliche Einzelarbeit Gespräch Kleingruppe	kommunikativ unterhaltend cross-curricular	kreatives, prozessorientiertes Schreiben	Einsicht in die Leserperspektive Entwicklung von Überarbeitungsstrategien

* Einen ähnlichen Vorschlag unterbreitet Klaus Maiwald: „Ich möchte [...] für eine Art von Schreibanlass plädieren, die ich *fiktiv* nenne. Fiktiv sind Schreibanlässe innerhalb eines imaginativen/imaginierten Rahmens." (Maiwald: Schreiben auf Leben und Tod: Plädoyer für ein Argumentieren in fiktiven Situationen, in: LUSD Heft 16 (2002), S. 84). Trotz der fiktiven Situierung erwartet er inhaltlich realistische Argumentation, während es mir bewusst darum geht, über völlig absurde Inhalte schreiben zu lassen, um Schreibhaltungen zu verdeutlichen und einzuüben. Müssen sich die Schreibenden keine Gedanken darum machen, ob der Inhalt korrekt und logisch ist, können sie ihre gesamte Aufmerksamkeit auf sprachlich-stilistische Aspekte richten und diese gezielt trainieren.

Der Schreibkurs – Entwicklung und Erprobung von Handlungsstrategien 135

Mehrversionenschreiben	eigene Kurztexte	schriftliche Einzelarbeit	informierend heuristisch cross-curricular	prozessorientiertes Schreiben	Erkennen der Prozesshaftigkeit des Schreibens Kennenlernen und Erproben einer Schreibstrategie
Passender Satz	Lückentexte	schriftliche Einzel- und Gruppenarbeit	reflektierend	Textlinguistik	Erkennen von Kohäsions- und Kohärenzmerkmalen Beurteilung der Wirkung von kohärenten und nicht-kohärenten Texten
Reihum-Geschichte	Erzählung	schriftliche Gruppenarbeit Gespräch Plenum	unterhaltend reflektierend	kreatives, prozessorientiertes Schreiben	Spaß am Schreiben Fähigkeit, flexibel auf Angebote zu reagieren und schnell zu entscheiden Kennen und Anwenden von Qualitätskriterien
Satzkonferenz	fremde Sätze Schreibaufgaben aller Fächer	schriftliche Einzelarbeit Sammeln von Fragen und Antworten an einen Satz Einarbeitung der gefundenen Informationen (hypotaktisch, parataktisch)	informierend heuristisch cross-curricular	prozessorientiertes Schreiben	Bewusstmachen der Rezipientenperspektive Bewusstmachen eigener Schemata Bewusstmachen verschiedener Herangehensweisen an Schreibaufgaben Kennenlernen und Erproben einer Schreibstrategie
Schreibkonferenz	eigene und fremde Texte	schriftliche Gruppenarbeit Gespräch Gruppe	informierend reflektierend heuristisch cross-curricular	kreatives, prozessorientiertes Schreiben	Erkennen der Leserperspektive Fähigkeit, flexibel auf Angebote zu reagieren Kennen und Anwenden von Qualitätskriterien
Umschalten	Schreibhaltungen eigene Kurztexte	schriftliche Einzelarbeit, mündliche Partnerarbeit Gespräch Plenum	informierend reflektierend cross-curricular	prozessorientiertes Schreiben	Erkennen und Erproben unterschiedlicher Schreibhaltungen Fähigkeit, Intention und Ausdruck zu verbinden
Vorlesen eines eigenen Textes	eigener Kurztext, frei gewähltes Thema	mündliche Partnerarbeit Gespräch Plenum	kommunikativ unterhaltend informierend	kommunikatives Schreiben	Einsicht in die Leserperspektive, Adressatenorientierung beim Schreiben Erkennen hilfreicher Leserreaktionen

4.3 Erprobung des Schreibkurses

Der Schreibkurs richtet sich zunächst an Gymnasiastinnen und Gymnasiasten der Sekundarstufe I, seine Dauer wird auf den Zeitraum eines Schulhalbjahres (2004) begrenzt. Als Zusatzangebot zum schulischen Schreibunterricht kann er nur nachmittags nach dem Schulunterricht stattfinden, sodass je nach schulischer Belastung der einzelnen Jugendlichen mit einem gewissen Maß an unregelmäßiger Teilnahme und damit wechselnder Zusammensetzung zu rechnen ist. Darüber hinaus ist zu erwarten, dass nicht alle Teilnehmerinnen und Teilnehmer aus eigener Entscheidung den Kurs besuchen werden, sodass nicht von vornherein davon auszugehen ist, dass sie intrinsisch motiviert sind, sich bewusst mit dem eigenen Schreiben auseinander zu setzen.

Der Schreibkurs muss daher so gestaltet sein, dass die einzelnen der wöchentlichen Sitzungen nicht zu stark aufeinander aufbauen. Jede von ihnen muss in sich geschlossen konzipiert werden, damit diejenigen, die eine Sitzung verpasst haben, in der nächsten dennoch mitarbeiten und Nutzen aus den in ihr vorgestellten Inhalten ziehen können. Zusätzlich sind verstärkt solche Schreibübungen einzuplanen, die im allgemeinen auf Heranwachsende sehr motivierend wirken.

4.3.1 Verlaufsplanung der einzelnen Sitzungen

Der Kurs umfasst insgesamt 13 gemeinsame Sitzungen zu jeweils 90 Minuten und zwei längere, während der Ferien zu erledigende individuelle Zusatzaufgaben, die jeweils einem thematischen Schwerpunkt gewidmet sind.

Der folgenden Verlaufsplanung ist zu entnehmen, welche Übungen in der Erprobungsphase jeweils ausgewählt und kombiniert werden, um entsprechend den Voraussetzungen und Bedürfnissen der teilnehmenden Jugendlichen und unter Berücksichtigung des jeweiligen thematischen Schwerpunkts schreibstrategische Fähigkeiten in allen Bereichen zu trainieren. Damit flexibel auf die Vorlieben der Lernenden, die sich erst im Verlauf des Schreibkurses zeigen werden, reagiert werden kann, werden mehr Übungen in die Verlaufsplanung aufgenommen als tatsächlich zum Einsatz kommen können.

Der Schreibkurs – Entwicklung und Erprobung von Handlungsstrategien 137

1. Sitzung – *thematischer Schwerpunkt:* Schreibbiographie
übergeordnete Zielsetzungen:
– Auseinandersetzung mit eigenen Schreiberfahrungen
– Erkennen eigener Schreibstärken und -schwächen
– Erprobung von Schreibstrategien, Anbahnung von Routinen

Übung	*Form*	*Ziel*
Vorstellung	Gespräch	Kennenlernen
Brainstorming zum eigenen Schreiben (I)[18] *Definieren „Schreiben"* (I)	individuelles assoziatives Schreiben fremde Antworten lesen Gespräch über die Antworten Vorstellung im Plenum	Nachdenken über das eigene Schreiben Vergleich mit den Schreiberfahrungen anderer Erkennen von Gemeinsamkeiten und Unterschieden
Verrücktes Schreiben an ungewöhnlichen Stellen, in ungewöhnlicher Haltung, mit ungewohnten Stiften (I, II)	individuelles assoziatives Schreiben Vorlesen	Strategie des „Einfach anfangen" anwenden Erkennen der Bedeutung des Schreibplatzes Vergleich von Erfahrungen
Zusatzaufgabe: *Schreibtagebuch* zu täglichem Schreiben (I)	individuelles informierendes und assoziatives Schreiben	Bewusstmachen und Reflektieren von Erfahrungen stetes Schreiben

---

[18] Römische Ziffern geben den zugehörigen Bereich schreibstrategischen Wissens an. Vgl. hierzu die Übersichtstabelle der Übungen.

2. Sitzung – *thematischer Schwerpunkt:* Schreibtagebuch

übergeordnete Zielsetzungen:
- Auseinandersetzung mit eigenen Schreiberfahrungen
- Erkennen eigener Schreibstärken und -schwächen
- Erprobung von Schreibstrategien, Anbahnung von Routinen

Übung	*Form*	*Ziel*
Fragebogen zu eigenen Schreibstärken, -schwächen und -erfahrungen (I)	individuelles informierendes Schreiben	Bewusstmachen eigener Vorstellungen
Erfahrungen mit dem *Schreibtagebuch* (I)	Gespräch fremde Antworten lesen Gespräch über die Antworten Vorstellung im Plenum	Nachdenken über das eigene Schreiben Vergleich mit den Schreiberfahrungen anderer Erkennen von Gemeinsamkeiten und Unterschieden
Checkliste zur Herangehensweise an Schreibaufgaben (II)	Gespräch gemeinsames Notieren	Systematisierung von Arbeitsschritten beim Schreiben
Erweiterung *Schreibtagebuch* durch Fragen zu Art und Qualität der Schreibaufgaben (I)	gemeinsames Notieren	Bewusstmachen und Reflektieren von Erfahrungen
Zusatzaufgabe: *Schreibtagebuch* (I)	individuelles assoziatives und informierendes Schreiben	Bewusstmachen und Reflektieren von Erfahrungen stetes Schreiben

3. Sitzung – *thematischer Schwerpunkt:* Kennzeichen gelungener Texte
übergeordnete Zielsetzungen: – Erstellen, Ordnen und Anwenden von Analysekriterien
– Erprobung von Schreibstrategien, Anbahnung von Routinen

Übung	Form	Ziel
Free-Writing zu wichtigen Orten (IV)	individuelles assoziatives Schreiben	Entdecken eigener Vorstellungen „Aufwärmen"
Erkenntnisse aus dem *Schreibtagebuch* (I)	Gespräch fremde Antworten lesen Gespräch über die Antworten	Nachdenken über das eigene Schreiben Vergleich mit den Schreiberfahrungen anderer Erkennen von Gemeinsamkeiten und Unterschieden
Erfahrungen mit dem *Vorlesen*: Hilfe oder Verunsicherung? (V)	lautes Lesen, Gespräch	Bewusstmachen der Leserperspektive Erprobung Schreibstrategie
Ergänzungsliste zu übergeordneten Textkriterien (V)	Gespräch gemeinsames Notieren	Bewusstmachen und Systematisierung von Textkriterien
Free-Writing mit Überarbeitung/Schreibkonferenz zu wichtigen Orten (V)	individuelles korrigierendes Schreiben Gespräch	Erkennen der Leserperspektive Erprobung Revisionsstrategie
Erstellung *Analysebogen* für die Untersuchung von Aufsätzen (V)	Gespräch gemeinsames Notieren	Erkennen von Textkriterien Beurteilung eigener Texte
Zusatzaufgabe: Arbeit mit *Analysebogen* *Free-Writing* zu verschiedenen Themen (IV, V)	individuelles informierendes und assoziatives Schreiben	Erprobung von Schreibstrategien stetes Schreiben

4. Sitzung – *thematischer Schwerpunkt:* Phasen des Schreibprozesses: Überarbeitung

übergeordnete Zielsetzungen:
- Berücksichtigung der Leserperspektive
- Adressatenorientierung beim Schreiben
- Erprobung von Schreibstrategien, Anbahnung von Routinen

Übung	Form	Ziel
Reihum-Geschichten über die Schule (IV)	gemeinsames assoziatives Schreiben Gespräch	Spaß am Schreiben Reflexion über Textmerkmale
Stumme Schreibkonferenz mit *fragender Korrektur* zu Reihum-Geschichten (II)	Lesen individuelles informierendes und korrigierendes Schreiben	Nachdenken über eigene und fremde Texte Bewusstmachen der Leserperspektive Erprobung von Revisionsstrategien
Erfahrungsaustausch zur Arbeit mit dem *Analysebogen* und Erweiterung um zusätzliche Textkriterien (I, V)	Gespräch gemeinsames Notieren	Bewusstmachen eigenen Schreibkönnens Erkennen von Textkriterien
Zusatzaufgabe: *Free-Writing mit Überarbeitung* und vorgegebenen Textsorten (V, I)	individuelles assoziatives und korrigierendes Schreiben	Bewusstmachen von Textkriterien Erprobung von Revisionsstrategien bewusste Auseinandersetzung mit eigenem Schreiben stetes Schreiben

5. Sitzung – *thematischer Schwerpunkt:* Schreibstrategien, Merkmale eines gelungenen Textes

übergeordnete Zielsetzungen:
- Erkennen hilfreicher individueller Schreibstrategien
- Erkennen von Textmerkmalen
- Erprobung von Schreibstrategien, Anbahnung von Routinen

Übung	*Form*	*Ziel*
Assoziationen *Karteikartenabfrage* zum Schreiben und zum Schreibprozess (I, II)	individuelles assoziatives Schreiben Gespräch	Bewusstmachen eigener Vorstellungen Reflexion über Textmerkmale Erkennen der Prozesshaftigkeit des Schreibens
Erfahrungsaustausch zum *Free Writing mit Überarbeitung* (I, II) und zur Arbeit mit dem *Analysebogen* (I, V)	Gespräch	Nachdenken über eigene und fremde Texte Bewusstmachen der eigenen Schreibstrategien Erprobung von Revisionsstrategien
Fortführung und Systematisierung *Ergänzungsliste* Strategien (I, II)	Gespräch gemeinsames Notieren	Bewusstmachen von Schreibstrategien Reflexion über eigenes Schreibverhalten
Zusatzaufgabe: Textüberarbeitung nach *fragender Korrektur* (II, III)	individuelles korrigierendes Schreiben	Erprobung von Überarbeitungsstrategien Berücksichtigung der Leserinteressen stetes Schreiben

6. Sitzung – *thematischer Schwerpunkt:* Schreibhaltungen
übergeordnete Zielsetzungen:
– Erkennen von Schreibprozessphasen
– Bewusstmachen von unterschiedlichen Schreibhaltungen
– Erprobung von Schreibstrategien, Anbahnung von Routinen

Übung	*Form*	*Ziel*
Cluster zu gemeinsam gewähltem Wort (IV)	individuelles assoziatives Schreiben	Generieren von Ideen
Clusterideen eines anderen *ausformulieren* (III)	individuelles assoziatives und informierendes Schreiben	rasche Entscheidungen treffen Weiterführen von Ideen
Vorlesen der entstandenen Texte (V)	lautes Lesen Gespräch	Beurteilung fremder und eigener Texte Erkennen von Textmerkmalen
Text überarbeiten durch *Umschalten* (V, III) und *Verfremdung* (V, III)	individuelles informierendes und korrigierendes Schreiben Gespräch	Anwendung Überarbeitungsstrategien Erproben unterschiedlicher Schreibhaltungen Erkennen der Funktion bestimmter Textmerkmale
Zusatzaufgabe: *Imitation* Fachtext aus einem Schulbuch (V, III)	individuelles informierendes Schreiben	Erproben von Schreibhaltungen stetes Schreiben

7. Sitzung – *thematischer Schwerpunkt:* Wirkung von Geschriebenem

übergeordnete Zielsetzungen:
– Erkennen der Funktion von Textmerkmalen
– Erprobung von Schreibstrategien, Anbahnung von Routinen

Übung	Form	Ziel
Automatisches Schreiben zu einem noch unverstandenen Lerngegenstand (IV, I)	assoziatives Schreiben	Schreibstrategie kennen lernen und erproben Bewusstmachen eigener Gedanken und Gefühle
Wort-Ersatz, *Satz-Ersatz* (Stilebenen) in den entstandenen Texten (III)	gemeinsames und individuelles Formulieren Gespräch	Schreibstrategie kennen lernen und erproben Wirkung von Formulierungen bewusst machen Wortschatzaktivierung
Übungen zum *Satzumbau* (III) Vergleich mit *Satz-Ersatz* (III)	Gespräch gemeinsames und individuelles Formulieren	Erkennen der Wirkung von Satzbau Erkennen von Kohärenzmitteln Erproben Schreibstrategie
Lückentext zum *passenden Satz* (V, III)	Gespräch	Bewusstmachen von Kohärenzmitteln Erkennen der Wirkung von Formulierungen und Verknüpfungen
Textballon mit schwierigen Schulbuchsätzen und eigenen Sätzen (II, III)	gemeinsames Formulieren Gespräch	Wortschatzaktivierung bewusster Einsatz von Kohärenzmitteln
Zusatzaufgabe: *Textballon/Satz-Ersatz* an neu gelerntem Inhalt eines Schulfaches (II, III)	individuelles Formulieren	Wortschatzaktivierung Erprobung von Stilebenen stetes Schreiben

8. Sitzung – *thematischer Schwerpunkt:* Lernen und Denken durch das Schreiben und beim Schreiben

übergeordnete Zielsetzungen:
- Erkennen der epistemischen Funktion des Schreibens in allen Fächern
- Bewusstmachen eigener Problemlösestrategien in verschiedenen Fächern
- Erprobung von Schreibstrategien, Anbahnung von Routinen

Übung	*Form*	*Ziel*
Fragebogen zum Schreiben in verschiedenen Schulfächern und zum eigenen Schreibverhalten (I, II)	individuelles informierendes Schreiben Gespräch	Bewusstmachen der Bedeutung des Schreibens in verschiedenen Fächern Bewusstmachen eigener Schreibstrategien
Free-Writing über etwas heute in Biologie, Geschichte o.a. Gelerntes (I)	individuelles assoziatives Schreiben Gespräch	Bewusstmachen eigener Lernleistungen und -schwierigkeiten Erkennen der Funktion des Schreibens als Denkhilfe
Erfahrungsaustausch zur Vorgehensweise bei Aufgaben in anderen Fächern durch *Fachvergleich* (II)	Gespräch gemeinsames informierendes Schreiben und Notieren	Bewusstmachen der Gemeinsamkeiten von Lösungswegen in verschiedenen Fächern Erproben als Schreibstrategie
Zusatzaufgabe: *Schriftliches Lernen* durch Verschriftlichung von Lern-Hausaufgaben (II)	individuelles informierendes Schreiben	Kennenlernen des Schreibens als Lernhilfe stetes Schreiben

9. Sitzung – *thematischer Schwerpunkt:* Wortschatzarbeit

übergeordnete Zielsetzungen:
– Bewusstmachen von Schreibstrategien
– Wortschatzaktivierung
– Erprobung von Schreibstrategien, Anbahnung von Routinen

Übung	*Form*	*Ziel*
Bewusstes Abschweifen bei schwieriger, langweiliger Schreibaufgabe (II)	individuelles assoziatives Schreiben	Kennenlernen und Erproben einer Schreibstrategie
Satzkonferenz zum Unterrichtsthema der dritten Stunde (II, V)	gemeinsames assoziatives und informierendes Schreiben und Formulieren Gespräch	Erkennen vorhandener Schemata Erproben einer Problemlösungsstrategie
Inneres lautes Lesen des entstandenen Kurztextes (II, V)	stummes Lesen korrigierendes Schreiben	Kennenlernen und Erproben einer Schreibstrategie
Wortpyramide zum Thema eines Schulfaches (III)	individuelles Formulieren	Spaß am Schreiben Wortschatzaktivierung
Wort-Ersatz in Textausschnitt Schulbuch (III)	individuelles Formulieren	Spaß am Schreiben Wortschatzaktivierung
Worttreppe zu frei gewähltem Thema (III)	individuelles Formulieren	Spaß am Schreiben Wortschatzaktivierung
Buchstaben verlieren im entstandenen Text (III)	individuelles Formulieren	Spaß am Schreiben Wortschatzaktivierung
Zusatzaufgabe: *Free-Writing mit Überarbeitung* (II, III, V) Schreibtagebuch (I)	individuelles assoziatives und korrigierendes Schreiben	Erprobung Schreibstrategien Bewusstmachen eigenen Schreibverhaltens stetes Schreiben

10. Sitzung – *thematischer Schwerpunkt:* Texte gestalten

übergeordnete Zielsetzungen:
- Bewusstmachen von Schreibstrategien
- Erkennen der Funktion von Textmerkmalen
- Erprobung von Schreibstrategien, Anbahnung von Routinen

Übung	*Form*	*Ziel*
Erfahrungsaustausch *Free-Writing, Schreibtagebuch* (I)	Gespräch	Reflexion über das eigene Schreiben
Absurdes Schreiben einer Argumentation (III, V)	gemeinsames informierendes Schreiben	Erprobung Schreibhaltung Erprobung Kohärenzmittel
Weiterführung *Ergänzungsliste* Kohärenzmerkmale (V)	Gespräch gemeinsames Notieren	Bewusstmachen von Textmerkmalen
Zusatzaufgabe: Schriftliche Hausaufgabe überarbeiten anhand *Ergänzungsliste* (V) Überarbeitung Ferientext anhand der *fragenden Korrektur* (III, V)	individuelles korrigierendes Schreiben	Erprobung Schreibstrategien Schreibend lernen stetes Schreiben

Der Schreibkurs – Entwicklung und Erprobung von Handlungsstrategien

11. Sitzung – *thematischer Schwerpunkt:* Wortschatzarbeit

übergeordnete Zielsetzungen:
- Bewusstmachen von Schreibstrategien
- Wortschatzaktivierung
- Erprobung von Schreibstrategien, Anbahnung von Routinen

Übung	Form	Ziel
Karteikartenabfrage sachlicher, anschaulicher, gelungener, abwechslungsreicher Text (I)	individuelles assoziatives Schreiben Gespräch	Reflexion über das eigene Schreiben Bewusstmachen von Schemata und Skripts Vergleich mit den Vorstellungen anderer
ABC-Geschichte zu frei gewähltem Thema (III)	individuelles assoziatives Schreiben und Formulieren	Spaß am Schreiben Wortschatzaktivierung
Absurdes Schreiben: Definitionen für zusammengesetzte Substantive (III)	gemeinsames und individuelles informierendes Schreiben und Formulieren	Spaß am Schreiben Wortschatzaktivierung
Wort-Ersatz durch Ober-/ Unterbegriffe, Synonyme / Antonyme (III)	individuelles Formulieren	Wortschatzaktivierung Erproben Schreibstrategie
Verfremdung eines sachlichen Schulbuchtextes (III, V)	individuelles Formulieren	Bewusstmachen von Textkriterien Erproben Schreibhaltung
Zusatzaufgabe: *Verfremdung* sachlicher Text (III, V)	individuelles Formulieren	Erprobung Schreibhaltung Wortschatzaktivierung stetes Schreiben

12. Sitzung – *thematischer Schwerpunkt:* Schreibstrategien für einzelne Schreibphasen

übergeordnete Zielsetzungen:
- Bewusstmachen von Schreibstrategien
- Erkennen der Prozesshaftigkeit des Schreibens
- Erprobung von Schreibstrategien, Anbahnung von Routinen

Übung	Form	Ziel
Perspektivenwechsel anhand Klassenzimmerbeschreibung (I, II, III)	individuelles informierendes Schreiben Gespräch	Reflexion über die Perspektivität des Schreibens Erprobung Schreibstrategie Wortschatzaktivierung
Textballon im entstandenen Text (II, III)	individuelles Formulieren	Erproben Schreibstrategie Wortschatzaktivierung
Mehrversionenschreiben von Einleitungen zu einer Erzählung (II)	individuelles assoziatives und informierendes Schreiben Gespräch	Kennenlernen und Erproben einer Schreibstrategie
Vervollständigung *Checkliste*, *Ergänzungsliste* zu Strategien in einzelnen Schreibphasen (I, II)	Gespräch gemeinsames Notieren	Bewusstmachen von Schreibstrategien Bewusstmachen eigener Handlungsmöglichkeiten beim Schreiben Reflexion über eigenes Schreibverhalten im Vergleich zu anderen
Zusatzaufgabe: *Schriftliches Lernen* (II)	individuelles informierendes Schreiben	Kennenlernen des Schreibens als Lernhilfe stetes Schreiben

Der Schreibkurs – Entwicklung und Erprobung von Handlungsstrategien 149

13. Sitzung – *thematischer Schwerpunkt:* Schreibbiographie

übergeordnete Zielsetzungen:
– Bewusstmachen von Schreibstrategien
– Erprobung Schreibstrategien, Anbahnung von Routinen
– Bewusstmachen individuellen Schreibverhaltens

Übung	Form	Ziel
Schriftliches Rätseln: Denksportaufgaben (II)	individuelles informierendes Schreiben	Spaß Bewusstmachen des schriftlichen Denkens
Reflexion über das im Kurs Gelernte anhand eines *Fragebogens* (I)	individuelles informierendes Schreiben Gespräch	Reflexion über eigenes Schreibverhalten und Schreibkönnen

1. Zusatzaufgabe – *thematischer Schwerpunkt:* Stetes Schreiben mit gelenkter Selbstkorrektur, Merkmale eines gelungenen Textes

übergeordnete Zielsetzungen:
– Erprobung Schreibstrategien, Anbahnung von Routinen
– Bewusstmachen eigenen Schreibverhaltens

Übung	Form	Ziel
Free Writing mit Überarbeitung: Texte in vorgegebenen Textsorten, mehrmalige Überarbeitung eines dieser Texte nach Leitfragen zum Inhalt und zur Sprache (V, II)	individuelles Schreiben informierendes Schreiben	stetes Schreiben Erprobung Revisionsstrategien Bewusstmachen von Textkriterien Auseinandersetzung mit eigenem Schreiben
Arbeit mit *Analysebogen* (V)	individuelles informierendes Schreiben	Nachdenken über fremde Texte Erkennen von Textkriterien
Schreibtagebuch (I)	individuelles assoziatives und informierendes Schreiben	Bewusstmachen und Reflektieren von Erfahrungen stetes Schreiben

2. Zusatzaufgabe – *thematischer Schwerpunkt:* Schreibstrategien, Merkmale eines gelungenen Textes

übergeordnete Zielsetzungen:
- Erkennen hilfreicher individueller Schreibstrategien
- Erkennen von Textmerkmalen
- Erprobung von Schreibstrategien, Anbahnung von Routinen
- Bewusstmachen eigenen Schreibverhaltens

Übung	*Form*	*Ziel*
Free Writing: Texte zu vorgegebenen Themen und Schreibhaltungen (IV)	individuelles assoziatives Schreiben	stetes Schreiben Entdecken eigener Vorstellungen
Mehrversionenschreiben nach Anleitung und nach Leitfragen (V)	individuelles assoziatives und informierendes Schreiben korrigierendes Schreiben	Erproben einer Schreibstrategie Erproben von Überarbeitungsstrategien Erkennen von Textkriterien Berücksichtigung der Leserinteressen stetes Schreiben
Schriftliches Lernen (II)	individuelles informierendes Schreiben	Erproben des Schreibens als Lernhilfe stetes Schreiben

Der Schreibkurs – Entwicklung und Erprobung von Handlungsstrategien 151

4.3.2 Reflexion des Kursdesigns

Die in den Sitzungen und den Zusatzaufgaben verfassten (Kurz-)Texte der Kursteilnehmerinnen und -teilnehmer entstanden unter starker Anleitung und dienten jeweils der bewussten Einübung (mindestens) einer Schreibstrategie, die automatisch sichtbare Spuren in den Texten hinterließ. Sie erlauben daher keine sicheren Schlussfolgerungen darüber, ob die gelernten Strategien von den Lernenden zukünftig auch selbstständig und ohne Impuls von außen angewandt werden können und zu hilfreichen Schreibroutinen werden, sodass über die Nachhaltigkeit des Kurses zum jetzigen Zeitpunkt noch nichts ausgesagt werden kann.

Erste Aussagen können jedoch über das Kursprogramm selbst und die Funktionalität einzelner Übungen getroffen werden. Die folgenden Ausführungen reflektieren daher das Kursdesign, untersuchen seine Tauglichkeit für den Erwerb und das Erkennen von Schreibstrategien und zeigen auf, welche Schlussfolgerungen Schreiblehrende im Kursverlauf über die Veränderungen im ontologischen Schreibwissen, im Wissen um die Qualitätsmerkmale von Texten und im Bewusstsein um individuelle Schreibprozesse, Schreibstrategien und Schreiberfahrungen von Schreiblernenden ziehen können.

4.3.2.1 Umgang mit einzelnen Schreibstrategien

Übungen, in denen gemeinsam geschrieben wird, erweisen sich als sehr sinnvoll, im weiteren Verlauf des Kurses werden daher immer wieder auch solche Übungen gemeinsam durchgeführt, die individuell geplant waren wie z. B. das Erstellen von Clustern (Sitzung 6). Das kooperative Schreiben von Reihumgeschichten (Sitzung 4), im Fachvergleich (Sitzung 8) oder beim absurden Schreiben (Sitzung 10) führt dazu, dass aktiv und intensiv verschiedene Schreibhaltungen erprobt werden. Gerade für Schreiblernende, die sich selbst als schwächere Schreiber beurteilen, kann es eine Hilfe sein, weil es sie aus der isolierten Schreibsituation herausführt, in der es ihnen oft nicht gelingt, überzeugende Formulierungen hervorzubringen. Der Anstoß von außen kann ihre Blockade lösen, weil er die kognitive Aufmerksamkeit von ihrem vermeintlichen Unvermögen abwendet, auf das sie sonst meist konzentriert sind, und verhilft ihnen zu Erfolgserlebnissen im Schreiben, die wiederum einen positiven Einfluss auf zukünftige allein zu bewältigende Schreibaufgaben ausüben können.

Schreibstrategien dagegen, die eine – zumindest in schulischen Zusammenhängen – eher ungewohnte Handlungsweise herausfordern, können zunächst irritierend erscheinen, aber zu hilfreichen Einsichten in die Wirkungsweise verschiedener Vorgehensweisen führen. So wird z. B. durch das „verrückte Schreiben" (Sitzung 1) deutlich, dass Schreibort, Schreibhaltung und Schreibstift den Schreibprozess beeinflussen – in einer unbequemen Haltung in Kombination mit einem ungewohnten Ort und einem fehlerhaften Schreibwerkzeug werden andere Gedanken geäußert als in einer angenehmen Schreibhaltung. Auf diese Weise kann bewusst werden, dass die Schreibhaltung sogar zu Blockaden führen kann, was besonders dann, wenn es darum geht, Fähigkeiten und Kenntnisse unter Beweis zu stellen, schwer wiegende Auswirkungen haben kann.

Auch das automatische Schreiben (Sitzung 7) mag zunächst irritierend wirken, weil ein solch scheinbar zielloses Tun beim Erledigen einer Schreibaufgabe ungewohnt ist. An den entstandenen Texten ist für Schreiblernende jedoch bemerkbar, dass sie sich während der drei Schreib-Minuten teilweise sehr weit von ihrem Ausgangsthema entfernen. Sie können auf diese Weise einen kleinen Eindruck von den vielfältigen Gedanken-, Gefühls- und Assoziationsvorgängen bekommen, die sich während des Schreibens in ihrem Kopf abspielen.

Bei den Wort- und Satz-Ersatz-Übungen (Sitzung 7) wird ebenfalls etwas verlangt, das Heranwachsenden in der Schule nicht erlaubt ist. Auf die Anweisung, schrittweise und Wort für Wort, von „normalem" über „umgangssprachlichen" hin zu „vulgärem" Sprachstil bzw. von „normaler" über eine übertrieben hohe hin zu einer von Fremdwörtern und (vermeintlichen) Fachbegriffen durchsetzten Ausdrucksweise zu formulieren, entstehen jedoch Sätze, deren unterschiedliche Wirkung nicht zu überhören ist. So wird deutlich, dass die Stil-Ebene von Sätzen und damit die Wirkung auf die Rezipienten durch Austausch einzelner Wörter bewusst umgewandelt werden kann, ohne dabei den Sachinhalt zu ändern.

Der gemeinsam durchgeführte Fachvergleich (Sitzung 8) stellt eine sinnvolle Methode dar, fachspezifisches Handeln von einem Schulfach auf andere Fächer zu übertragen und für diese nutzbar zu machen. Im Kurs werden dafür zunächst individuelle Vorgehensweisen bei Mathematik-Hausaufgaben und Biologie-Referaten notiert und die gefundenen Arbeitsschritte gemeinsam systematisiert.[19] In der Gegenüberstellung werden viele Ähnlichkeiten sichtbar, v. a. das Informieren, das Entwerfen und das Probehandeln, es wird deutlich, dass bei diesen Aufgaben nicht alles beim ersten Versuch perfekt sein muss oder kann. Der anschließende Vergleich mit den Arbeitsschritten, die beim Schreiben eines Deutsch-Aufsatzes zu absolvieren sind, lässt Lernende erkennen, dass sie auch hier Informationen sammeln und den Text entwerfen können, bevor sie die endgültige Fassung erstellen, dass sie aber im Gegensatz zum Biologie-Referat den

---

[19] Mathematik: 1. Aufgaben lesen, Überblick über den jeweiligen Schwierigkeitsgrad verschaffen, 2. Nachlesen der im Unterricht gerechneten Aufgaben, um Lösungswege nachzuvollziehen, 3. Rechnen der leichtesten Aufgabe, Erproben verschiedener Rechenwege und Finden des geeigneten Lösungsansatzes auf Konzeptpapier, 4. Übertragen der Rechnung ins Heft, Errechnen des Ergebnisses, 5. Formulieren eines Antwortsatzes.
Biologie-Referat: 1. Informationen aus verschiedenen Quellen einholen, 2. Notieren der wichtigsten Informationen in Stichpunkten, 3. Ordnen/Gliedern der Informationen, 4. Ausformulieren der einzelnen Gliederungspunkte, 5. Lesen/Lernen des Referattextes, 6. Halten eines Probevortrags.

Aufsatz in der Schulaufgabe niemandem probeweise vorlegen können, um seine Wirkung abschätzen zu können.

In der stummen Schreibkonferenz (Sitzung 4) kann das Stellen echter Fragen an Texte Probleme bereiten, vor allem dann, wenn diese inhaltlich und sprachlich unzusammenhängend, unlogisch oder fehlerhaft sind. Durch gelenktes schrittweises Vorgehen, das erst dem Inhalt („Was willst du über die Person noch erfahren?" usw.), dann dem sprachlichen Stil („Sieh dir die verwendeten Substantive genau an." usw.) und schließlich der grammatischen und orthographischen Sprachrichtigkeit gewidmet ist, können solche Schwierigkeiten jedoch überwunden werden. Dieser gestufte Ablauf muss allerdings bei der schriftlichen Überarbeitung von Texten immer wieder handelnd wiederholt und durch anschließende gemeinsame Reflexionsphasen zusätzlich kognitiv vollzogen werden, um die Konstruktion eines Skripts für das Überarbeiten eigener Texte anzubahnen.

Ähnliches gilt für den Einsatz des Analysebogens (1. Zusatzaufgabe). Wird in diesem nur markiert, welche Kriterien im Text zu finden sind, ohne dabei zu reflektieren, welche Rolle diese für das Gelingen und die Qualität des Textes spielen, dann kann er den Schreibenden eigene Schreibschwierigkeiten nicht aufdecken. Mit dem Bogen muss daher kontinuierlich gearbeitet werden, damit Lernende mit seiner Hilfe das Schreiben und Überarbeiten von Texten und das bewusste Arbeiten an individuellen Problemfeldern trainieren können.

Das bewusste Abschweifen (Sitzung 9) sollte in Einzelarbeit an einer schwierigen oder eher langweiligen Schreibaufgabe, wie beispielsweise einer Gegenstandsbeschreibung, trainiert werden, weil bei dieser Unterbrechungen eher willkommen sind und entlastend wirken, sodass sie auch als hilfreiche Strategie erfahren werden können. Während der eigentlichen Schreibphase dieser Schreibaufgabe werden die Schreibenden nach jeweils fünf Minuten aufgefordert, die Arbeit für eine Minute zu unterbrechen, an etwas anderes zu denken und ihre Gedanken zu notieren. Die ersten zwei Unterbrechungen werden inhaltlich angestoßen („Denk an deine beste Freundin/deinen besten Freund.", „Was hast du am Wochenende vor?"), die weiteren können dann ohne Vorgaben erfolgen. Manche Schreiberinnen und Schreiber empfinden eine solche Unterbrechung als störend, weil sie dadurch gerade gefundene Formulierungen wieder verlieren, andere dagegen können Erleichterung verspüren, über etwas anderes als einen in ihren Augen äußerst langweiligen Gegenstand schreiben zu dürfen, und finden im abschweifenden Schreiben Entlastung. Bewusstes Abschweifen kann Schreibenden also gerade dann helfen, wenn sie beim Schreiben eines längeren Textes nicht weiterkommen, es birgt allerdings die Gefahr, zusätzliche Blockaden hervorzurufen, weil eigene negative Gefühle durch das Aufschreiben auch erst richtig bewusst werden können. Dies führt auch Schreiblernenden deutlich vor Augen, dass nicht jede Strategie für jeden Schreibenden in gleichem Maße hilfreich ist, sodass jeder aus der Vielzahl der möglichen strategischen Vorgehensweisen die für ihn erfolgsversprechendsten individuell zusammenstellen und trainieren muss. Dabei hilft im Kurs beispielsweise das abschließende Sammeln und Kategorisieren aller vorgestellten Methoden (Sitzung 12), das zu einer ausführlichen Liste führt, die einzelne Übungen als hilfreiche Strategien für die unterschiedlichen Phasen des individuellen Schreibprozesses erkennen lässt und so den Schülerinnen und Schülern auch zukünftig Hilfestellung bieten kann, wenn sie in einer Schreibphase auf Schwierigkeiten treffen.

4.3.2.2 Kategorisierung eigener Schreiberfahrungen und individueller Schreibbiographien

Werden in Fragebogen (Sitzung 2) und Brainstorming (Sitzung 1) eigene Schreiberfahrungen und individuelle Schreibschwierigkeiten von Schreiblernenden nicht genauer spezifiziert und nur mit sehr allgemeinen Formulierungen beschrieben, zeugt dies davon, dass zwar ein schwaches Bewusstsein für verschiedene Funktionen und Prozessphasen des Schreibens vorhanden ist, dieses aber bisher nur vage verbalisiert werden kann.

Es erweist sich daher als angemessen und sinnvoll, immer wieder Gelegenheit zu geben, das eigene Selbstbild zu hinterfragen, die Selbstwahrnehmung zu unterstützen und eine realistische Einschätzung der eigenen Schreibkompetenzen vorzunehmen. Dies geschieht beispielsweise über die Anregung zur Reflexion eigenen Schreibverhaltens und persönlicher Schreiberfahrungen innerhalb und außerhalb der Schule durch Fragebogen (Sitzung 2, 8 und 13) und durch das individuelle Bewusstmachen gelungener Schreiberfahrungen über das tägliche Führen eines Schreibtagebuches. Zusätzlich kommen im Kurs stets kurze, anregende Schreibaufgaben zum Einsatz, die auf das Interesse der Jugendlichen treffen, aufgrund ihrer Kürze gedanklich überschaubar und zeitlich planbar sind und daher erfolgreich bewältigt werden können, sodass sie zu neuen, positiven Schreiberfahrungen führen und so das Vertrauen in eigene Schreibkompetenzen stärken.

Auch gemeinsame Reflexionen bewirken, dass allmählich ein Bewusstsein für das eigene Schreibverhalten und die individuellen Schreibbedürfnisse entstehen kann, sie müssen jedoch über einen längeren Zeitraum hinweg mehrmals erfolgen, um eine positive Auswirkung auf tatsächliche Schreibhandlungen und weiteres Schreiblernen haben zu können, weil vielen Schreiblernenden erst gezeigt werden muss, dass sie durch eigenes Schreiben und Nachdenken über das Schreiben ihre Fähigkeiten selbstständig ausbauen und erweitern können. Dass sich dieses Bewusstsein jedoch nicht zwingend linear und gleichförmig parallel zum Lebensalter entwickelt, sondern vielmehr in Abhängigkeit von Qualität und Quantität aller Schreiberfahrungen eines Schreibenden, kann in der Kursarbeit immer dann deutlich werden, wenn Teilnehmerinnen und Teilnehmer einer Jahrgangsstufe ihre individuellen Erfahrungen vergleichen. Hierbei zeigt es sich, dass es sinnvoll ist, nicht nur Lebens- und Schreibalter zum Ausgangspunkt der Arbeit im Schreibkurs zu machen. Zwar wirkt sich das Schreibalter, d.h. die Summe aller persönlichen Schreiberfahrungen, auf die Schreibgeläufigkeit eines Schreibenden aus, zwar beeinflussen sein Lebensalter und der Stand seiner kognitiven Entwicklung sein Wissen um das Schreiben und seine Fähigkeit, über das Schreiben zu reflektieren. Aber es ist die Qualität der Schreiberfahrungen, die Summe positiver und negativer Schreiberlebnisse, erfolgreich und weniger erfolgreich bewältigter Schreibaufgaben, unterstützender und demotivierender Reaktionen auf das Schreiben, aus der im Einzelfall die Schreibmotivation und der Wille resultieren, sich auf das Schreiben einzulassen und es wirklich zu lernen. Zusammen bilden diese Erfahrungen die persönliche Schreibbiographie des Schreibenden, und nur dann, wenn ihr Zusammenspiel gelungen angestoßen und unterstützt wird, wird die weitere Schreibentwicklung wirklich erfolgreich ablaufen und zu vertieften Schreibkompetenzen führen. Ein Lehrender, der die Schreibfähigkeiten seiner Schülerinnen und Schüler verbessern und erweitern will, bedarf daher des Wissens um ihre individuellen Schreibbiographien, und dafür reicht es nicht aus, allein ihr Lebens- und ihr Schreibalter zu kennen, weil diese nur allgemeine Schlussfolgerungen erlauben, mit deren Hilfe auf die individuellen Bedürfnisse der Schreibenden nicht adäquat genug reagiert werden kann.

Dass es auch für die Lernenden selbst sinnvoll und hilfreich ist, sich der persönlichen Schreibbiographie bewusst zu werden, um aktiv die eigenen Schreibfähigkeiten verbessern zu können, bestätigt sich im Schreibkurs, wenngleich dieser nur erste Anstöße zur individuellen Auseinandersetzung geben kann. Die Übungen und Fragen erlauben es den Teilnehmerinnen und Teilnehmern, einige ihrer bisherigen Schreiberfahrungen zu vergegenwärtigen und ansatzweise deren Bedeutung zu reflektieren und zu bewerten. Wird die Auseinandersetzung im Kursverlauf immer wieder angeregt, dann kann dies zu einer zunehmend realistischeren Einschätzung eigenen Schreibkönnens führen und positive Auswirkungen auch auf Schreibmotivation und schulische Schreibleistungen haben.

4.3.2.3 Wissen um die Prozesshaftigkeit des Schreibens

Schreiblernende besitzen oft ein diffuses, begrifflich nicht präzise zu fassendes Wissen um den Schreibprozess, das nicht zu bewussten handlungsleitenden Skripts führt. Welcher Art und Tiefe das Wissen von Lernenden ist, wird bei der Erstellung der Checkliste (Sitzung 2) deutlich. Differenzieren Lernende hier die einzelnen Teilphasen des Schreibprozesses nicht präzise und beschreiben beim Sammeln von Arbeitsschritten beim Herangehen an die Schreibaufgabe „Aufsatz" den Gesamtablauf beispielsweise mit „überlegen – schreiben – lesen", dann deutet dies darauf hin, dass sie sich offenbar nicht bewusst sind, dass sich jede der drei Hauptphasen in weitere Teilphasen auffächert, obwohl sie eine Vorstellung davon haben, dass sie sich vor dem eigentlichen Schreibakt Informationen zur Schreibaufgabe verschaffen.

Die Checkliste deckt zudem auf, ob Lernende den intendierten Rezipienten ihres Aufsatzes berücksichtigen oder nicht. Tun sie dies nicht, kann das zum einen daran liegen, dass ihnen der dafür notwendige Perspektivenwechsel nicht gelingt, zum anderen aber auch daran, dass Aufsätze nicht in einer echten Kommunikationssituation geschrieben werden und sich immer an die Lehrkraft wenden, sodass es nicht wirklich notwendig ist, sich über den Adressaten Gedanken zu machen. Da die Berücksichtigung der Leserinteressen jedoch für das Gelingen eines Textes außerhalb des Schulunterrichts wichtig ist, sollte gerade diese intensiv und regelmäßig geübt werden, z. B. indem die Heranwachsenden einen eigenen Text einer vertrauten Person vorlesen und um eine kritische Rückmeldung bitten. Deren Fragen und Anmerkungen können die Notwendigkeit der Adressatenorientierung bemerken lassen, weil sie offen legen, an welchen Stellen ein Text für Rezipienten noch nicht klar zu verstehen ist. Allerdings dürfen sich die positiven wie negativen Anmerkungen nicht auf allgemeine Wertungen und Kommentare in vagen Formulierungen beschränken, sondern müssen die Textmerkmale, die jeweils die Textqualität beeinflussen, präzise benennen und die Rezeptionseindrücke detailliert kategorisieren, damit sie als konstruktive Hilfestellung empfunden werden. Ein allgemein gehaltenes Feedback, das nicht auf metasprachlichen Beschreibungskategorien basiert, auf die einzelnen Schreibphasen nicht Bezug nimmt und die Stärken und Schwächen des Textes nicht treffend benennt, motiviert nicht wirklich zur Überarbeitung.

Ein Fragebogen, der dem Schreiben in den verschiedenen Schulfächern gewidmet ist (Sitzung 8), kann die Jugendlichen dazu anregen, zukünftig bewusster auf den jeweiligen Umgang mit dem Schreiben zu achten und dabei wahrzunehmen, wie viel sie täglich schreiben. Auf diese Weise können sie sich ihr Wissen um die Prozesshaftigkeit des Schreibens bewusst machen, ihre Vorstellungen von den Merkmalen eines gelungenen Textes reflektieren und in Ansätzen auch strategisches Wissen darüber abrufen, wie sie selbst in sprachlicher und inhaltlicher Hinsicht zu einem überzeugenden Textprodukt gelangen können.

4.3.2.4 Wissen um Qualitätsmerkmale von Texten

Das Free-Writing stellt eine geeignete Methode dar, das Schreiben anzustoßen, es führt meist sehr rasch zu kurzen zusammenhängenden Texten. Die gewählten Schreibhaltungen variieren jedoch nicht stark, ein Thema wie „ein wichtiger Ort" (Sitzung 3) ruft beispielsweise bei Schreiblernenden offenbar automatisch das Schema der Beschreibung hervor, sodass hier meist die sachlich-beschreibende Haltung dominiert.

Äußern sich die Jugendlichen bei der gegenseitigen Beurteilung von Free-Writing-Texten nur sehr allgemein, begründen sie ihren Eindruck nicht genauer und

Der Schreibkurs – Entwicklung und Erprobung von Handlungsstrategien 157

geben wenig konkrete Überarbeitungshinweise entsprechend der im Aufsatzunterricht erlernten Muster, werden in der Revisionsphase die Texte zwar rechtschriftlich korrigiert, aber sprachlich und inhaltlich kaum verändert. Es ist in diesen Fällen anzunehmen, dass metasprachliches Vokabular im schulischen Unterricht nur selten verwendet wird, weil auch über das Schreiben selbst nicht oft gesprochen wird. Zudem scheinen die Hinweise im Unterricht auf das, was einen Text zu einem gelungenen Text macht, nicht dazu zu führen, dass alle Lernenden klare, handlungsleitende Vorstellungen ausbilden und nützliche, wiederholbare Revisionsroutinen entwickeln können.

Im Schreibkurs werden daher die dazu erforderlichen Begriffe häufig thematisiert und ihre Bedeutung und ihr Gebrauch intensiv vermittelt. Dazu eignet sich zum einen die Erstellung der Kriterienliste (Sitzung 3), die anfänglich nur nach übergeordneten Kategorien wie „Lesererwartung" oder „eigene Zufriedenheit mit dem Text" gegliedert und im weiteren Kursverlauf stetig ergänzt und ausdifferenziert wird. Zum anderen ist es erforderlich, sich öfter mit anderen Schreiblernenden über Texte auszutauschen und sich selbstständig intensiver mit eigenen Schreibprodukten auseinander zu setzen. Dabei kann der ebenfalls stetig zu erweiternde Analysebogen (Sitzung 3) eine Hilfe sein. Er wird eng an die Ergänzungsliste angelehnt[20] und mit Kriterien wie beispielsweise „Sprachgestaltung: Satzbau, Wortarten" und „Inhalt: Vollständigkeit, Verständlichkeit, Logik" gefüllt. Er kann deutlich vor Augen führen, dass es etliche Qualitätsmerkmale gibt, die unabhängig von der Textsorte für jeden Text gelten, daneben aber auch solche, die in verschiedenen Textsorten Unterschiedliches bedeuten können und nicht immer gleich wichtig für die Güte von Texten sind.

Die schriftlichen Stellungnahmen zur Erstfassung eines eigenen Free-Writing-Textes („Warum findest du diesen Text gut? Was genau gefällt dir an ihm, was gefällt dir nicht?") und die Analysebogen zur dritten Überarbeitungs-Fassung dieses Textes (1. Zusatzaufgabe) zeigen deutlich auf, wie intensiv und detailliert Schreiblernende über ihre Texte nachdenken und an ihnen feilen, und spiegeln die Intensität der jeweiligen Überarbeitung. Formulieren sie sehr knappe, allgemeine Antworten, benennen sie nicht, welche Elemente oder Passagen ihres Textes ihnen gut gefallen und welche nicht, oder markieren sie in den Analysebogen nur, welche Kriterien sich in ihrem Text finden, ohne dabei Angaben zu deren Qualität zu machen, dann werden in der Überarbeitungsfassung nur rechtschriftliche Veränderungen vorgenommen, während Inhalt und Sprache identisch mit der Erstfassung bleiben. Fallen die Antworten dagegen detaillierter aus, werden in Stellungnahme und Analysebogen deutlicher die Stärken und Schwächen des eigenen Textes benannt, dann spiegelt sich dies auch in einem bewussteren, distanzierteren Umgang mit dem eigenen Text, der genauer analy-

---

[20] Der Unterschied besteht darin, dass die Lernenden auf der Ergänzungsliste die Kriterien-Begriffe definieren und mit dem Analysebogen ihre Anwendung in einem Text überprüfen (s. Anhang 2).

siert und auch aus der Leserperspektive betrachtet wird. Die Zwischenfassungen werden dann auch genutzt, um verschiedene sprachliche Gestaltungsmöglichkeiten auszuprobieren und zu vergleichen, sodass am Ende diejenige ausgewählt werden kann, die die Intention des Schreibenden am besten ausdrückt. Es zeigt sich, dass Fragen zur Qualität eines Textes, die zwar relativ global gestellt sind, aber dennoch einzelne Aspekte fokussieren, geeignet sind, die Auseinandersetzung mancher, v. a. älterer Schreibender mit ihrem Schreibprodukt anzustoßen, und zu Revisionsmaßnahmen führen. Anderen Schreibenden dagegen verhelfen sie nicht zu besseren Textversionen, für diese müssen entweder kleinschrittigere oder konkretere, auf den jeweiligen Text bezogene Überarbeitungshinweise formuliert werden. Für sie erweist sich wahrscheinlich die fragende Korrektur von außen als hilfreicher.

Da ab der Mittelstufe viele der vorgeschriebenen Aufsatzformen einer argumentierenden Schreibhaltung bedürfen, wird das absurde Schreiben (10. Sitzung) im Kurs erprobt, indem die Schülerinnen und Schüler eine absurde These auf „klassische" Weise aufstellen, begründen, beweisen und mit einer Folgerung abrunden und im Anschluss mit einem vollständigen Gegenargument auf eine andere Behauptung reagieren. Der so entstandene argumentative Text wird überarbeitet, Fokus der Überarbeitung ist seine Kohärenz. Bei einem zweiten Versuch wird in informierender Schreibhaltung ein absurdes Kochrezept verfasst und ebenfalls auf seine Kohärenz geprüft. Während es relativ leicht ist, völlig absurde Behauptungen aufzustellen und diese mit noch übertriebeneren Gegenthesen zu widerlegen, kann die Überarbeitung eine Schwierigkeit für Schreiblernende darstellen, wenn es ihnen nicht gelingt, den inneren Zusammenhang ihres Textes kritisch zu untersuchen und zu verbessern. Zu gelungeneren Revisionsmaßnahmen können dagegen Texte führen, die eine Orientierung an konkreten Handlungsschritten bieten, weil Textsortenkriterien leichter bei solchen Texten erkannt werden, die stets eine klare inhaltliche Strukturierung aufweisen. Absurdes Schreiben erweist sich damit als geeignet, verschiedene Schreibhaltungen zu erproben, aber nicht an allen entstehenden Texten kann sinnvoll weitergearbeitet werden, weil bei manchen der „merkwürdige" Inhalt die kognitive Aufmerksamkeit zu stark auf sich zieht, sodass die darunter liegenden sprachlichen Strukturen offenbar nicht mehr bewusst aufgenommen und verarbeitet werden können.

Übungen zum Satzumbau und zur Auswahl des passenden Satzes (Sitzung 7) helfen, allmählich deutlichere Vorstellungen von den Qualitätsmerkmalen von Texten auszubilden. Sie lassen erkennen, dass z. B. nicht nur die Wortwahl, sondern auch der jeweilige Satzbau, d. h. die Stellung der Satzglieder, die Länge der Sätze und die Satzverknüpfungen, eine bestimmte Wirkung hervorruft und das Urteil über die Qualität von Geschriebenem mitbestimmt. Während Schreiblernende zunächst oft intuitiv die richtigen der vorgegebenen Sätze auswählen, um die

Lücken in den Texten zu füllen, macht ihnen die zusätzliche graphische Kennzeichnung der eingesetzten Kohärenzmittel bewusst, dass einzelne Elemente eines Satzes auf unterschiedliche Weise mit anderen interagieren und Satzanschlüsse dann als besonders gelungen empfunden werden, wenn sie sich auf das Subjekt des vorangehenden Satzes oder ein Satzglied mit hohem Informationsgehalt beziehen und dabei entweder einen Gegensatz, eine Einschränkung oder eine Verstärkung beinhalten. Auf diese Weise werden Thema-Rhema-Strukturen und thematische Entfaltungsmöglichkeiten verdeutlicht, ohne dass die Einführung zusätzlicher fachspezifischer Begrifflichkeiten erforderlich wäre. Schreiblernende können dabei erkennen, dass sie Sätze und in der Folge auch Aufsätze verändern können, indem sie Wörter austauschen, Satzglieder umstellen und Satzverknüpfungen bzw. -anschlüsse abändern.

Die Karteikartenabfrage und anschließende Systematisierung der Nennungen zur Wirkung von Texten (11. Sitzung) kann aufzeigen, welches Bewusstsein für die verschiedenen Ebenen eines Textes vorhanden ist und wie konkret und genau es sprachlich gefasst werden kann. Finden sich unter den Begriffen, mit denen hierbei z. B. jeweils „sachlich" und „anschaulich" beschrieben werden, vielfältigere Nennungen zur Textsorte, zu sprachlich-stilistischen Kennzeichen, zu inhaltlichen Merkmalen und zur Wirkung auf den Rezipienten als bei ähnlichen Übungen zu Beginn des Kurses, dann zeugt dies von einem gewachsenen Bewusstsein und tieferen Wissen um das Schreiben und seine Funktionen.

4.3.2.5 Methodenvielfalt

Etliche der im Schreibkurs eingesetzten Übungen und Methoden sind vielen Schülerinnen und Schülern unbekannt, einige davon irritieren, weil sie zu Handlungen herausfordern, die im Schulalltag nicht erlaubt sind, einige motivieren, weil sie als sehr lustig und dadurch anregend empfunden werden. Dies lässt vermuten, dass in der Praxis schulischen Aufsatzunterrichts kreative und deutlich prozessorientierte Herangehensweisen an das Schreiben bisher tatsächlich nur eine untergeordnete Rolle spielen, selten zum Einsatz kommen oder in der Wahrnehmung der Heranwachsenden keine bleibenden Eindrücke hinterlassen. Die Arbeit in den Sitzungen bestätigt jedoch die Vermutung, dass diese Verfahren durchaus geeignet sind, die Schreibfähigkeit von Jugendlichen zu fördern. Sie müssen nur sinnvoll miteinander kombiniert werden und unterschiedliche Zugänge zu Schreibaufgaben ermöglichen, sodass sie eine Auseinandersetzung mit dem Schreiben herausfordern, die von den spezifischen zu verfassenden Textsorten der verschiedenen Jahrgangsstufen unabhängig ist.

Allerdings zeigt sich auch, dass sich manche Übungen nur bedingt für bestimmte Schreib- und Lebensalter eignen bzw. einer schrittweisen Einführung bedürfen, wenn sie den Schülerinnen und Schülern noch nicht bekannt sind oder wenn sie zu einer Arbeits- und Schreibweise auffordern, die eine gewisse Distanzierung oder Abstraktion vom eigenen Textprodukt und den sicheren Gebrauch metasprachlicher Begrifflichkeiten erfordern. Es muss daher verstärkt darauf geachtet werden, frühzeitig die Aneignung eines metasprachlichen Beschreibungsinventars zu ermöglichen und seine Anwendung nicht in der Analyse poetischer und nicht-poetischer Texte, sondern auch in der Beurteilung eigener Schreibprodukte unter textlinguistischer Perspektive kontinuierlich zu trainieren. Für jüngere Schülerinnen und Schüler eignen sich dabei vor allem Übungen wie z. B. die fragende Korrektur oder die Satzkonferenz, die die Fähigkeit zur Distanzierung, zum Perspektivenwechsel und zur Abstraktion befördern, nicht jedoch deren Vorhandensein bereits voraussetzen. Zusätzlich kann es gerade für die Jüngeren hilfreich sein, wenn häufig gemeinsam geschrieben, formuliert und über die Qualität von eigenen und fremden Texten nachgedacht wird, weil es sie davon befreit, alle erforderlichen Gedanken- und Schreibschritte allein vollständig bewältigen zu müssen. Allerdings darf hierbei nicht der Eindruck entstehen, es gäbe nur eine korrekte Lösung zu einer Schreibaufgabe.

Ein wesentliches Ziel des Schreibkurses liegt darin, cross-curriculares Schreiben anzubahnen, indem die Schreibaufgaben anderer Fächer aufgegriffen und deren Sachinhalte in schreibendem Denken erfasst werden. Dies kann sich als eine Schreibfunktion herausstellen, die Jugendlichen unbekannt und fremd ist, sodass gerade jüngere zunächst nicht viel mit ihr anzufangen wissen, insbesondere dann nicht, wenn die Aufgabenstellung sehr allgemein gehalten ist. Werden jedoch im Verlauf des Kurses sehr viel konkretere Anweisungen und immer wieder anregende Impulse von außen gegeben, wie beispielsweise die fragende Korrektur (Sitzung 4) oder die gemeinsame Satzkonferenz (Sitzung 9), dann gelingt es sowohl älteren als auch jüngeren Lernenden, sich schreibend mit den Sachinhalten anderer Fächer auseinanderzusetzen. Dies weist darauf hin, dass es in jedem Schreibalter möglich ist, sich die epistemische Funktion des Schreibens in verschiedenen Fächern und für unterschiedliche Inhalte zunutze zu machen. Jüngere und ältere Schreiblernende müssen jedoch auf unterschiedliche Weise zum schreibenden Denken angeregt werden – je älter Schreiblernende sind, desto besser gelingt es ihnen, allgemeinere, abstraktere Hilfestellungen und Anregungen für das eigene Schreiben zu nutzen, je jünger sie sind, desto konkretere Hilfen und Übungen benötigen sie.

Das Kursdesign bewährt sich für die intendierte Anbahnung schreibstrategischen Wissens, es ist allerdings anzunehmen, dass es bei Jugendlichen verschiedener Altersgruppen aufgrund der unterschiedlichen kognitiven Reife auf jeweils unterschiedliche Weise wirkt. Während ältere Schülerinnen und Schüler wahrscheinlich vor allem über die Reflexion neue Schreib-Strategien erwerben, bereits bekannte festigen und beides im Schreibhandeln erproben, erfahren jüngere viele Strategien vermutlich sehr viel stärker über das Schreiben selbst,

Der Schreibkurs – Entwicklung und Erprobung von Handlungsstrategien 161

durch das zusätzliche Schreibhandeln im Kurs, als über das Nachdenken und Sprechen über das Schreiben.

Welcher Art und von welcher Verarbeitungstiefe das im Kurs erworbene Schreibwissen jedoch jeweils ist, ob es als prozedurales Handlungswissen den Schülerinnen und Schülern bei zukünftigen Schreibaufgaben tatsächlich hilft, lässt sich nur in ungelenkten Schreibsituationen außerhalb des Kurses erkennen. Eine zumindest ansatzweise Umsetzung, Anwendung und beginnende Routinisierung schreibstrategischen Wissens und individuelle Nutzung der im Kurs vorgestellten Methoden ist jedoch zu vermuten, wenn Lernende die individuell zu erledigenden häuslichen Aufgaben (Zusatzaufgabe 1 und 2) in sehr freier Weise lösen, indem sie sich beispielsweise von einem Aufgabenthema inspirieren lassen, dieses aber nicht in den Mittelpunkt ihres Textes stellen und lieber ein ausgedehntes Cluster dazu entwerfen, oder indem sie anstelle eines informativen Textes über das Thema der nächsten Schulaufgabe lieber einen argumentativen Text darüber verfassen, warum sich in den Ferien das Nachdenken über Schule nicht lohnt.

Das strategiegeleitete Vorgehen im Kurs erscheint damit insgesamt als sehr vielversprechend: Es kann Lehrenden und Lernenden durch vertiefte Einblicke in unterschiedliche Schreibbiographien zu einem größeren Bewusstsein um die Bedeutung persönlicher Schreiberfahrungen verhelfen und trainiert den bewussten Einsatz und Gebrauch individuell hilfreicher Schreibstrategien. Seine Integration auch in den schulischen Schreibunterricht erscheint lohnend.

5. Voraussetzungen für ein umfassendes Schreibcurriculum zur Förderung schreibstrategischer Kompetenzen – Ausblick auf weiterführende Handlungskonsequenzen für einen „anderen" Schreibunterricht in der Sekundarstufe

Hatte der Forschungsprozess seinen Anfang noch in einem recht diffusen Gefühl der Unzufriedenheit mit dem gymnasialen Schreibunterricht genommen, das zwar deutlich erlebt wurde, aber nicht in allen Details präzise erklärt werden konnte, so kann er nun mit klaren Vorstellungen darüber, wie Schreibunterricht erfolgreicher gestaltet werden kann, in seine Schlussphase treten und die Folgerungen aus den wesentlichen Erkenntnissen der gesamten Untersuchung ziehen: Fünf Handlungskonsequenzen sind es, die sich als Grundvoraussetzungen für die weitere Entwicklung eines umfassenden Schreibcurriculums zur Förderung schreibstrategischer Kompetenzen erweisen.

5.1 Kombination der Erkenntnisse und Erfahrungen verschiedener wissenschaftlicher Fachrichtungen

Die Integration und Kombination der Erkenntnisse und Erfahrungen aller wissenschaftlicher Fachrichtungen, die sich mit dem Schreiben beschäftigen, ist notwendige Grundlage eines sinnvollen, erfolgreichen Schreibcurriculums, wie die Arbeit im Schreibkurs bestätigt. Da Schreiben ein sehr vielschichtiger Prozess ist, der sich für jeden Schreibenden anders gestaltet und von jedem individuell wahrgenommen wird, muss Schreibunterricht möglichst vielgestaltige Angebote machen, die verschiedene Schreibwege auf unterschiedlichste Arten anregen und erproben lassen. Konzentriert sich Schreibunterricht auf nur eine Herangehensweise, orientiert er sich also beispielsweise allein an den Methoden der kommunikativen Aufsatzdidaktik, dann nimmt er vielen Lernenden die Möglichkeit, die für sie geeigneten Schreibwege und -strategien zu finden.

Für die Entwicklung eines umfassenden Schreibcurriculums zur Förderung schreibstrategischer Kompetenzen für die gesamte Sekundarstufe ist es daher notwendig, noch intensiver nach Anknüpfungspunkten zwischen einzelnen Fachrichtungen zu suchen und aus diesen neue schreibdidaktische Strategien zu entwickeln. Darüber hinaus sind verstärkt auch diejenigen Ergebnisse aus den verschiedenen wissenschaftlichen Disziplinen, die zunächst eher nebensächlich erscheinen, daraufhin zu überprüfen, ob sich nicht gerade aus ihnen spezielle Methoden, wie z. B. das für den Kurs entwickelte Verfahren des bewussten Abschweifens, ableiten lassen, die Schreiblernenden helfen, den Schreibprozess besser zu bewältigen, oder ihnen einen leichteren Erwerb von Schreibkompetenz ermöglichen.

5.2 Berücksichtigung fächerübergreifender Schreibaufgaben

Der Erfolg schulischen Schreibunterrichts zeigt sich auch darin, dass die in ihm erworbenen Fähigkeiten in anderen Fächern genutzt werden können und den Schülerinnen und Schülern dort das Denken, Lernen und Verstehen erleichtern.

In einem umfassenden Schreibcurriculum kann dies auf zwei verschiedenen Wegen erreicht werden. Eine Möglichkeit ist es, die Schreibaufgaben der anderen Fächer im Schreibunterricht zu thematisieren, ihre Anforderungen zu analysieren und Strategien zu deren Lösung einzuüben, was bedeutet, dass der Schreibunterricht Raum bietet für die intensive Auseinandersetzung mit fachspezifischem Schreiben. Die andere Möglichkeit besteht darin, grundlegende Schreibstrategien für die unterschiedlichen Schreibphasen aufzuzeigen und so intensiv zu trainieren, dass diese auch außerhalb des Schreibunterrichts als Schreibroutinen wirken und fachspezifische Schreibhandlungen steuern können.

Beide Wege sind im Grunde gleichermaßen sinnvoll, aber offenbar nicht für alle Heranwachsenden gleich gut geeignet. Es bedarf daher weiterer Forschung, die vor allem die Frage klärt, welche Herangehensweise sich für welches Schreib- und Lebensalter als hilfreich erweist, damit im Rahmen eines umfassenden Schreibcurriculums die bestmögliche Abstimmung und Stufung vorgenommen werden kann und ein fächerübergreifendes Curriculum entsteht, in dem sowohl Platz ist für die Festigung von Strategien als auch für die Automatisierung von spezifischen Schreibhandlungen und das darüber hinaus den Jugendlichen Gelegenheit bietet, kreative Kombinations- und Lösungsmöglichkeiten zu entwickeln und zu erproben.

5.3 Schreibausbildung aller Lehrkräfte

Da in allen Fächern der Sekundarstufe das Schreiben eine wichtige Rolle für das Lernen spielt, da alle Fächer die Verwendung fachspezifischer Schreibweisen erfordern und in allen Fächern schriftliche Texte als Leistungsnachweis gefordert werden,[1] müssen alle Lehrkräfte vertiefte Kenntnisse um das Schreiben und um Texte haben. Sie müssen beispielsweise wissen, wie sich Schreibfähigkeiten entwickeln und wie die Kohärenz von Texten entsteht, weil sie nur so die schriftlichen Leistungen, die Schülerinnen und Schüler zeigen, adäquat beurteilen und nur so unterscheiden können, ob ein fehlerhafter Text ein Beweis mangelnder Lernleistungen oder eher Indiz für gravierende Schreibprobleme ist. Gerade weil vor allem schriftliche Texte über die Zukunftschancen Heranwachsender bestimmen, ist es dringend geboten, diese fair und kompetent zu beurteilen, und dies geht nur auf Grundlage eines detaillierten Wissens um den gesamten Schreibprozess.

---

[1] In der Kollegstufe des neunjährigen Gymnasiums sind selbst in den Fächern Kunst, Musik und Sport schriftliche Leistungsnachweise zu erbringen.

Dieses kann und darf nicht in der schulischen Praxis allein erworben werden, zu groß wäre die Gefahr, dass Schülertexte allein aufgrund praktischer Theorien beurteilt würden, denen es an gesicherten Ermessensgrundlagen mangelt. Es ist vielmehr notwendig, dass alle Lehrkräfte – unabhängig von der gewählten Fachrichtung bzw. Fächerkombination – im Studium oder im Referendariat auch als Schreiblehrkräfte ausgebildet werden.[2] Den Kern dieser Ausbildung sollte die Auseinandersetzung mit empirischen Erkenntnissen und theoretischen Annahmen aus Textlinguistik und Schreibforschung bilden, weil diese die wesentlichen Grundlagen für die Analyse und Bewertung sich entwickelnder Schreibfähigkeiten bieten, daneben sollten sich die Lehrkräfte aber auch intensiv mit ihrem eigenen Schreiben beschäftigen, um ein Gespür für mögliche Schreibschwierigkeiten ihrer späteren Schülerinnen und Schüler zu entwickeln.

5.4 Orientierung an individuellen Schreibbiographien

Ein Schreibunterricht, der schreiberdifferenziert[3] ausgerichtet ist, der die verschiedenen Schreibbedürfnisse der Schreiblernenden anerkennt, an ihren individuellen Schreibfähigkeiten und -interessen anknüpft und ihnen geeignete Wege aufweist, sich der eigenen Schreibbiographie bewusst zu werden, wird erfolgreicher und auch motivierender sein als einer, der allen Schreibenden zur gleichen Zeit dieselben Aufgaben stellt.

Damit er gelingt, müssen Lehrkräfte möglichst umfassend um die individuellen Schreibbiographien der Heranwachsenden wissen, sie müssen zudem in der Lage sein, den Stand ihrer Schreibentwicklung differenziert zu bestimmen. Dazu benötigen sie geeignete Diagnoseverfahren, die auf präziseren, differenzierteren Kategorien beruhen als die bisherigen durch die Wissenschaft vorgenommenen Einteilungen – nicht jeder Schreiberfahrene ist auch ein Schreibexperte, nicht jeder, der als Schreiberfahrener aus der Schule entlassen wird, weist dieselben Kompetenzen auf. Schreiblernende einer Jahrgangsstufe gleichen sich zwar im Schreibalter, nicht aber in der Qualität ihrer Schreiberfahrungen.

Es ist daher notwendig, die bisher vorgeschlagenen quantitativen Stufungen der Schreibentwicklung und des Schreibkönnens sehr viel stärker auch qualitativ zu differenzieren, also nicht mehr nur zwischen „Schreibnovizen" und „Schreibexperten" oder „erfahrenen" und „unerfahrenen Schreiberinnen und Schreibern"

---

[2] Diese Forderung ist nicht neu, wie folgendes Zitat aus dem Jahr 1982 belegt: „The next step will be to convince the states to include the teaching of writing in their lists of mandated competencies for all teachers." (Maimon: Writing Across the Curriculum: Past, Present, and Future, in: Griffin (Hg): Teaching Writing in All Disciplines, S. 72). Sie wird aber gerade im Zusammenhang mit einem umfassenden Schreibcurriculum wieder dringlicher, vor allem wenn man berücksichtigt, dass derzeit nicht einmal alle angehenden Deutsch-Lehrkräfte verpflichtet sind, sich im Studium intensiv mit Linguistik zu beschäftigen, was vielfach dazu führt, dass sie mit textlinguistischen Fragen während ihres gesamten Studiums kaum in Berührung kommen.

[3] Vgl. hierzu Baurmann u. Müller: Zum Schreiben motivieren – das Schreiben unterstützen. Ermutigung zu einem schreiber-differenzierten Unterricht, in: Praxis Deutsch H. 149 (1998), S. 16–22.

zu unterscheiden, sondern zusätzliche Kategorien, wie beispielsweise „kompetent – nicht kompetent", „sicher – unsicher", „selbstbewusst – ohne Vertrauen in eigenes Können", zu bestimmen, mit deren Hilfe sich die individuellen Schreibbiographien in all ihren Bestandteilen so detailliert beschreiben lassen, dass eine wirklich individuelle Förderung möglich wird.

Damit individuelle Förderung ernsthaft verfolgt werden kann, bedarf es eines individualisierenden Schreibunterrichts mit schreiber-differenzierenden Schreibaufgaben. Die Individualisierung sollte sich dabei nicht nur auf die angebotenen Übungen beziehen, sondern kann auch in den Schulaufgaben durchgehalten werden, in denen beispielsweise nur das Thema vorgegeben werden könnte, nicht aber die Schreibhaltung, oder umgekehrt, indem eine bestimmte Schreibhaltung überprüft wird, zu der jedoch individuelle Themen gewählt werden können. Eine wichtige Aufgabe bei der Entwicklung eines umfassenden Schreibcurriculums besteht daher in der intensiven Suche nach weiteren möglichen Formen einer individuellen Leistungsüberprüfung.

5.5 Verortung außerhalb des Deutschunterrichts

Die wichtigste Frage jedoch, die sich bei der Entwicklung eines umfassenden Schreibcurriculums stellt, ist diejenige nach dem Ort des Schreibunterrichts. Dass dies nicht unbedingt der Deutschunterricht sein muss, wurde bereits durch die Situationsanalyse deutlich und führte bei der daran anschließenden Planung des Kursdesigns bewusst zur Extraposition des Schreibunterrichts.

Diese hat sich auch bewährt. Es erscheint zwar sinnvoller, für den schulischen Schreibunterricht auf eine zu starke Mischung der Altersstufen zu verzichten, weil zu große Unterschiede in der kognitiven Leistungsfähigkeit und den altersbedingten Interessen auf die Arbeit gelegentlich auch störend wirken können, aber es verhilft Schülerinnen und Schülern zu nützlichen Einsichten, wenn Schreib- und Aufsatzunterricht voneinander getrennt werden.

Ist Schreibunterricht unabhängig vom Aufsatzunterricht, können Heranwachsende leichter erkennen, dass Schreiben mehr sein kann als das Gestalten von Texten. Ist er zudem unabhängig vom Deutschunterricht, erleichtert ihnen dies die Einsicht in fachübergreifende und fachunabhängige Schreibstrategien und Schreibfunktionen, die in allen Fächern erfolgreich eingesetzt werden können. Im Aufsatzunterricht erwerben Schülerinnen und Schüler zwar eine gewisse, meist unbewusst ablaufende Handlungsroutine, weil sie im Lauf der Jahre eine Vielzahl von Aufsätzen zu verfassen haben, aber es gelingt vielen nicht, die Handlungsroutinen zu vergegenwärtigen, sodass sie diese für andere Schreibaufgaben nicht bewusst nutzen können. Ein Unterricht, der nicht darauf achtet, mit Hilfe präziser Begrifflichkeiten das eigene Schreibhandeln bewusst zu machen, erschwert Heranwachsenden das Schreiben unnötig, weil sie bei jeder Schreibaufgabe „von vorn" beginnen müssen.

Schreibunterricht, der der Entwicklung und Förderung von Schreibstrategien dienen will, ist daher vom Deutschunterricht – oder zumindest vom Aufsatzunterricht – zu trennen. Das bedeutet nicht, dass zukünftig keine Aufsätze, keine längeren Texte mehr geschrieben werden sollen, es bedeutet auch nicht, dass das Schreiben von Aufsätzen an sich sinn- oder wertlos wäre. Es bedeutet vielmehr, dass das Schreiben einen sehr viel größeren Stellenwert in der Schule bekommen muss, damit Schülerinnen und Schüler es in seiner ganzen Vielfalt überhaupt wahrnehmen, all seine Funktionen erfahren und dadurch lernen, das Schreiben für sich selbst sinnvoll zu nutzen. In einem eigenen Fach „Schreiben", in dem eine strategiegeleitete, fächerübergreifende, methodisch vielfältige, individualisierende und zerlegende Vorgehensweise verfolgt wird, könnte Schreibunterricht tatsächlich zu dem werden, was er eigentlich schon immer sein sollte: eine Hilfe, ein Aha-Erlebnis, eine Brücke zur Erkenntnis.

Anhang 1

Vorstellungen und Erfahrungen von Studierenden, Lehramt Deutsch

1. Welches Fach/welche Fächer haben Ihnen in der Schule am besten gefallen?	Anzahl Nennungen	2. Welches Fach/welche Fächer mochten Sie in der Schule am wenigsten?	Anzahl Nennungen
Deutsch	37	Physik	23
Sport	20	Mathematik	22
Geschichte	19	Chemie	21
Kunst	15	Erdkunde	4
Englisch	14	Religion	4
Sozialkunde	9	Sport	4
Religion	8	Latein	3
Musik	7	Biologie	2
Biologie	6	Französisch	2
Erdkunde	6	Musik	2
Latein	6	Wirtschaft und Recht	2
Französisch	5	Deutsch	1
Mathematik	5	Englisch	1
Wirtschaft und Recht	3	Geschichte	1
Chemie	2	Kunst	1
Dramatisches Gestalten	1	k. A.	1
Ethik	1	**Begründung „Deutsch"**	
Griechisch	1	Abhängigkeit von der Lehrkraft	1
Italienisch	1		
Physik	1		
Keines	1		
Begründung „Deutsch"			
Interesse an den Themen	33		
Neigung	16		
Begabung	16		
Gute Lehrkraft	11		
Kreativität	9		
Bildung	7		
k. A.	2		

3. Was bedeutet Schreiben für Sie?

	Anzahl Nennungen
Kommunikation/Kontaktpflege	39
Selbstausdruck für sich und andere	32
Positive Wertung/Gefühle	24
Problemlösen/Gedanken ordnen	23
Negative Wertung/Gefühle	14
Lernen	12
Notieren	7
Kreativität	5
Nennung allgemeiner Definition	14

4. Woran erinnern Sie sich, wenn Sie an den Aufsatzunterricht in der Schule denken?

	Anzahl Nennungen
Negative Wertung/Gefühle	30
Unterrichtsmethodik (negativ)	27
Abhängigkeit Lehrkraft	25
Positive Wertung/Gefühle	17
Schreibformen/Textsorten	12
Schlechte Benotung/Notenzwang	13
Schulaufgaben	10
Unterrichtsmethodik (neutral)	8
Gute Benotung/Beurteilung	6
Benotung/Beurteilung allgemein	5
Ich erinnere mich nicht/fast nicht	3

5. Wann schreiben Sie in Ihrer jetzigen Lebenssituation? Was sind die Anlässe?

	Anzahl Nennungen
Kommunikation/Kontaktpflege	57
Ausbildung/Studium/Beruf	48
Persönliches Schreiben für sich	13
Notieren/Memorieren	7
Hobby	5
Problemlösung	3
Positive Gefühle/Wertung	2

6. Zu welchen Zwecken und Zielen schreiben Sie?

	Anzahl Nennungen
Lernen/Ausbildung/Beruf	26
Kommunikation	20
Kontaktpflege	14
Positive Gefühle	11
Schreiben für sich selbst	11
Memorieren/Planen	4
Zwang	1
k. A.	1

7. Gehören Sie eher zu den guten oder zu den schlechten SchreiberInnen?

	Anzahl Nennungen
Eher gut	20
Eher schlecht	10
Mittelmäßig/Durchschnitt	10
Je nach Textsorte	5
Kann ich nicht beurteilen	2
k. A.	2

Begründung „eher gut"

Können	27
Positive Gefühle	10
Positive Leserreaktion	10
k. A.	1

Begründung „eher schlecht"

Negative Gefühle	5
Mangelnde Begabung/Können	4
Äußere Umstände/Schreibsituation	4
Stil	3
Strukturierung des Inhalts	2
Negative Leserreaktion	2

Begründung „mittelmäßig"

Teil-Können	15
Positive Leserreaktion	4
k. A.	1

Anhang 2

Erläuterung der Schreibkurs-Übungen

ABC-Geschichte – Zu einem vorab gewählten Thema wird ein Text verfasst, der aus Wörtern mit Anfangsbuchstaben in alphabetischer Reihenfolge besteht.

absurdes Schreiben – Zu einem absurden, inhaltlich nicht bedeutsamen Thema wird ein Text in einer festgelegten Schreibhaltung und einer spezifischen Textsorte verfasst.

Analysebogen – eine stetig erweiterbare Auflistung bekannter Textmerkmale und Textualitätskriterien, mit deren Hilfe sich Texte auf ihre Textsortenzugehörigkeit und ihre Qualität analysieren lassen, indem das Vorhandensein und die Bedeutung des jeweiligen Merkmals für den Text reflektiert werden.

Assoziationen – Zu einem vorgegebenen Thema werden in kurzer Zeit schriftlich alle Assoziationen notiert, die dem/der Schreibenden spontan in den Sinn kommen.

automatisches Schreiben – Für eine kurze Zeitspanne von einigen Minuten wird ohne Absetzen des Stiftes geschrieben, dabei wird alles aufgeschrieben, was dem/der Schreibenden gerade durch den Kopf geht bzw. ihn/sie unbewusst beschäftigt.

bewusstes Abschweifen – Eine längere Schreibaufgabe wird mehrmals für eine Minute unterbrochen, in der jeweils schriftlich auf eine von außen vorgegebene oder selbstgestellte Frage geantwortet wird, die nichts mit der eigentlichen Schreibaufgabe zu tun hat.

Brainstorming – Sammeln von spontanen Einfällen und Ideen, die inhaltlich zu einem vorgegebenen Thema passen.

Buchstaben verlieren – Ein beliebiger Satz wird mehrmals umformuliert, wobei in den einzelnen Versionen ein jeweils vorher festgelegter Buchstabe nicht enthalten sein darf.

Checkliste – individuelles, stetig veränderbares Ablaufschema, das die einzelnen Arbeitsschritte einer Schreibaufgabe und die in den verschiedenen Phasen des Schreibprozesses einsetzbaren Schreibstrategien beschreibt.

Cluster – Zu einem Begriff, einem Thema oder einer These wird frei assoziiert. Dazu wird der Begriff in die Mitte eines Blattes geschrieben, von diesem ausgehend werden spontan und möglichst schnell Assoziationsketten notiert.

Clusterideen ausformulieren – Schreiben eines Textes in frei gewählter oder vorgegebener Schreibhaltung zu einem Clusterzweig bzw. zu einem der im Cluster genannten Begriffe.

Definieren – Begriffe, v. a. zum Thema „Schreiben", werden in eigenen Worten erklärt, die entstandenen Definitionen werden vorgelesen und verglichen. Handelt es sich um zusammengesetzte Wörter, werden zunächst die einzelnen Bestandteile erklärt, bevor eine Begriffsbestimmung des gesamten Wortes vorgenommen wird.

Möglich auch als **absurdes Definieren**: Die Silben- oder Morphemgrenzen in einem zusammengesetzten Wort werden verschoben, dadurch entstehen ein neues Determinans und ein neues Determinatum. Diese werden definiert und das zusammengesetzte Wort erhält eine ganz neue, absurde Bedeutung.

Ergänzungsliste – „Lexikon der Textualitäts-Kriterien" – alle Merkmale, die einen gelungenen Text ausmachen, werden in einer stetig erweiterbaren Liste gesammelt und mit eigenen Worten definiert.

Fachvergleich – In einer Tabelle werden die Schreibaufgaben und Arbeitsaufträge verschiedener Schulfächer miteinander verglichen, um Gemeinsamkeiten und Unterschiede in der Herangehensweise und Durchführung zu erkennen.

Fragebogen zum Schreiben – individuelle schriftliche Beantwortung offener und geschlossener Fragen zum eigenen Schreiben, um sich der eigenen Schreibbiographie und des persönlichen Schreibverhaltens bewusst zu werden.

fragende Korrektur – Ein fremder Text wird korrigiert. Dabei werden jedoch nicht Fehler markiert, sondern konkrete, echte Fragen an inhaltlich oder sprachlich nicht völlig gelungene oder unklare Passagen gestellt.

Free-Writing – Weitgehend freies und selbstbestimmtes, aber nicht völlig von Vorgaben befreites Schreiben, da entweder Thema, Textsorte oder Schreibhaltung vorgegeben sind: Zu einem gegebenen Thema dürfen Schreibhaltung und Textsorte frei gewählt werden, bei Vorgabe einer bestimmten Schreibhaltung sind Thema und Textsorte freigestellt, wird die Textsorte vorgegeben, dürfen Thema und Schreibhaltung selbst gewählt werden.

Free-Writing mit Überarbeitung – Ein kurzer Text wird in vorgegebener Textsorte zu einem frei wählbaren Thema verfasst und in einer Schreibkonferenz oder anhand von Leitfragen auf die jeweiligen Textsortenmerkmale hin analysiert und überarbeitet.

Imitation und Verfremdung – Ein kurzer Text wird imitiert oder verfremdet, indem die in ihm vorherrschende Schreibhaltung und seine Stilebene entweder verstärkt und völlig übertrieben oder aber bewusst gewechselt werden.

inneres lautes Lesen – Stummes Vorlesen eines eigenen Textes: Die eigene Stimme wird „im Kopf" antizipiert und wahrgenommen, ohne dass tatsächlich gesprochen wird.

Karteikartenabfrage – Individuelle Vorstellungen und Assoziationen zum Schreiben, die durch Fragen oder Aussagen angeregt werden, werden auf Karteikarten notiert; alle Karten werden dann in der Gruppe geordnet und ausgewertet.

Mehrversionenschreiben – Die Schreibenden verfassen mehrere Versionen eines Textes und erproben bei jeder Version einen bestimmten Schreibstil.

passender Satz – In einem sachlichen oder erzählenden Text werden an einigen Stellen mehrere Satzanschlussmöglichkeiten angeboten. Aus den verschiedenen Formulierungen wird diejenige ausgewählt, die am besten in den Text passt; dabei ist die Auswahl zu begründen.

Perspektivenwechsel – Der eigene Schreibort oder Schreibplatz wird aus verschiedenen Blickwinkeln wahrgenommen und beschrieben.

Reihum-Geschichte – Der Anfang eines erzählenden Textes wird vorgegeben, jedes Gruppenmitglied führt den Text mit einem Satz fort, reicht seinen begonnenen Text weiter, liest den Text, den es selbst erhalten hat, und führt diesen wiederum mit einem Satz weiter, der sprachlich und inhaltlich zur Vorgabe passt, usw.

Satz-Ersatz – Ein Satz wird mehrmals umformuliert, indem die in ihm enthaltenen Wörter durch Wörter einer anderen Stilebene ersetzt werden.

Satzkonferenz – An einen schwer erschließbaren Satz, z. B. aus einem Schulbuch, werden schriftlich Fragen nach denjenigen Informationen gestellt, die beim ersten Lesen nicht zu verstehen waren. Die Fragen werden schriftlich beantwortet, die neue Information wird einmal hypotaktisch und einmal parataktisch in den Ausgangssatz eingearbeitet.

Satzumbau – bewusste Anwendung der grammatischen Operationen.

Schreibkonferenz – Ein von einem Gruppenmitglied verfasster Text wird in der Gruppe vorgelesen, die anderen Gruppenmitglieder nehmen Stellung zum Text, üben konstruktive Kritik, stellen Fragen und unterbreiten Vorschläge zur Überarbeitung, die der Verfasser/die Verfasserin aufnehmen kann, aber nicht muss.

Schreibtagebuch – Anhand vorgegebener Fragen (Was und wie viel habe ich heute geschrieben? Was ist mir gelungen, womit hatte ich Schwierigkeiten? Wie bin ich vorgegangen, um die Aufgabe zu lösen? usw.) wird täglich kurz über das eigene Schreiben und die am Tag erledigten Schreibaufgaben reflektiert.

schriftliches Lernen – Die mündlichen Hausaufgaben anderer Fächer werden auch schriftlich erledigt, die gelernten Fakten und Zusammenhänge werden in einem kurzen, zusammenhängenden Text aufgeschrieben, dabei kann auch ausformuliert werden, welche Details noch nicht verstanden wurden.

schriftliches Rätseln – Eine Denksportaufgabe wird schriftlich gelöst, indem das, was normalerweise nur „im Kopf" passiert, verschriftlicht wird – alle gedanklichen Schlussfolgerungen und Problemlöseschritte werden notiert, sodass auch andere den Lösungsweg nachvollziehen können.

stumme Schreibkonferenz – Auf die Free-Writing-Texte anderer wird schriftlich mit Kritik, Lob, Fragen reagiert.

Textballon/Satzballon – Einzelne Sätze bzw. kürzere Textpassagen werden Schritt für Schritt durch stetige Erweiterung einzelner Satzglieder „aufgeblasen", indem jeweils ein Wort oder eine längere Formulierung hinzugefügt wird.

Möglich ist dies auch in umgekehrter Richtung, indem nicht-notwendige Elemente der einzelnen Satzglieder nach und nach weggelassen werden.

Umschalten – Ein Text, in dem eine bestimmte Schreibhaltung vorherrscht, wird bewusst in eine andere Schreibhaltung gesetzt.

„verrücktes" Schreiben – Der gewohnte Schreibplatz wird verlassen, verschiedene andere Schreiborte im Zimmer und unterschiedliche Schreibhaltungen (auf dem Boden liegend, auf dem Tisch sitzend …) werden ausprobiert.

Vorlesen eines eigenen Textes – „Mini-Schreibkonferenz": Ein eigener Text wird einer anderen Person vorgelesen, die sich spontan dazu äußern und ein kurzes Feedback geben soll.

Wort-Ersatz – Ein Satz wird mehrmals ohne Veränderung seiner inhaltlichen Aussage umformuliert, indem ein in ihm enthaltenes Wort durch ein Wort anderer Stilebene oder eine den Ober- bzw. Unterbegriff oder das Gegenteil enthaltende Formulierung ersetzt wird.

Wortpyramide – Zu einem vorgegebenen Thema werden möglichst viele passende Begriffe gefunden, wobei zunächst ein Wort aus drei Buchstaben gefunden wird, dann eines aus vier, eines aus fünf, usw.

Worttreppe – Bildung einer möglichst langen Reihe zusammengesetzter Wörter beliebiger Wortart, in der der jeweils zweite Teil eines zusammengesetzten Wortes zum ersten Bestandteil des folgenden neuen Wortes wird.

Literaturverzeichnis

Abraham, Ulf: Schreiben über Texte und Texte als Rezeptionsdokumente, in: Abraham, Ulf, Claudia Kupfer-Schreiner u. Klaus Maiwald (Hg.): Schreibförderung und Schreiberziehung. Eine Einführung für Schule und Hochschule, Donauwörth: Auer 2005, S. 100–109

MacAllister, Joyce: Responding to Student Writing, in: Griffin, C. Williams (Hg.): Teaching Writing in All Disciplines, San Francisco u. a.: Jossey-Bass Inc. 1982, S. 59–65

Altrichter, Herbert: Ist das noch Wissenschaft? Darstellung und wissenschaftstheoretische Diskussion einer von Lehrern betriebenen Aktionsforschung, München: Profil 1990

Altrichter, Herbert u. Peter Posch: Lehrer erforschen ihren Unterricht. Eine Einführung in die Methoden der Aktionsforschung, Bad Heilbrunn: Klinkhardt, 3. durchges. u. erw. Aufl. 1998

Antos, Gerd: Textproduktion: Überlegungen zu einem fächerübergreifenden Schreib-Curriculum, in: Feilke, Helmuth u. Paul R. Portmann (Hg.): Schreiben im Umbruch. Schreibforschung und schulisches Schreiben, Stuttgart: Klett 1996, S. 186–196

Artelt, Cordula, Petra Stanat, Wolfgang Schneider u. Ulrich Schiefele: Lesekompetenz: Testkonzeption und Ergebnisse, in: Deutsches PISA-Konsortium (Hg.): PISA 2000. Basiskompetenzen von Schülerinnen und Schülern im internationalen Vergleich, Opladen: Leske + Budrich 2001, S. 69–137

Augst, Gerhard u. Peter Faigel: Von der Reihung zur Gestaltung. Untersuchungen zur Ontogenese der schriftsprachlichen Fähigkeiten von 13–23 Jahren, Frankfurt u. a.: Peter Lang 1986

Bachmann, Thomas: Kohäsion und Kohärenz: Indikatoren für die Schreibentwicklung. Zum Aufbau kohärenzstiftender Strukturen in instruktiven Texten von Kindern und Jugendlichen, Innsbruck: Studienverlag 2002

Baer, Matthias, Michael Fuchs, Monika Reber-Wyss, Jurt Ueli u. Thomas Nussbaum: Das „Orchester-Modell" der Textproduktion, in: Baurmann, Jürgen u. Rüdiger Weingarten (Hg.): Schreiben. Prozesse, Prozeduren und Produkte, Opladen: Westdeutscher Vlg. 1995, S. 173–200

Baurmann, Jürgen u. Otto Ludwig: Texte überarbeiten. Zur Theorie und Praxis von Revisionen, in: Boueke, Dietrich u. Norbert Hopster (Hg.): Schreiben – Schreiben lernen. Rolf Sanner zum 65. Geburtstag, Tübingen: Narr 1985, S. 254–276

Baurmann, Jürgen: Schreibforschung und aufsatzunterricht: ein nicht-verhältnis oder …?, in: Krings, Hans P. u. Gerd Antos (Hg.): Textproduktion. Neue Wege der Forschung, Trier: Wissenschaftlicher Verlag 1992, S. 111–125

Baurmann, Jürgen: Didaktik und Methodik des Schreibens, in: Baurmann, Jürgen, Hartmut Günther u. Ulrich Knoop (Hg.): homo scribens. Perspektiven der Schriftlichkeitsforschung, Tübingen: Niemeyer 1993, S. 299–317

Baurmann, Jürgen u. Rüdiger Weingarten: Prozesse, Prozeduren und Produkte des Schreibens, in: dies. (Hg.): Schreiben. Prozesse, Prozeduren und Produkte, Opladen: Westdeutscher Vlg. 1995, S. 7–25

Baurmann, Jürgen u. Otto Ludwig: Praxis Deutsch und der neuere Schreib- und Aufsatzunterricht, in: Praxis Deutsch Sonderheft (1996): Schreiben: Konzepte und schulische Praxis, S. 3–4

Baurmann, Jürgen u. Astrid Müller: Zum Schreiben motivieren – das Schreiben unterstützen. Ermutigung zu einem schreiber-differenzierten Unterricht, in: Praxis Deutsch Heft 149: Zum Schreiben motivieren, 25. Jg. (Mai 1998), S. 16–22

Baurmann, Jürgen: Schreibprozesse beurteilen – ist das nötig und möglich?, in: Der Deutschunterricht Heft 3 (2003): SchreibArbeit, S. 48–57

Bayerisches Staatsministerium für Unterricht, Kultus, Wissenschaft und Kunst: Lehrplan für das bayerische Gymnasium, München Juli 1990

Bayerisches Staatsministerium für Unterricht, Kultus, Wissenschaft und Kunst: Fachlehrplan für Deutsch, KWMBl I 1992, So-Nr. 7, S. 301–368

Bayerisches Staatsministerium für Unterricht und Kultus: Lehrplan für die bayerische Grundschule, München Juli 2000

Bayerisches Staatsministerium für Unterricht und Kultus: Lehrplan für das Gymnasium in Bayern, München Juli 2003 ff.

Bayerisches Staatsministerium für Unterricht und Kultus: Schulordnung für die Gymnasien in Bayern (GSO), zuletzt geändert am 29.04.2005, http://www.servicestelle.bayern.de/bayern_recht/recht_db.html?http://by.juris.de/by/GymSchulO_BY_rahmen.htm (10.06.2006)

Bayerisches Staatsministerium für Unterricht und Kultus: Bayerisches Gesetz über das Erziehungs- und Bildungswesen (BayEUG), Änderungsfassung vom 26.07.2005, http://www.servicestelle.bayern.de/bayern_recht/recht_db.html=http://by.juris.de/by/EUG_BY_2000_rahmen.htm (10.06.2006)

de Beaugrande, Robert u. Wolfgang Dressler: Einführung in die Textlinguistik, Tübingen: Niemeyer 1981

Beck, Oswald: Kriterien zur Aufsatzbeurteilung. Grundlagen, kritisch-vergleichende Betrachtung, Verfahren zur Objektivierung, Mainz: v. Hase & Koehler 1974

Beck, Oswald u. Franz-Josef Payrhuber (Hg.): Aufsatzbeurteilung heute. Problematik – Diagnose – Therapievorschläge, Freiburg i. Br.: Herder [5] 1980

Becker-Mrotzek, Michael: Schreibentwicklung und Textproduktion. Der Erwerb der Schreibfertigkeit am Beispiel der Bedienungsanleitung, Opladen: Westdeutscher Vlg. 1997

Beisbart, Ortwin: Ganzheitliches Lehren und Lernen als Aufgabe von Schule und Unterricht. (Selbst-) Konstruktion und vernetztes Denken im Deutschunterricht, in: LUSD Heft 9 (1996): „Ganzheitlicher Deutschunterricht" – Utopie oder realisierbares Programm, S. 11–34 (Bamberger Schriftenreihe zur Deutschdidaktik)

Beisbart, Ortwin u. Dieter Marenbach: Einführung in die Didaktik der deutschen Sprache und Literatur, Donauwörth: Auer, 7. mehrf. überarb. u. erg. Aufl. 1997

Bereiter, Carl: Development in writing, in: Gregg, Lee u. Erwin R. Steinberg (Hg.): Cognitive processes in writing, Hillsdale, New Jersey: Lawrence Erlbaum Associates 1980, S. 73–93

Bitter-Bätig, Franziska: Die Entwicklung der schriftlichen Erzählfähigkeit vom 4. bis zum 6. Primarschuljahr, Bern: Lang 1999

Blatt, Inge: Schreibprozeß und Computer: eine ethnographische Studie in zwei Klassen der gymnasialen Mittelstufe, Neuried: Ars Una 1996

Boettcher, Wolfgang, Jean Firges, Horst Sitta u. Hans Josef Tymister: Schulaufsätze. Texte für Leser, Düsseldorf: Schwann 1973

Boueke, Dietrich u. Frieder Schülein: „Personales Schreiben". Bemerkungen zur neueren Entwicklung der Aufsatzdidaktik, in: Boueke, Dietrich u. Norbert Hopster (Hg.): Schreiben – Schreiben lernen: Rolf Sanner zum 65. Geburtstag, Tübingen: Narr 1985, S. 277–301

Literaturverzeichnis 175

Bracewell, Robert J.: Investigating the control of writing skills, in: Mosenthal, Peter, Lynne Tamor u. Sean A. Walmsley (Hg.): Research on writing. Methods and principles, New York: Longman 1983, S. 177–203

Bräuer, Gerd: Schreibend Lernen. Grundlagen einer theoretischen und praktischen Schreibpädagogik, Innsbruck: Studienverlag 1998

Brinker, Klaus: Linguistische Textanalyse. Eine Einführung in Grundbegriffe und Methoden, Berlin: Erich Schmidt Verlag, 5. durchges. und erg. Aufl. 2001

Brown, Gillian u. George Yule: Discourse analysis, Cambridge u. a.: Cambridge University Press [8] 1989

Brugger, Paul: Wissen schaffendes Schreiben, Innsbruck: Studienverlag 2004

Bühler, Karl: Sprachtheorie. Die Darstellungsfunktion der Sprache (Jena 1934), Neudruck Frankfurt a. M.: Fischer 1978

Busley, Hejo: Geschichtliche Weltkunde. Band 3: Von der Zeit des Absolutismus bis zum ausgehenden 19. Jahrhundert, Frankfurt a. M. u. a.: Diesterweg 1982

Bußmann, Hadumod: Lexikon der Sprachwissenschaft, Stuttgart: Kröner 1983

Bußmann, Hadumod (Hg.): Lexikon der Sprachwissenschaft, Stuttgart: Kröner, 3. aktual. u. erw. Aufl. 2002

Crystal, David: Die Cambridge Enzyklopädie der Sprache, Teil V – Das Medium der Sprache: Schreiben und Lesen, Frankfurt: Campus 1993, S. 174–217

Czech, Gabriele u. Johannes Volmert: Editorial: Schreiben im integrativen Deutschunterricht, in: dies. (Hg.): Schreiben im integrativen Deutschunterricht, Baltmannsweiler: Schneider Hohengehren 2003, S. 5–16

Daneš, František: Zur linguistischen Analyse der Textstruktur, in: Folia Linguistica 4 (1970), S. 72–78

Dürscheid, Christa: Einführung in die Schriftlinguistik, Wiesbaden: Westdeutscher Verlag 2002

Edelmann, Walter: Lernpsychologie, Weinheim: Psychologie Verlags Union, 3. neu bearb. Aufl. 1993

Eigler, Günter, Thomas Jechle, Gabriele Merziger u. Alexander Winter: Über Beziehungen von Wissen und Textproduzieren, in: Unterrichtswissenschaft 15 (1987), S. 382–395

Feilke, Helmuth u. Gerhard Augst: Zur Ontogenese der Schreibkompetenz, in: Antos, Gerd u. Hans P. Krings: Textproduktion. Ein interdisziplinärer Forschungsüberblick, Tübingen: Niemeyer 1989, S. 297–327

Feilke, Helmuth: Schreibentwicklungsforschung. Ein kurzer Überblick unter besonderer Berücksichtigung der Entwicklung prozessorientierter Schreibfähigkeiten, in: Diskussion Deutsch, Heft 129 (Lehr- und Lernprozesse), 24. Jahrgang (1993), S. 17–34

Feilke, Helmuth: Entwicklung schriftlich-konzeptualer Fähigkeiten, in: Bredel, Ursula, Hartmut Günther, Peter Klotz, Jakob Ossner u. Gesa Siebert-Ott (Hg.): Didaktik der deutschen Sprache. Ein Handbuch, 1. Teilband, Paderborn: Schöningh UTB 2003, S. 178–207

Fischer, Hans Rudi: Abschied von der Hinterwelt? Zur Einführung in den Radikalen Konstruktivismus, in: ders. (Hg.): Die Wirklichkeit des Konstruktivismus. Zur Auseinandersetzung um ein neues Paradigma, Heidelberg: Carl-Auer-Systeme 1995, S. 11–34

Fix, Martin: Textrevisionen in der Schule. Prozessorientierte Schreibdidaktik zwischen Instruktion und Selbststeuerung – empirische Untersuchungen, Baltmannsweiler: Schneider Hohengehren 2000

Flower, Linda S. u. John R. Hayes: The dynamics of composing: Making plans and juggling constraints, in: Gregg, Lee u. Erwin R. Steinberg (Hg.): Cognitive processes in writing, Hillsdale, New Jersey: Lawrence Erlbaum Associates 1980, S. 31–50

Fritzsche, Joachim: Aufsatzdidaktik. Kritische und systematische Untersuchung zu den Funktionen schriftlicher Texte von Schülern, Stuttgart u. a.: Kohlhammer 1980

Fritzsche, Joachim: Zur Didaktik und Methodik des Deutschunterrichts, Band 2: Schriftliches Arbeiten, Stuttgart u. a.: Klett 1994

Fritzsche, Joachim: Schriftlicher Sprachgebrauch, in: Lange, Günter, Karl Neumann u. Werner Ziesenis (Hg.): Taschenbuch des Deutschunterrichts. Grundfragen und Praxis der Sprach- und Literaturdidaktik, Band 1: Grundlagen – Sprachdidaktik – Mediendidaktik, Baltmannsweiler: Schneider Hohengehren 7. unveränd. Aufl., Jubiläumsausg. 2001, S. 201–225

Fröhling, Jürgen: Expressives Schreiben. Untersuchungen des Schreibprozesses und seiner Funktionen als Grundlage für eine Laienschreibdidaktik, Frankfurt a. M.: Lang 1987

Fulwiler, Toby: Writing: An Act of Cognition, in: Griffin, C. Williams (Hg.): Teaching Writing in All Disciplines, San Francisco: Jossey-Bass 1982, S. 15–26

Furth, Hans G.: Intelligenz und Erkennen. Die Grundlagen der genetischen Erkenntnistheorie Piagets, Frankfurt a. M.: Suhrkamp 1976

Gaebe, Barbara: Lehrplan im Wandel. Veränderungen in den Auffassungen und Begründungen von Schulwissen, Frankfurt a. M. u. a.: Lang 1985

Giese, Heinz W.: Von der sichtbaren Sprache zur unsichtbaren Schrift. Auswirkungen moderner Sprach-Schrift-Verarbeitungstechnologien auf den alltäglichen Schreibprozeß, in: Baurmann, Jürgen, Hartmut Günther u. Ulrich Knoop (Hg.): homo scribens. Perspektiven der Schriftlichkeitsforschung, Tübingen: Niemeyer 1993, S. 113–139

Groeben, Norbert: Leserpsychologie. Textverständnis – Textverständlichkeit, Münster: Aschendorff 1982

Guber, Ines: Die Thema-Rhema-Struktur informativer Texte. Ein sprachdidaktisches Konzept zur Förderung des Verstehens und Schreibens von Texten. Für Schüler der Gymnasialen Oberstufe und Studierende im Grundstudium, Baltmannsweiler: Schneider Hohengehren 2004

Gudjons, Herbert: Pädagogisches Grundwissen, Bad Heilbrunn: Klinkhardt, 2. durchges. Aufl. 1994

Häcki Buhofer, Annelies: Schriftlichkeit im Alltag: theoretische und empirische Aspekte – am Beispiel eines Schweizer Industriebetriebs, Bern u. a.: Lang 1985

Hartmann, Wilfried u. Inge Blatt: Nützt empirische Forschung dem Schreibunterricht? Folgerungen aus der Hamburger Aufsatzstudie, in: Baurmann, Jürgen u. Otto Ludwig (Hg.): Schreiben – Schreiben in der Schule, Hildesheim u. a.: Georg Olms 1990, S. 39–65

Hayes, John R. u. Linda S. Flower: Identifying the Organization of Writing Processes, in: Gregg, Lee u. Erwin R. Steinberg (Hg.): Cognitive processes in writing, Hillsdale, New Jersey: Lawrence Erlbaum Associates 1980, S. 3–30

Hayes, John R. u. Linda S. Flower: Uncovering Cognitive Processes in Writing: an Introduction to Protocol Analysis, in: Mosenthal, Peter, Lynne Tamor u. Sean A. Walmsley (Hg.): Research on writing. Methods and principles, New York: Longman 1983, S. 207–220

Hayes, John, Linda Flower, Karen Shriver, John Stratman u. Linda Carey: Cognitive processes in revision, in: Rosenberg, Sheldon (Hg.): Advances in applied psycholinguistics, Vol. 2: Reading, writing and language learning, Cambridge/Mass.: Cambridge Universitiy Press 1987, S. 176–240

Literaturverzeichnis

Hechenleitner, Andrea u. Karin Schwarzkopf: Was ist neu an Bildungsstandards, in: Staatsinstitut für Schulqualität und Bildungsforschung München (Hg.): KMK-Bildungsstandards. Konsequenzen für die Arbeit an bayerischen Schulen (1. Februar 2005), S. 8–22

Herold, Theo: Kontinuierliche Schreiberziehung im Deutschunterricht der gymnasialen Oberstufe, in: Gössmann, Wilhelm (Hg.): Theorie und Praxis des Schreibens. Wege zu einer neuen Schriftkultur, Düsseldorf: Schwann 1987, S. 29–34

Hörmann, Hans: Psychologie der Sprache, Berlin u. a.: Springer, 2. überarb. Aufl. 1977

Hollenweger, Judith: Lesen und Schreiben in der Schule. Überlegungen zu schulischen Lernprozessen, in: Hollenweger, Judith u. Thomas Studer (Hg.): Lesen und Schreiben in der Schule. Beiträge zu einem interdisziplinären Verständnis des Schriftspracherwerbs, Bern. u. a.: Peter Lang 1998, S. 15–41

Hopf, Martin u. Anne Steiner: Fächergrenzen überwinden – Gemeinsame Lehre für Geistes- und Naturwissenschaften, in: Nordmeier, V. u. A. Oberländer (Hg.): Didaktik der Physik – Berlin 2005, Berlin: Lehmanns Media 2005 (CD-ROM)

Hoppe, Almut: Grundlinien in der Entwicklung des Schreibunterrichts der letzten 40 Jahre. Didaktische Theoriebildung und Schulpraxis, in: Mitteilungen des Deutschen Germanistenverbandes: Propädeutik des wissenschaftlichen Schreibens, hg. v. Hoppe, Almut u. Konrad Ehlich, Heft 2-3 (2003), S. 160–171

Hoppe, Almut: Wie können Schüler/innen zu effizientem Schreiben von Texten und insbesondere wissenschaftlichen Texten qualifiziert werden?, in: Mitteilungen des Deutschen Germanistenverbandes: Propädeutik des wissenschaftlichen Schreibens, hg. v. Hoppe, Almut u. Konrad Ehlich, Heft 2-3 (2003), S. 300–314

Hoppe, Otfried: Textschreiben und Aufsatzunterricht, in: Baurmann, Jürgen u. Otfried Hoppe (Hg.): Handbuch für Deutschlehrer, Stuttgart u. a.: Kohlhammer 1984, S. 281–322

Hornung, Antonie: Bedarfsanalysen: Stärken und Schwächen von jugendlichen Schreibenden, in: Mitteilungen des Deutschen Germanistenverbandes: Propädeutik des wissenschaftlichen Schreibens, hg. von Hoppe, Almut u. Konrad Ehlich, Heft 2-3 (2003), S. 250–299

ide (Informationen zur Deutschdidaktik): „Leistungsbeurteilung", Heft 2 (1994)

Ingendahl, Werner: Aufsatzerziehung als Hilfe zur Emanzipation, Didaktik und Methodik schriftlicher Sprachgestaltung, Düsseldorf: Schwann 1972

Ingendahl, Werner: Was denkt das Gehirn beim Schreiben? Eine Synthese neuerer Erkenntnisse der Neurologie, der Neuropsychologie und der Schreibforschung, in: Wirkendes Wort 46. Jahrgang (1996), Heft 1, S. 118–143

Ivo, Hubert: Lehrer korrigieren Aufsätze. Beschreibung eines Zustands und Überlegungen zu Alternativen, Frankfurt a. M.: Diesterweg 1982

Jechle, Thomas, Gabriele Merziger, Veronika Ringelmann u. Alexander Winter: Schreiben in der Schule. Lehrpläne und Schreibforschung, in: Strittmatter, Peter (Hg.): Zur Lernforschung: Befunde – Analysen – Perspektiven; Festschrift zum Kolloquium am 15. März 1990 in Freiburg im Breisgau anlässlich des 60. Geburtstages von Dr. Gunther Eigler, Professor für Erziehungswissenschaft an der Albert-Ludwig-Universität zu Freiburg im Breisgau, Weinheim: Deutscher Studien Vlg. 1990, S. 115–129

Jechle, Thomas: Kommunikatives Schreiben. Prozess und Entwicklung aus Sicht kognitiver Schreibforschung, Tübingen: Narr 1992

Kellogg, Ronald T.: The psychology of writing, New York u. a.: Oxford University Press 1995

Koch, Peter u. Wulf Oesterreicher: Schriftlichkeit und Sprache, in: Günther, Hartmut u. Otto Ludwig (Hg.): Schrift und Schriftlichkeit. Ein interdisziplinäres Handbuch internationaler Forschung, 1. Band, Berlin u. New York: de Gruyter 1994, S. 587–604

Kochan, Barbara: Gedankenwege zum Lernen beim Freien Schreiben, in: Spitta, Gudrun (Hg.): Freies Schreiben – eigene Wege gehen, Lengwil am Bodensee: Libelle 1998, S. 218–277

Koss, Gerhard: Textlinguistische Arbeitsweisen im Lernbereich „Schriftlicher Sprachgebrauch", in: Krejci, Michael (Hg.): Literatur – Sprache – Unterricht. Festschrift für Jakob Lehmann zum 65. Geburtstag, Bamberg: Bayerische Verlagsanstalt 1984, S. 171–178

Krings, Hans P.: Schwarze Spuren auf weißem Grund – Fragen, Methoden und Ergebnisse der empirischen Schreibprozessforschung im Überblick, in: Krings, Hans P. u. Gerd Antos (Hg.): Textproduktion. Neue Wege der Forschung, Trier: Wissenschaftlicher Verlag Trier 1992, S. 45–110

Kristof, Agota: Der Beweis (übers. v. E. Tophoven-Schöningh), München u. Zürich: Piper ^{6}2001

Kristof, Agota: Die dritte Lüge (übers. v. E. Tophoven), München u. Zürich: Piper ^{4}2000

Kristof, Agota: Das große Heft (übers. v. Eva Moldenhauer), Hamburg: Rotbuch 1999

Kruse, Otto: Keine Angst vor dem leeren Blatt. Ohne Schreibblockaden durchs Studium, Frankfurt a.M.: Campus ^{5}1997

Kuhl, Helwig: Ermutigung zum Schreiben. Frankfurt a.M.: Scriptor 1988

Kunze, Ingrid u. Michael Krejci: Deutschunterricht – integrativ, in: Czech, Gabriele u. Johannes Volmert (Hg.): Schreiben im integrativen Deutschunterricht, Baltmannsweiler: Schneider Hohengehren 2003, S. 17–51

Kurzrock, Tanja: Neue Medien im Deutschunterricht, in: Lange, Günter u. Swantje Weinhold (Hg.): Grundlagen der Deutschdidaktik. Sprachdidaktik – Mediendidaktik – Literaturdidaktik, Baltmannsweiler: Schneider Hohengehren 2005, S. 178–200

Lewin, Kurt: Aktionsforschung und Minderheitenprobleme. Kurt-Lewin-Gesamtausgabe, Bd. 7, hg. v. C.-F. Graumann, Bern: Huber 1982

Ludwig, Otto: Vom Aufsatzunterricht zum Schreibunterricht. Zu einer notwendigen Veränderung des schulischen Schreibens, in: Baurmann, Jürgen u. Otto Ludwig (Hg.): Schreiben – Schreiben in der Schule, Hildesheim u.a.: Georg Olms 1990, S. 9–17

Ludwig, Otto: Integriertes und nicht-integriertes Schreiben. Zu einer Theorie des Schreibens. Eine Skizze, in: Baurmann, Jürgen u. Rüdiger Weingarten (Hg.): Schreiben. Prozesse, Prozeduren und Produkte, Opladen: Westdeutscher Vlg. 1995, S. 273–287

Ludwig, Otto: Geschichte der Didaktik des Texteschreibens, in: Bredel, Ursula, Hartmut Günther, Peter Klotz, Jakob Ossner u. Gesa Siebert-Ott (Hg.): Didaktik der deutschen Sprache. Ein Handbuch, 1. Teilband, Paderborn u.a.: Schöningh UTB 2003, S. 171–177

Ludwig, Otto: Konzeptionen des Schreibens, in: Der Deutschunterricht, Heft 3 (2003): SchreibArbeit, S. 4–13

Maimon, Elaine P.: Writing Across the Curriculum: Past, Present, and Future, in: Griffin, Williams C. (Hg.): Teaching Writing in All Disciplines, San Francisco u.a.: Jossey-Bass Inc. 1982, S. 67–73

Maiwald, Klaus: Schreiben auf Leben und Tod: Plädoyer für ein Argumentieren in fiktiven Situationen, in: LUSD (Literatur und Sprache didaktisch) Heft 16 (2002): Erörtern statt Erörterung: Anregungen für eine andere Praxis argumentativen Schreibens, S. 81–101 (Bamberger Schriftenreihe zur Deutschdidaktik)

Mandl, Heinz u. Gabi Reinmann-Rothmeier: Wenn neue Medien neue Fragen aufwerfen: Ernüchterung und Ermutigung aus der Multimedia-Forschung, Forschungsberichte Lehrstuhl für Empirische Pädagogik und Pädagogische Psychologie, Ludwig-Maximilians-Universität München – Forschungsbericht 85 (Dezember 1997)

Marenbach, Dieter: Lernbereichs- und fächerübergreifende Schreibförderung, in: Abraham, Ulf, Claudia Kupfer-Schreiner u. Klaus Maiwald (Hg.): Schreibförderung und Schreiberziehung. Eine Einführung für Schule und Hochschule, Donauwörth: Auer 2005, S. 130–142

Mayring, Philipp: Einführung in die Qualitative Sozialforschung, Weinheim u. Basel: Beltz Verlag, 5. überarb. u. neu ausgestattete Aufl. 2002

Mayring, Philipp: Qualitative Inhaltsanalyse. Grundlagen und Techniken, Weinheim u. Basel: Beltz Verlag ^{8}2003

Merz-Grötsch, Jasmin: Schreiben als System, Band 1: Schreibforschung und Schreibdidaktik – ein Überblick, Freiburg i. Br.: Fillibach 2000

Merz-Grötsch, Jasmin: Methoden der Textproduktionsvermittlung, in: Bredel, Ursula, Hartmut Günther, Peter Klotz, Jakob Ossner u. Gesa Siebert-Ott (Hg.): Didaktik der deutschen Sprache. Ein Handbuch, 2. Teilband, Paderborn u. a.: Schöningh 2003, S. 802–813

Metzler Lexikon Sprache, Stuttgart: Metzler/Berlin: DIRECTMEDIA Publishing 2000 (Digitale Bibliothek Band 34)

Miller, George A.: Strategien des Handelns, Stuttgart: Klett 1973

Molitor, Sylvie: Personen- und aufgabenspezifische Schreibstrategien. Fünf Fallstudien, in: Unterrichtswissenschaft Heft 4 (1985), S. 334–345

Molitor, Sylvie: Weiterentwicklung eines Textproduktionsmodells durch Fallstudien, in: Unterrichtswissenschaft Heft 4 (1987), S. 396–409

Molitor-Lübbert, Sylvie: Schreiben und Kognition, in: Antos, Gerd u. Hans P. Krings (Hg.): Textproduktion. Ein interdisziplinärer Forschungsüberblick, Tübingen: Niemeyer 1989, S. 278–296

Molitor-Lübbert, Sylvie: Der Lerneffekt beim Schreiben. Eine interdisziplinäre Betrachtung unter besonderer Berücksichtigung der elektronischen Medien, Karlsruhe: IDL Gerhard Becker 2000

Mosenthal, Peter: On defining writing and classroom writing competence, in: Mosenthal, Peter, Lynne Tamor u. Sean A. Walmsley (Hg.): Research on writing. Principles and methods, New York u. London: Longman 1983, S. 26–71

Müller, Ingrid: Das Gymnasium und seine Lehrpläne. Bericht über eine Erhebung zu den zwischen 1974 und 1988 veröffentlichten Lehrplänen für das Gymnasium, 2 Bde. (Arbeitsbericht 203), München: Staatsinstitut für Schulpädagogik und Bildungsforschung 1992

Müller, Ingrid: Erwartungen an den Lehrplan des Gymnasiums. Bericht über die Befragung von Lehrkräften, Eltern, Schülerinnen und Schülern, Wirtschaft und Universität zum Lehrplan des Gymnasiums im Jahr 2000 (Arbeitsbericht 323, Bd. 1), München: Staatsinstitut für Schulpädagogik und Bildungsforschung 2003

Müller, Ingrid: Erwartungen an den Lehrplan des Gymnasiums. Bericht über die Befragung von Lehrkräften und Experten zu den Fächern (Arbeitsbericht 323, Bd. 2), München: Staatsinstitut für Schulpädagogik und Bildungsforschung 2003

Mundlos, Dagmar Ruth: Schreiben unter variierender Revisionsbelastung. Verlauf und Ergebnis der Textkomposition bei wechselnden Medien, Aufgabenstellungen und Rahmenbedingungen, Frankfurt a. M. u. a.: Lang 1995

Neuhaus, Gregor: Förderung der Schreibkompetenz, in: Landesinstitut für Schule und Weiterbildung Nordrhein-Westfalen (Hg.): Schreibstrategien und Schreibprozesse. Förderung der Schreibkompetenz: Materialien für Unterricht und Lehrerbildung (Erprobungsfassung 2001), S. 7–27, www.learn-line.nrw.de/angebote/qualitätsentwicklung/download/d-schreibstrategie.pdf (15.12.2003)

Nyman, Alf: Die Schulen der neueren Psychologie, Bern: Huber 1966

Ong, Walter J.: Oralität und Literalität. Die Technologisierung des Wortes. Opladen: Westdeutscher Vlg. 1987

Ornstein, Allan C. u. Francis P. Hunkins: Curriculum: Foundations, Principles, and Issues, Englewood Cliffs, New Jersey: Prentice Hall 1988

Ortner, Hanspeter: Schreiben und Denken, Tübingen: Niemeyer 2000

Ossner, Jakob: Gibt es Entwicklungsstufen beim Aufsatzschreiben?, in: Feilke, Helmuth u. Paul R. Portmann (Hg.): Schreiben im Umbruch. Schreibforschung und schulisches Schreiben, Stuttgart u. a.: Klett 1996, S. 74–84

Ott, Margarete: Schreiben in der Sekundarstufe I. Differenzierte Wahrnehmung und gezielte Förderung von Schreibkompetenzen, Baltmannsweiler: Schneider Hohengehren 2000

Piaget, Jean: Das Erwachen der Intelligenz beim Kinde, Stuttgart: Klett 1969

Piaget, Jean: Nachahmung, Spiel und Traum, Stuttgart: Klett 1969

Piaget, Jean: Sprechen und Denken des Kindes, Düsseldorf: Schwann 1972

Piaget, Jean: Theorien und Methoden der modernen Erziehung, Wien u. a.: Molden 1972

Piaget, Jean: Der Aufbau der Wirklichkeit beim Kinde, Stuttgart: Klett 1974

Peterßen, Wilhelm H.: Kleines Methoden-Lexikon, München: Oldenbourg, 2. aktual. Auflage 2001

Pogner, Karl-Heinz: Schreiben in Zeitlupe. Theorie und Praxis einer Didaktik des fremdsprachlichen Textens, in: ders. (Hg.): At skrive, schreiben, writing: Beiträge zur Schreibforschung und -didaktik (Odense Working Papers in Language and Communication No. 1 March 1992, reprinted June 1994), Odense University, S. 83–105

Pogner, Karl-Heinz: Zum Stand der Dinge. Einführung in die Thematik der Artikelsammlung, in: ders. (Hg.): At skrive, schreiben, writing: Beiträge zur Schreibforschung und -didaktik (Odense Working Papers in Language and Communication No. 1 March 1992, reprinted June 1994), Odense University, S. 2–17

Portmann, Paul R.: Zur Pilotfunktion bewussten Lernens, in: Eisenberg, Peter u. Peter Klotz (Hg.): Sprache gebrauchen – Sprachwissen erwerben, Stuttgart: Klett 1993, S. 97–117

Pyerin, Brigitte: Kreatives wissenschaftliches Schreiben. Tipps und Tricks gegen Schreibblockaden, Weinheim u. München: Juventa 2001

Raible, Wolfgang: Kognitive Aspekte des Schreibens, Heidelberg: Winter 1999

Rico, Gabriele L.: Garantiert schreiben lernen. Sprachliche Kreativität methodisch entwickeln – auf der Grundlage der modernen Gehirnforschung, Reinbek: Rowohlt 1984

Ruch, Hermann: Vergleich KMK-Bildungsstandards und Lehrpläne – Impulse für Fächer: Deutsch, in: Staatsinstitut für Schulqualität und Bildungsforschung München (Hg.): KMK-Bildungsstandards. Konsequenzen für die Arbeit an bayerischen Schulen (1. Februar 2005), S. 23–38

Scardamalia, Marlene u. Carl Bereiter: Research on written composition, in: Wittrock, Merlin C. (Hg.): Handbook of research on teaching, New York: MacMillan Education [3]1985, S. 778–803

Schmidt, Siegfried J.: Texte verstehen – Texte interpretieren, in: Eschbach, Achim (Hg.): Perspektiven des Verstehens, Bochum 1986: Brockmeyer, S. 75–103

Schmidt, Siegfried J.: Text – Rezeption – Interpretation, in: Ibsch, Elrud u. Dick H. Schram (Hg.): Rezeptionsforschung zwischen Hermeneutik und Empirik, Amsterdam: Rodopi 1987, S. 23–46 (Amsterdamer Beiträge zur neueren Germanistik 23)

Literaturverzeichnis

Schmidt, Siegfried J.: Die Zähmung des Blicks. Konstruktivismus – Empirie – Wissenschaft, Frankfurt a.M.: Suhrkamp 1998

Schoenke, Eva: Schriftliche Textbildung in der Sekundarstufe I, in: Diskussion Deutsch, Heft 94 (1987): Aspekte von Sprachlichkeit, S. 149–166

Schorch, Günther: Geschichte der Didaktik des Handschreibens, in: Bredel, Ursula, Hartmut Günther, Peter Klotz, Jakob Ossner u. Gesa Siebert-Ott (Hg.): Didaktik der deutschen Sprache. Ein Handbuch, 1. Teilband, Paderborn: Schöningh UTB 2003, S. 273–285

Schratz, Michael: Das retardierende Moment: Wie die Leistungsbeurteilung den pädagogischen Fortschritt hemmt, in: ide (Informationen zur Deutschdidaktik): Leistungsbeurteilung, Heft 2, 18. Jg. (1994), S. 17–34

Schuster, Karl: Das personal-kreative Schreiben im Deutschunterricht. Theorie und Praxis, Baltmannsweiler: Schneider Hohengehren, 2. korr. Aufl. 1997

Schuster, Karl: Einführung in die Fachdidaktik Deutsch, Baltmannsweiler: Schneider Hohengehren, aktual. 8. Aufl. 1999

Schülein, Frieder, Dagmar Wolf u. Dietrich Boueke: Mündliche und schriftliche Erzähltexte von Kindern und Erwachsenen, in: Baurmann, Jürgen u. Rüdiger Weingarten (Hg.): Schreiben. Prozesse, Prozeduren und Produkte, Opladen: Westdeutscher Vlg. 1995, S. 243–269

Sieber, Peter: Schreiben lernen. Von der Defizit- zur Entwicklungsorientierung, in: Hollenweger, Judith u. Thomas Studer (Hg.): Lesen und Schreiben in der Schule, Beiträge zu einem interdisziplinären Verständnis des Schriftspracherwerbs, Bern u. a.: Peter Lang 1998, S. 43–63

Sieber, Peter: Schreiben im Spannungsfeld von Oralität und Literalität, in: Witte, Hansjörg u. a.: Deutschunterricht zwischen Kompetenzerwerb und Persönlichkeitsbildung. Germanistentag des Fachverbandes Deutsch im Deutschen Germanistenverband e.V. in Zusammenarbeit mit der Universität Lüneburg vom 26. bis 29. September 1999 in Lüneburg, Baltmannsweiler: Schneider Hohengehren 2000, S. 114–133

Sieber, Peter: Modelle des Schreibprozesses, in: Bredel, Ursula, Hartmut Günther, Peter Klotz, Jakob Ossner u. Gesa Siebert-Ott (Hg.): Didaktik der deutschen Sprache. Ein Handbuch, 1. Teilband, Paderborn u. a.; Schöningh UTB 2003, S. 208–223

Simon, Fritz B.: Die Kunst, nicht zu lernen, in: Fischer, Hans Rudi (Hg.): Die Wirklichkeit des Konstruktivismus. Zur Auseinandersetzung um ein neues Paradigma, Heidelberg: Carl-Auer-Systeme 1995, S. 353–365

Spinner, Kaspar H.: Identitätsgewinnung als Aspekt des Aufsatzunterrichts, in: ders. (Hg.): Identität und Deutschunterricht, Göttingen: Vandenhoek u. Ruprecht 1980, S. 67–80

Spinner, Kaspar H.: Kreatives Schreiben, in: Praxis Deutsch, Heft 119 (1993), S. 17–23

Spinner, Kaspar H.: Vom kommunikativen über den personalen Ansatz der Aufsatzdidaktik zum geselligen Schreiben, in: Paefgen, Elisabeth K. u. Gerhart Wolff (Hg.): Pragmatik in Sprache und Literatur, Tübingen: Narr 1993, S. 77–82

Spinner, Kaspar H.: Kreatives Schreiben, in: Praxis Deutsch Sonderheft (1996): Schreiben: Konzepte und schulische Praxis, S. 82–83

Spitta, Gudrun: Schreibkonferenzen in Klasse 3 und 4. Ein Weg vom spontanen Schreiben zum bewussten Verfassen von Texten, Bielefeld: Cornelsen/Skriptor 1992

Staatsinstitut für Schulpädagogik und Bildungsforschung (Hg.): Handreichungen „Schriftlicher Sprachgebrauch im Deutschunterricht am Gymnasium", Band I: Unter- und Mittelstufe, Donauwörth: Auer ²1994

Staatsinstitut für Schulpädagogik und Bildungsforschung (Hg.): Handreichungen „Schriftlicher Sprachgebrauch im Deutschunterricht am Gymnasium", Band II: Oberstufe, Donauwörth: Auer 1993

Staatsinstitut für Schulqualität und Bildungsforschung: Lehrplanüberarbeitung für das achtjährige Gymnasium Deutsch, S. 1, http://www.isb.bayern.de/gym/deu_med/lp-g8.html (03.11.2004)

Staatsinstitut für Schulqualität und Bildungsforschung: Aufsatzthemen-Datenbank für das Fach Deutsch am Gymnasium, http://projekte.isb.bayern.de/aufsatzdb/ (02.04.2005)

Staatsinstitut für Schulqualität und Bildungsforschung: Link-Ebene zum Lehrplan für das achtjährige Gymnasium, http://www.isb-gym8-lehrplan.de/contentserv/3.1/g8.de/index.php?StoryID=26669 (10.06.2006)

Steinhoff, Torsten: Wie entwickelt sich die wissenschaftliche Textkompetenz?, in: Der Deutschunterricht, Heft 3 (2003): SchreibArbeit, S. 38–47

Steinig, Wolfgang u. Hans-Werner Huneke: Sprachdidaktik Deutsch. Eine Einführung, Berlin: Erich Schmidt 2002

v. Stutterheim, Christiane: Quaestio und Textaufbau, in: Kornadt, Hans-Joachim (Hg.): Sprache und Kognition: Perspektiven moderner Sprachpsychologie, Heidelberg u. a.: Spektrum, Akad. Verlag 1994, S. 251–272

Thinnes, Norbert: Textverständnis und Sprachschulung nicht nur im Fach Deutsch. Anregungen zur Förderung des Sprachverständnisses in Biologie, Geografie, Geschichte, Mathematik und Physik/Chemie in der Sekundarstufe I, hgg. v. Pädagogischen Zentrum Rheinland-Pfalz (PZ), http://pz.bildung-rp.de/arbeit/textverstaendnis.pdf (10.10.2004)

Volmert, Johannes: Erwerb der schriftsprachlichen Kompetenz: Schreibenlernen, in: ders. (Hg.): Grundkurs Sprachwissenschaft, München: Wilhelm Fink Verlag, unveränd. Nachdruck der 4. Aufl. 2001, S. 233–258

Vygotskij, Lev S.: Denken und Sprechen, Weinheim u. Basel: Beltz 2002

Weidenmann, Bernd: Fördern oder Festlegen? Pädagogische Situationen unterscheiden, in: Bambach, Heide u. a. (Hg.): Prüfen und Beurteilen. Zwischen Fördern und Zensieren, Friedrich Jahresheft XIV (1996), S. 64

Weinert, Franz E.: Vergleichende Leistungsmessung in Schulen – eine umstrittene Selbstverständlichkeit, in: ders. (Hg.): Leistungsmessungen in Schulen, Weinheim und Basel: Beltz 2001, S. 71–76

Weinhold, Swantje: Schriftspracherwerb, in: Lange, Günter u. Swantje Weinhold (Hg.): Grundlagen der Deutschdidaktik. Sprachdidaktik – Mediendidaktik – Literaturdidaktik, Baltmannsweiler: Schneider Hohengehren 2005, S. 2–33

Weinhold, Swantje: Text als Herausforderung: zur Textkompetenz am Schulanfang, Freiburg i.Br.: Fillibach 2000

Wildemann, Anja: Aufsatzunterricht – Texte schreiben, in: Lange, Günter u. Swantje Weinhold (Hg.): Grundlagen der Deutschdidaktik. Sprachdidaktik – Mediendidaktik – Literaturdidaktik, Baltmannsweiler: Schneider Hohengehren 2005, S. 34–54

Willenberg, Heiner: Lernpräferenzen im Deutschunterricht, in: Diskussion Deutsch, Heft 129 (1993), S. 45–58

Winter, Claudia: Traditioneller Aufsatzunterricht und kreatives Schreiben. Eine empirische Vergleichsstudie, Augsburg: Wißner 1998

Wrobel, Arne: Schreiben als Handlung. Überlegungen und Untersuchungen zur Theorie der Textproduktion, Tübingen: Niemeyer 1995